陈兴良作品集

篆刻：魏璟岳

陈兴良作品集 5

刑法的格物

陈兴良 著

北京大学出版社
PEKING UNIVERSITY PRESS

图书在版编目(CIP)数据

刑法的格物/陈兴良著. —北京:北京大学出版社,2019.7
ISBN 978-7-301-30094-7

Ⅰ.①刑… Ⅱ.①陈… Ⅲ.①刑法—文集 Ⅳ.①D914.04-53

中国版本图书馆 CIP 数据核字(2018)第 274442 号

书　　名	刑法的格物 XINGFA DE GEWU
著作责任者	陈兴良　著
责任编辑	杨玉洁
标准书号	ISBN 978-7-301-30094-7
出版发行	北京大学出版社
地　　址	北京市海淀区成府路 205 号　100871
网　　址	http://www.pup.cn　http://www.yandayuanzhao.com
电子信箱	yandayuanzhao@163.com
新浪微博	@北京大学出版社　@北大出版社燕大元照法律图书
电　　话	邮购部 010-62752015　发行部 010-62750672 编辑部 010-62117788
印刷者	北京大学印刷厂
经销者	新华书店
	880 毫米×1230 毫米　A5　10.375 印张　250 千字 2019 年 7 月第 1 版　2019 年 7 月第 1 次印刷
定　　价	39.00 元

未经许可,不得以任何方式复制或抄袭本书之部分或全部内容。
版权所有,侵权必究
举报电话:010-62752024　电子信箱:fd@pup.pku.edu.cn
图书如有印装质量问题,请与出版部联系,电话:010-62756370

目 录

"陈兴良作品集"总序	001
前言	001
专题一　中国刑法理念	001
专题二　刑事司法理念	013
专题三　"严打"刑事政策	064
专题四　宽严相济的刑事政策	089
专题五　转型社会的犯罪与刑罚	126
专题六　案例指导制度	151
专题七　犯罪特殊形态的司法认定	186
专题八　金融诈骗犯罪的司法认定	217
专题九　财产犯罪的司法认定	243
专题十　董伟案:从枪下留人到法下留人	275
专题十一　刘涌案:从实体正义到程序正义	301

"陈兴良作品集"总序

"陈兴良作品集"是我继在中国人民大学出版社出版"陈兴良刑法学"以后,在北京大学出版社出版的一套文集。如果说,"陈兴良刑法学"是我个人刑法专著的集大成;那么,"陈兴良作品集"就是我个人专著以外的其他作品的汇集。收入"陈兴良作品集"的作品有以下十部:

1. 自选集:《走向哲学的刑法学》
2. 自选集:《走向规范的刑法学》
3. 自选集:《走向教义的刑法学》
4. 随笔集:《刑法的启蒙》
5. 讲演集:《刑法的格物》
6. 讲演集:《刑法的致知》
7. 序跋集:《法外说法》
8. 序跋集:《书外说书》
9. 序跋集:《道外说道》
10. 备忘录:《立此存照——高尚挪用资金案侧记》

以上"陈兴良作品集",可以分为五类十种:

第一,自选集。自1984年发表第一篇学术论文以来,我陆续在各种刊物发表了数百篇论文。这些论文是我研究成果的基本载体,具有不同于专著的特征。1999年和2008年我在法律出版社出版了两本论文集,这次经过充实和调整,将自选集编为三卷:第一卷是《走向哲学的刑法学》,第二卷是《走向规范的刑法学》,第三卷是《走向教义的刑法学》。这三卷自选集的书名正好标示了我在刑法学研究过程中所走过的三个阶段,因而具有纪念意义。

第二,随笔集。1997年我在法律出版社出版了《刑法的启蒙》一书,这是一部叙述西方刑法学演变历史的随笔集。该书以刑法人物为单元,以这些刑法人物的刑法思想为线索,勾画出近代刑法思想和学术学派的发展历史,对于宏观地把握整个刑法理论的形成和演变具有参考价值。该书采用了随笔的手法,不似高头讲章那么难懂,而是娓娓道来亲近读者,具有相当的可读性。

第三,讲演集。讲演活动是授课活动的补充,也是学术活动的一部分。在授课之余,我亦在其他院校和司法机关举办了各种讲演活动。这些讲演内容虽然具有即逝性,但文字整理稿却可以长久地保存。2008年我在法律出版社出版了讲演集《刑法的格致》,这次增补了内容,将讲演集编为两卷:第一卷是《刑法的格物》,第二卷是《刑法的致知》。其中,第一卷《刑法的格物》的内容集中在刑法理念和制度,侧重于刑法的实践;第二卷《刑法的致知》的内容则聚焦在刑法学术和学说,侧重于刑法的理论。

第四,序跋集。序跋是写作的副产品,当然,为他人著述所写的序跋则无疑是一种意外的收获。2004年我在法律出版社出版了两卷序跋集,即《法外说法》和《书外说书》。现在,这两卷已经容纳不下所有序跋的文字,因而这次将序跋集编为三卷:第一卷是《法外说法》,主要是本人著作的序跋集;第二卷是《书外说书》,主要是主编著作的序跋集;第三卷是《道外说道》,主要是他人著作的序跋集。序跋集累积下来,居然达到了一百多万字,成为我个人作品中颇具特色的内容。

第五,备忘录。2014年我在北京大学出版社出版了《立此存照——高尚挪用资金案侧记》一书,这是一部以个案为内容的记叙性的作品,具有备忘录的性质。该书出版以后,高尚挪用资金案进入再审,又有了进展。这次收入"陈兴良作品集"增补了有关内容,使该书以一种更为完整的面貌存世,以备不忘。可以说,该书具有十分独特的意义,对此我敝帚自珍。

"陈兴良作品集"的出版得到北京大学出版社蒋浩副总编的大力支持,收入作品集的大多数著作都是蒋浩先生在法律出版社任职期间策划出版的,现在又以作品集的形式出版,对蒋浩先生付出的辛勤劳动深表谢意。同时,我还要对北京大学出版社各位编辑的负责认真的工作态度表示感谢。

是为序。

陈兴良

2017 年 12 月 20 日

谨识于北京海淀锦秋知春寓所

前　言

我曾经出版过一部讲演集,书名是《刑法的格致》(法律出版社2008年版)。转眼之间,又过去了10年,现在拟对讲演集进行增订出版。由于篇幅的缘故,讲演集扩展为两部。为此,如何确定书名,颇为踌躇。最终,我将格致两字进行了分拆,两书分别名之曰:《刑法的格物》与《刑法的致知》。我曾在《刑法的格致》一书的序中指出:

> 这里的"格致"一词,是致知格物的缩写。"致知格物"这四个字,在某种意义上体现了中国古代的科学精神,表明推究事物的义理法则,使之上升为理性知识。对于刑法,我们同样应该本着这种态度,从而使我们对刑法精神的认识达到一定的理论高度。唯有如此,才能不辜负时代对我们的期许。我们这个时代,是一个大变革、大动荡的时代,也是一个思想解放的时代。在这样一个社会背景下,我们每一个人的思考都将融入到思想的社会潮流当中去,并被其所淹没。在这一社会思潮的喧嚣面前,我们声嘶力竭的呐喊也只不过是声音的尘埃而已。我们刚从万马齐喑的社会中走出来,因而一个能够呐喊的社会仍然是值得期待的。我们的讲演是对社会的一种发言,也是知识分子对社会所具有的一份担当。因此,即使是只能使空气发生震动,也是值得自珍的。

《刑法的格物》一书侧重于对现实的犯罪与刑罚问题的思考,更多的是对刑法的理念、制度和规则的讨论。在我看来,刑法的理念、制度和规则是刑事法治的三个层面。其中,理念是较为抽象的思想观念,居于上层,对于刑法的制度建设和规范适用都具有指导作用;制度是刑事法治的一种体制性安排,它具有稳定性和基础性,对于刑事法治的实现具有促进功能;规则是刑事法治的具体体现,它对于权力的运作具有限制机能,对于权利的行使具有保障机能。在本书中,第一个专题"中国刑法理念"和第二个专题"刑事司法理念",都属于刑法理念的范畴,包含着我对刑法理念的一些思考。第三个专题"'严打'刑事政策"和第四个专题"宽严相济的刑事政策",都是对刑事政策的考察。刑事政策介乎于刑法的理念和制度之间,对于刑法的创制和实施具有指导意义。我国的刑事政策从"严打"到宽严相济,经历了一个艰难的转折过程。在这两个专题中,我对"严打"刑事政策进行了深刻的反思,对宽严相济刑事政策进行了深入的解读。第五个专题"转型社会的犯罪与刑罚",具有某种描述性,当然也具有一定的反思性和批判性。我国处在一个社会转型时期,这个时期的犯罪和刑罚都呈现出一种十分复杂的形态。对此,我们必须要有深刻的认识。第六个专题"案例指导制度",涉及我国具有创新性的案例指导制度。案例指导制度的创立和运行,会对我国的法治建设带来重大的影响。在这个专题中,我对案例指导制度进行了建构和探讨。第七、第八和第九这三个专题,分别对犯罪特殊形态的司法认定、金融诈骗犯罪的司法认定和财产犯罪的司法认定进行了讲述,属于刑法规范的适用范畴。最后两个专题,即第十、第十一专题涉及的是两个具有重大影响力的案件——董伟案和刘涌案,这两个案件的当事人都以被判处并执行死刑而告终。尽管这两个案件已经过去多年,但其中涉及的死刑适用问题、刑讯逼供问题、非法证据排除问题等,现在仍然值得我们加以关注。这里应当指出,收入《刑法的格物》一书的讲演,内容涉及刑法理念和司法制度,时间跨度较大。这些讲演只能代表本人在当时特定历史条件下的思考和探索。现在,我国刑法理念和司法制度已然大有改变,这些讲演在一定程度上反映了我国刑事法治的历史和进步。

《刑法的致知》一书则偏重于对刑法的学理性探讨,内容可以分为刑法的方法论、刑法的知识论和刑法的学术史这三个部分。其中,第一个专题到第五个专题可以归属于刑法的方法论。在此,既有刑法学习的方法论,也有刑法研究的方法论和犯罪认定的方法论。由此可见,刑法的方法论这个概念的外延是较为宽泛的,内容是较为丰富的。第六个专题到第八个专题可以归属于刑法的知识论。刑法的知识论和方法论当然是具有密切联系的,但两者又是可以区分的,也是应当区分的。刑法的方法论更加关注的是技术和技巧,而刑法的知识论则更加强调价值和规范。对于刑法的知识论的研究,成为我近年来倾注较多心血的一个学术领域。在授课和讲演中多有涉及,这些内容都是我对刑法知识论这个面向的思考所得,值得与读者分享。第九个专题到第十一个专题可以归属于刑法的学术史,内容包括对苏俄刑法学和德国刑法学的历史考察,涉及的刑法人物包括贝林、特拉伊宁、李斯特和罗克辛等。

就科研而言,我的主要方式是写作,以书面语言来传播我的所思所想。以口头语言进行的讲演或者授课,只不过是对自己科研成果的另外一种表达方式。因而,这是一种独特的学术表达样态。在《刑法的格致》一书的序中,我曾经指出:

> 无论世事变迁,总有一些东西是不会随之改变的。讲演是在一个特定场景中进行的,一旦形成文字却可以化为永恒的存留。随着时光逝去的是喧嚣,超越岁月积淀下来的是思想。这是令人欣慰的。

确实如此。
是为前言。

陈兴良
谨识于北京海淀锦秋知春寓所
2019年6月14日

专题一 中国刑法理念

同学们,大家好!

今天我很高兴受北京大学法学社邀请举办这场讲座。今天晚上讲座的题目是"中国刑法理念"。理念是指一种观念、一种意识,它所代表的是刑法的基本立场。因此,这也是对刑法作一种形而上的思考、一种应然的思考。这一点,对于认识中国当前的刑法改革具有重要意义。围绕刑法的理念问题,我主要谈论以下三点内容:

一、人权保障的理念

人权保障是当前中国刑法中首先需要强调的一种理念。人权保障是与打击犯罪的价值追求相联系的。它涉及刑法的机能问题和性质问题,因而是刑法中的一个重点。

传统的刑法观念都把打击犯罪放在首位。我国《刑法》第 1 条规定了刑法的立法目的,明确指出刑法是为了"惩治犯罪,保护人民"。当然,刑法作为国家基本法律,具有惩治犯罪的功能,这是没有疑问的。但刑法的功能不能仅仅局限在打击犯罪这一点上,它同时具有人权保障的功能。如何看待打击犯罪与保障人权的关系,涉及对刑法性质的认识。《刑法》第 1 条中的"保护人民"与保障人权不是同一概念。保障人权中的"人权",既不是指一般人的权利,也不是指人民的权利,而是指犯罪嫌疑人、被告人的权利。法律的基本职能就是保障人权,我国实现了人权入宪,即《宪法》第 33 条第 3 款明确规定:"国家尊重和保障人权。"但因为各部门法的职能和性质有所不同,保障人权的内容也是不同的。就刑法而言，它主要处理犯罪和刑罚的关系。所以，刑法主要用于保障犯罪嫌疑人、被告人的权利。这是刑法的人权保障的基本含义，也是我们在理解刑法的人权保障机能的时候首先需要澄清的一个重大理论问题。

刑法是否把人权保障放在首要位置上，是法治社会刑法与专制社会刑法的根本区别。任何性质的刑法均具有惩罚犯罪的功能。无论是在古代社会还是现代社会，只要存在刑法，它就具有打击犯罪的功能。因而，专制社会刑法与法治社会刑法的分野不在于刑法是否具有惩罚犯罪的功能，而在于刑法是否具有保障人权的功能。尤其是在惩治犯罪功能和保障人权功能存在矛盾的情况下，把哪一个放在第一位，这才是专制社会刑法与法治社会刑法的根本区别。李海东博士曾提出国权主义刑法和民权主义刑法的区分：前者限制国民的权利，被视作惩治犯罪的工具；后者则被视作限制国家权力的工具，从而达到保护国民的权利和自由的目的。实际上，这也是专制社会刑法与法治社会刑法的区别。在专制社会里，刑法是镇压犯罪的工具，是国家单方面限制公民权利和自由的工具。在法治社会里，刑法恰恰是限制国家权力的工具，从而达到保障公民权利和自由的目的。因此，这两者在性质上是完全不同的。

如何看待刑法的性质？在中国古代社会中，把法律的基本功能定位为定分止争，把刑法看成禁奸止邪的工具。这种认知把刑法看成一种统治的工具，一种压制工具，一种驭民之术。这是一种基于国家主义立场和专制主义立场的刑法理念。这种理念长期统治我们的思想，成为我们对刑法的一种基本认知。这其实是一种对刑法的偏见，是一种在长期历史文化传统中所形成的偏见，也是一种在当前法治建设中首先需要被破除的偏见。

刑法规范本身，一方面是行为规范，另一方面又是裁判规范。所谓行为规范,是指它对公民有某种引导功能:凡是刑法所禁止的,公民就不能去做。如果公民做了,就会受到刑法的制裁。从这个意义上看,刑法具有约束公民的基本功能。所谓裁判规范,是指刑法是司法机关定罪量刑的法律准则:司法机关根据刑法来认定一个行为是否构成犯罪,以及对于一个犯罪行为处以何种刑罚。从这个意义上说,刑法规范被用来约束司法机关定罪量刑。所以,刑法规范本身具有行为规范和裁判规范的双重属性。

但在过去相当长的时间里,我们往往注重刑法的行为规范功能,用刑法来约束公民,认为刑法是用来管老百姓的,因而把刑法当作一种单纯的治理手段。在当前法治建设中,我们把人权保障当作刑法的首要功能,就需要强化刑法的裁判规范功能。刑法主要被用来约束司法机关以及规范定罪量刑,这才是法治社会刑法的根本属性。

这涉及一个根本性问题:一个社会里为什么要有刑法?刑法存在的正当性根据是什么?

对于这个问题,我们的一种本能回答是:一个社会里之所以要有刑法,主要是因为社会中存在着犯罪。正因为存在着犯罪,所以才需要用刑法来对犯罪进行惩罚,没有犯罪就没有刑法。因此,我们本能地把刑法惩治犯罪的功能当作刑法存在的正当性根据。

关于这一问题,李海东博士有一个深刻的阐述:如果刑法只是单纯地被用来惩罚犯罪,人们其实没有必要使之存在。没有刑法,恰恰能够更为有效地惩罚犯罪。因为刑法往往会成为惩罚犯罪的障碍。没有刑法,一个行为只要对统治者有害,统治者就可以对行为人进行处罚而不受任何限制。有了刑法,一个对统治者有害的行为能否构成犯罪,既要看刑法对该行为有无规定,也要看刑法关于刑罚适用的规定。因此,刑法具有限制和规范惩罚犯罪的功能。这种认识是非常深刻的,它揭示了在法治社会里刑法存在的正当性。在法治社会里,刑法存在的正当性根据不在于惩罚犯罪,而在于对国家惩罚犯罪加以某种限制,从而达到保障公民权利和自由的根本目的。

这涉及一个问题:惩罚犯罪与保障人权之间是高度统一的,还是存在矛盾的?这个问题背后的逻辑是:国家刑罚权和公民个人自由之间到底是一种怎样的关系?

这其实涉及国家刑罚权的起源。意大利刑法学家贝卡里亚在《论犯罪与刑罚》一书中对刑法的起源问题作了精彩的解释。贝卡里亚认为,国家刑罚权来自公民个体权利和自由的转让或让渡。国家刑罚权就是公民权利和自由的一种结晶。公民之所以把自己的权利转让给国家,正是为了保护公民自身的利益。公民把刑罚权转让给国家后,国家行使刑罚权就意味着国家对公民个人自由的剥夺与限制。在国家刑罚权和公民个人自由之间存在着此消彼长的关系。也就是说,国家扩大刑罚权,必然意味着公民个人自由的剥夺、减少或丧失。因此,必须要把国家刑罚权限制在必要范围内。正如贝卡里亚所说,凡是超过必要限度的刑罚权就是擅权,就是不公正的。也就是说,在惩治犯罪和保障人权两种价值之间实际上存在着某种矛盾:如果刑法过度强调打击、惩罚犯罪,就必然降低人权保护的水平;如果我们提高人权保护标准,就必然削弱惩治犯罪的有效性。

因此,当惩治犯罪和保障人权发生冲突时,我们把哪一个放在第一位是一个根本的选择。在法治社会中,应当把保障人权作为第一选择。只有在有效的人权保障这一前提下,我们才能充分发挥刑法惩罚犯罪的功能。如果过度强调刑法的惩治犯罪功能,甚至以牺牲人权为代价来追求惩治犯罪的目标,就会发生刑法功能的异化。刑法的存在本来是为了保护社会,但是如果国家刑罚权不受限制,刑法将异化为对公民的暴政。这在专制社会中表现得非常明显,因为专制社会是社会少数人对社会大多数人的统治,这种统治本身不具有正当性。为维护这种统治,就需要采取恐怖的方法。就像孟德斯鸠所讲,专制社会刑法的最大特点就是制造恐怖。因此,刑法是维护专制统治的法律工具。刑法对于公民来说是一种异化的东西,是一种恐怖的东西。只有在法治社会中,刑法才把人权保障放在首要位置,公民也才有可能利用刑法约束国家权力,进而保障个人的权利和自由。因此,我们在认识刑法的性质时,关键要看刑法到底是一种惩治犯罪的工具,还是一种保障人权的法律武器。

中国是一个具有几千年的封建专制传统的国家,长期以来都是把刑法看成一种镇压犯罪的工具。这种传统的认识是一种基于长期的专制制度而形成的刑法偏见。这种刑法偏见,在当前法治建设中受到了重大挑战。我们需要对刑法功能的认识进行"拨乱反正"。只有这样,才能树立正确的刑法观念,也才能推动我国的刑法改革,实现刑法的人权保障机能。

二、刑法谦抑的理念

所谓刑法的谦抑性就是指对刑罚的处罚范围和强度加以限制,防止刑罚的膨胀。因此,刑法谦抑的理念是与刑罚的轻缓化这一思想紧密相连的,这里还包含着刑罚的人道主义理念。在法治建设中,这一刑法理念是相当重要的。

从整个人类历史的发展来看,刑罚从残暴、苛厉逐渐变得轻缓、宽缓。晚近以来,随着启蒙思想的传播,刑罚逐渐出现了轻缓化。储槐植教授曾经将刑罚结构概括为以下四种类型:(1)重刑结构,以死刑和肉刑为中心,在古代社会广泛实行。(2)以自由刑和死刑为中心,在近代社会广泛实行。肉刑被废除。自由刑被认为是近代刑罚之花。自由刑的出现,在一定意义上代表刑罚的历史性进展。(3)以自由刑为主体的刑罚结构,死刑渐渐退出刑罚历史舞台。(4)以财产刑为主的刑罚结构,这是一种轻刑结构。

这是一个从重到轻的演变过程。我国目前基本上还处于第二阶段,而西方发达国家已经开始从第三阶段向第四阶段转变。因此,从刑罚的演进过程来看,我国还处在一个比较落后的阶段。在我国,死刑还占有非常重要的地位。如何限制死刑而不是废除死刑成为我国刑法中需要讨论的问题,而现在有些国家已经开始讨论废除死刑,甚至讨论无期徒刑的废除问题。我们与它们完全处于两个阶段,这一点必须清楚。

这样一个刑罚进化的过程,就是刑法谦抑的过程。刑罚为什么会实现由重到轻的演变?刑罚由重到轻演变的推动力是什么?在刑法理论上,我们过去认为原因是刑罚人道主义思想对刑法产生的影响。但现在看来,这种解释是有局限性的。刑罚的轻缓化其实是社会治理能力提高、社会治理手段多元化的结果。因此,应当把刑法放在社会治理的体系中去考虑。刑法是一种社会治理的手段,并且是一种代价非常昂贵的社会治理手段。

在古代社会,限于当时的生产力条件和人类文明程度,刑法成为社会治理的主要手段。例如,当时的政治问题是要依靠刑法来解决的,特别是涉及国家政权的更替时,对最高统治权的保护完全靠刑法来实现。当然,在更多的情况下,政治问题是靠战争解决的,这就是所谓"枪杆子里面出政权"。凡是威胁到统治权的行为,都被刑法规定为重罪。因为当时国家权力的更替采取的是世袭制,并且不受法律限制。这是一种专制,即这种权力的更替本身具有不正当性,因此权力就成为争夺的目标。为了维护这种专制政权,就要运用刑法,刑法也因此成为解决权力斗争的主要工具。

但在现代民主社会,权力的更替问题是通过选举来解决的,即政治民主化。如果人民对某一个统治者不满意,完全可以采用投票的方法来表达,因此政治问题就不需要刑法来解决,刑法从政治领域退出来了,刑法不再干预政治。

另外,在古代社会,宗教信仰问题也是依靠刑法解决的。在宗教统治下,信仰就成为控制人民思想的手段,宗教也成为一种统治的手段。这种宗教把具有另一种宗教信仰的人看成异教徒,并用刑法来推行。刑法在镇压异教徒过程中起到非常恶劣的作用,这在西方中世纪宗教裁判所中表现得十分明显。现代社会已经实现了信仰自由,各种信仰能够和平共处,宗教信仰问题也不再需要用刑法来解决。尤其是宗教与国家统治分开以后,刑法就从宗教信仰领域中退出了。古代中国是一个伦理社会,把刑法当成一种推行伦理的工具,通过刑法来实现伦理。因此,中国古代有"出于礼而入于刑"的说法,即违反伦理的行为就要受到刑法惩罚,刑罚成为推行某种道德的工具。

在现代社会里,法律与道德是严加区分的,违反道德的行为在未违反法律时,法律不应当进行干涉,尤其是不能运用刑法轻易干涉私人生活。某些被传统伦理道德看成悖德而被规定为犯罪的行为,后来都逐渐被非犯罪化。比如,卖淫、吸毒和赌博在当时都因为违反道德而被刑法规定为犯罪,但随着现在道德的宽容,已经不再把它们当作犯罪,尽管这些行为还被认为是违反道德的。

在我国计划经济时代,国家就对社会经济活动进行高度垄断,所有违反计划的行为都被规定为犯罪。只有国家和集体才能从事经济活动,个人从事经济活动的行为都被视为投机倒把犯罪,会受到刑法的严厉惩罚。现在实行了市场经济,市场经济的基本特点是自由经济,每个人都可以参与市场活动,都可以成为市场经济的主体。在这种情况下,刑法逐渐从经济领域中退出,只是对经济秩序起到一个基本的维护作用。市场的经济活动,主要依靠市场规律的调节,而不再借助于行政手段,更不借助于刑罚手段,但刑法在市场经济活动中还发挥着一定作用。随着市场经济的进一步成熟,刑法还应当从市场经济中退让出来。

另外,在社会治理中,刑罚逐渐不再是一种根本的、主要的手段。由于社会治理方法的多元化,一种社会治理技术的发明、规则的形成、制度的建设在一定程度上都能起到取代刑罚的作用。在我国,抢夺、抢劫(也就是"两抢")的犯罪非常严重,也是影响社会治安的主要犯罪,但这些犯罪在西方国家却较少发生。这是为什么呢?

这是因为信用卡制度在西方社会普遍推行的缘故。现在我国尽管已经推广了信用卡,但人们还是习惯随身携带大量现金,在一定程度上造成了"两抢"犯罪案件的发生。而西方国家货币已经电子化,人们在日常生活中带一张信用卡就足够了。信用卡本身有一套有效的保护措施,因此,抢夺、抢劫信用卡很多时候不能达到占有他人财物的目的,这种犯罪就慢慢减少了。由此可见,对于犯罪的抗制,我们不能只依赖刑法,更应当寄希望于社会治理能力的提高。当然,现在我国网络支付越来越普及,在这种情况下,以随身携带的现金为对象的"两抢"犯罪案件数量必然大量减少,甚至逐渐绝迹。

虽然我们现在不再完全依赖刑罚,但是刑罚在社会管理中还是占有一定地位,发挥着较大的作用。在当今社会,刑罚逐渐走向轻缓的原因,是刑罚在社会治理中作用的降低,有其他更好的社会治理办法可以取代刑罚。

我们过去把执行死刑看作打击犯罪的成果,因为把犯罪分子看作敌人,敌人当然杀得越多越好。而今天我们要转变观念,执行死刑是治理社会所付出的代价,执行死刑多是社会治理能力差的表现。更何况,现在的犯罪人有些是社会中的弱势群体:城市下岗的工人、农村失地的农民等。被判处死刑的人部分是处在社会底层的穷人。要从这个角度来看待死刑,才能正确对待刑罚的轻缓。刑罚的轻缓是我们追求的目标,但这个目标不是想要得到就可以得到的。在某种意义上说,刑罚的轻重不是主观选择,其在一定程度上取决于社会的物质生活条件、文明程度,尤其取决于社会的治理能力。我们现在之所以还有这么多的死刑,主要是因为我们的社会治理能力还比较弱。我们现在不能将犯罪人看成敌人,更不能看成阶级敌人,因为他们恰恰是社会的弱势群体。按照过去的政治语言,这些人恰恰是我们的阶级兄弟。他们因为各种原因走上犯罪道路,难道我们的社会对他们就没有一点责任吗?难道就应该一杀了之吗?应该反思我国目前的这种重刑主义。

2007年6月6日,《法制日报》上发表一篇文章,题目是《北京小贩捅死城管案解密:死缓判决受普遍认可》。这个案件中的被告人,也就是文中所讲的北京小贩,名叫崔英杰。崔英杰一开始在一家公司当保安,做了4个月才得到1000多元。为了挣钱,崔英杰买了辆三轮车,并利用业余时间卖烤肠,但受到城管的多次干预。在最后一次城管执法中,为抢回自己的三轮车,崔英杰将现场执法的城管队长李志强捅死。过去像这类案件,社会舆论可能认为崔英杰罪该处死,但现在整个社会的看法有很大改变,社会大众看到了他是弱势群体,也看到了城管的管理方式简单化。因此,法院最终判决崔英杰死缓,这一判决得到社会认同。我们现在的城市管理,到底是城市的市容市貌重要,还是小商小贩的生存权更重要?崔英杰案发生以后,上海、北京城管执法方式都有所改善,他们给小商小贩经营规定一定空间以允许他们谋生。小商小贩以此为生,虽然他们是无照经营,但我们也不应该砸人家饭碗。不允许小商小贩谋生是城市的傲慢,是城市的强势群体对弱势群体的欺凌。我们的刑法不能与人民为敌,我们的刑法是用来保护人民的,因此,我们需要提高社会管理能力,避免更多崔英杰式悲剧的发生。

因此,刑罚并不是治理社会的灵丹妙药,因为它治标不治本。在刑法的谦抑中,亟待解决的是人们对刑罚的依赖心理,对死刑、重刑的迷信心理。这种迷信刑罚的思想信奉者在公众中不乏其人。哪怕是知识分子阶层,只要不是学刑法的,大都有这种重刑思想,总是以为死刑、重刑能解决一切社会问题。

这种对死刑、重刑的迷信,恰恰是我国目前社会中根深蒂固的落后思想。死刑、重刑绝对没有我们想象中那么大的作用。真正守法的公民并不会因为刑法没有规定死刑而不去犯罪。他们之所以不去犯罪,是因为他们的道德修养,或者是因为其生活状态不需要通过触犯刑律来获得生存条件。而那些真正想要犯罪的人绝不会因为刑法规定了死刑就不去犯罪。刑法的作用是有限的,这是刑法谦抑理念的思想基础。因此,在当前的法治建设中,应当把刑法谦抑的理念摆在一个重要的位置上,强调刑法谦抑理念主要就是要破除对刑罚的迷信。

三、形式理性的理念

在当前我国法治建设中,形式理性也是亟须树立的刑法理念。我国向来缺乏形式理性,而有追求实质理性的强烈冲动。这与我国的传统文化密切相关。我国是以儒家的伦理道德为传统的一个国度,因此法律仅仅是实现某种伦理目的的工具,人们并未把法律放在至高无上的地位。

我国刑法理论过去一直强调犯罪的本质特征是行为的社会危害性,行为有没有社会危害性是一种实质判断。因此,我们就形成了一种观念:只要某一行为具有社会危害性,就应当受到刑事制裁。但是,这种实质判断往往不受法律规则的限制,因而会对公民的权利、自由造成侵害。这种以社会危害性为中心的刑法理念在我国具有悠久的历史传统。正因为如此,1979年《刑法》规定了类推制度,类推就是实质理性的最好表现,即实质判断及其结论——社会危害性在刑法的定罪量刑活动中取得了终极的地位。1997年《刑法》修改后,在第3条确立了罪刑法定原则,实行"法无明文规定不为罪"。罪刑法定的理念追求的是形式理性。这就使得国家的刑罚权受到某种限制,避免出入人罪。

形式理性与实质理性之间往往存在矛盾与冲突。在法治社会刑法中,形式理性是最为重要的,即形式判断应优于实质判断,从而避免对法律没有规定为犯罪的行为动用刑法进行惩处。然而,在我国司法实践中,罪刑法定的理念是较为缺失的。例如,媒体披露的北京首例网上裸聊案。网上裸聊行为应如何认定?有人认为,网上裸聊行为应定传播淫秽物品罪;有人认为,构成聚众淫乱罪;也有人认为,网上裸聊行为具有个人性,不构成犯罪。检察机关以聚众淫乱罪加以起诉,但最终还是撤诉了。

我认为,检察机关撤诉表明罪刑法定的理念已经被接纳了。如果刑法没有相关的规定,即使某一行为对社会具有危害性,也不能认定为犯罪。聚众淫乱应当发生在现实生活中而不可能发生在网络空间,并且,这里的"淫乱"应当是3人以上发生性关系,即群奸群宿。而网上裸聊的参与者并未发生性关系,所以不构成聚众淫乱罪。同样,它也不符合传播淫秽物品罪的构成要件,因为点对点的裸聊只是私人之间展示裸体。至于聚众裸聊,也是局限在一定的网络空间,不具有传播所要求的"在一定范围内扩散"的含义。所以,检察机关作出撤诉处理是正确的。

法无明文规定不为罪,这是形式理性的刑法理念的题中之意。如果网上裸聊现象比较严重,将来可以通过立法在刑法中将其规定为犯罪。但在刑法没有规定之前,不能将其作为犯罪追究刑事责任。北京检察机关的撤诉表明了对形式理性的遵循,这是社会进步的表现,值得赞赏。当然,形式理性会使某些社会危害行为不被追究,但这比滥用司法权的危害性要小得多。

对形式理性的追求实际上就是对公民个人权利和自由的保护。但是,长期以来我国司法机关缺乏这种形式理性的理念,对一个案件往往习惯于首先作实质判断,看一个案件是否具有社会危害性。实际上,我们首先应当考虑的是法律上有没有规定;法律有规定的,再考虑有没有社会危害性。如果法律没有规定,即使行为具有社会危害性,也不能对之加以刑事制裁。形式理性的刑法理念是从罪刑法定中引申出来的,是法治社会刑法的内在生命。

以上三种刑法理念是法治社会刑法所需要的,我们应当努力地去追求。它们所代表的是刑法的核心价值,可以检测我国的刑法还存在哪些不合理的因素,哪些应该在刑法改革中被消除。可以说,这三种刑法理念代表了我国刑法的发展方向,应当在我们的立法与司法中树立起来,也应当在社会公众中,尤其是在社会管理层中逐渐得到普及。只有这三种刑法理念都获得了社会认同,立法与司法机关都能按这三种刑法理念来指导刑事立法与刑事司法活动,刑事法治才是可期待的。

我的讲座到此为止,谢谢大家。

(本文整理自2007年6月在北京大学法学社"公法的生活化"学术论坛的演讲稿)

专题二 刑事司法理念

同学们,大家好。

今天我讲的题目是"刑事司法理念"。在建设法治国家这个历史背景下,我们需要对刑事司法理念进行认真的思考。我国宪法已经确立了依法治国,建设社会主义法治国家这样一个治国方略,法治已经成为我国的官方主流话语。我认为,这里的法治并不是一个空洞的概念,它应当落实到各个具体的法律领域。从法治这个概念中,我们可以引申出刑事法治这个概念,刑事法治是指在刑事法领域中的一种法治状态。我认为,刑事法治是最低限度的法治标准。在一个社会里面,如果公民的人身权利、民主权利和其他权利得不到法律的应有保障,这样的社会就很难说是一个法治社会,因此,建设法治国家,我们必须要强调刑事法治的建设。在刑事法治这个概念下,我想讲以下三方面的内容:

一、形式合理性和实质合理性

在形式合理性和实质合理性这一对范畴中,关键词是合理性。应该说,任何一个社会制度、任何一个法律制度,都要追求某种合理性,这是毫无疑问的,合法性也必须建立在合理性的基础之上。从这个意义上来说,合理性也是合法性的前提和基础,也就是说合法性离不开合理性。但是,合理性又可以区分为形式合理性和实质合理性。所谓的"形式合理性",指的是手段的合理性,它是一种客观的合理性,而"实质合理性"指的是一种结果的合理性、目的的合理性。形式合理性和实质合理性是有所不同的。在一般情况下,我们当然想要同时得到形式合理性和实质合理性,但在很多情况下形式合理性和实质合理性之间存在着一种紧张的对立关系。

在法律当中,同样存在形式合理性和实质合理性之间的矛盾和冲突。在法律当中,形式合理性指的是法律规范自身的逻辑基础,实质合理性指的是通过法所要满足的人们的实质价值要求。因为法律只是一种手段,人们通过法律这种手段要追求某种社会的实质价值,而这种社会的实质价值是随着社会生活发展而不断变化、不断发展的,但是法律本身却相对稳定,因此两者必然会出现某种矛盾和冲突。对于这种矛盾和冲突,中国古人曾经有过一个非常形象的描述,叫作"法有限而情无穷"。这里的"法有限"指的是法律的规定有限,法律条文有限。在刑法当中,这指的是刑法所规定的罪名是有限的。所谓"情无穷"指的是通过法律所要追求的这种实质的价值内容是无穷的,而且是随着社会生活发展而不断变化的。在刑法当中,犯罪现象是随着社会生活发展而不断发展的。因此,很难用有限的"法"来规范无穷的"情"。

在这种情况下,就出现了一种在形式合理性和实质合理性之间的选择。如果我们选择形式合理性,就必须要坚守法律的规定,在刑法当中就要严格按照法律规定来认定犯罪和处罚犯罪。但是,由于犯罪现象是无穷无尽的,因此,就难以对那些刑法当中没有规定的犯罪现象加以处罚。从这个意义上来说,我们可能就会获得某种形式合理性,但丧失某种实质合理性。如果我们想要对那些刑法当中没有规定,但是严重危害社会的犯罪行为加以惩治,我们就获得了某种实质合理性却牺牲了法律的形式合理性。所以,在刑法当中同样也存在这种形式合理性和实质合理性之间的矛盾和冲突。

我认为在刑法当中,之所以存在形式合理性和实质合理性之间的矛盾和冲突，主要有以下两个原因：

第一个原因是立法者立法能力的有限性。在立法的时候，立法机关要对社会上的犯罪现象进行认识、归纳和抽象处理，把它在刑法当中以罪名的形式确定下来。但是，立法机关的这种主观认识能力是有限的，立法者不可能把社会生活中的各种严重危害社会行为都毫无遗漏地在一部刑法典当中规定下来。

第二个原因则是刑法的相对稳定性和犯罪现象不断发展变化之间的矛盾。一方面，刑法本身具有稳定性的要求，不能朝令夕改；但另一方面，犯罪现象是随着社会生活的发展而不断变化的。因此，当刑法被制定出来时，它就已经滞后于社会生活发展，滞后于犯罪现象发展。

从以上两个方面的原因来看，刑法所规定的犯罪只是在社会生活中的一部分犯罪，甚至是一小部分犯罪。一部刑法典不可能把社会生活中的各种严重危害社会行为都毫无遗漏地规定下来。

在这种情况下，就出现了古人所说的"法有限而情无穷"这样一对矛盾。怎么来解决"法有限而情无穷"这对矛盾？中国古人曾经设计了一个解决方案，这就是"类推"。

在两千多年以前，中国战国时期著名的思想家荀况就曾经说过"有法者以法行，无法者以类举"，也就是说，有法律规定的，依照法律规定处理；没有法律规定的，按照类推的办法解决。显然，这里的"类推"和严格依照法律规定处理是有所不同的。严格按照法律规定来处理某一案件，是建立在法律规定和案件事实之间存在着逻辑上的同一性的基础之上的。比如说我们处理一个杀人案件，杀人这个案件事实和法律所规定的杀人罪的构成要件之间是同一的。因此，我们可以把杀人这个规定直接适用于这个杀人案件，这是依照法律规定处理。而在类推的情况下，它是建立在法律规定和案件事实之间的类似性的逻辑基础之上的。也就是说在类推情况下,某一案件事实和法律规定并不具有同一性,但是两者具有类似性。因此,类推是一种扩大法律适用范围的方法。

通过类推,法律规定不仅适用于和法律规定具有同一性的案件事实,而且扩大适用于与法律规定具有类似性的案件事实。这种类推的办法确实能够在一定的程度上缓解法的有限性和情的无穷性之间的矛盾,因此中国古代两千多年以来,在刑法当中始终采用这种类推的办法,也就是所谓的"比附援引",通过这种"比附援引"来扩大法律规定的适用面。在中国古代的《唐律疏议》当中就有这样一个法律适用的原则,叫作"入罪举轻以明重,出罪举重以明轻"。

所谓"入罪举轻以明重",是说如果要把某一个行为作为犯罪来处理,但是刑法又没有明确规定为犯罪,在这种情况下可以采用"举轻以明重"的方法将其入罪。所谓"举轻以明重"也就是说,比这个行为轻的行为都被法律规定为犯罪,这个行为更应该被当作犯罪来处理。

关于"举轻以明重",在《唐律疏议》当中曾经出现这样一个例子,当时有一个关于谋杀期亲尊长的规定。这里的谋杀并不是我们现代所理解的经过预谋把人杀死,而是指预备杀害。按照这个规定,谋杀期亲尊长要处以斩刑。《唐律疏议》说法律只规定了谋杀,也就是预谋杀害期亲尊长要判处斩刑,但它并没有规定如何处理预谋以后又去实施杀害行为等情形。在这些情况下,就可以采用"举轻以明重"的方法来解决。也就是说,只要进行预备杀害就要判死刑,预备以后又去实施杀害行为,把人杀死了或者虽然没有杀死但是杀伤了,更应该作为本罪来处理,这是一种"举轻以明重"的逻辑方法。

所谓"出罪举重以明轻",是指对于一个行为,如果法律没有明文规定它不是犯罪,要想把它不作为犯罪来处理,就可以采用"举重以明轻"的方法。所谓"举重明轻",也就是说,法律都明确地规定某个行为不是犯罪,这个行为比它轻,当然更不应该作为犯罪来处理。

在《唐律疏议》当中有一个类似于我们现在的正当防卫的规定——"夜无故入人家者,主人登时杀之无罪"。《唐律疏议》说法律规定了主人当场把侵入者杀死不是犯罪,但如果当场没有杀死而是杀伤了,是不是犯罪?法律对此没有规定,在这种情况下就可以采用"举重以明轻"的方法,既然杀死都不是犯罪,杀伤当然更不是犯罪。从以上情况来看,"举轻以明重"或者"举重以明轻"都是在法律没有明文规定的情况下处理罪与非罪的法律适用原则。

现在我们所要关注的是"入罪举轻以明重"这个原则。从刚才所举的《唐律疏议》的例子来说,这种"举轻以明重"的原则,当然是有合理性的。因为按照法律规定,预备杀害就要判处斩刑,尽管法律没有规定预备以后把人杀死或者把人杀伤构成犯罪,但预备以后把人杀死、把人杀伤是经过预备这个阶段的,这种行为本身也包含了预备的内容。因此,对这种行为按照预谋杀害来判处斩刑当然是没有问题的。但如果对"举轻以明重"不是作这样一种限制性的解释,而是无限地扩大"举轻以明重"的适用面,可能就会和我们现在法律上的类推相混同。

举例来说,某地有一条交通规则,它的内容是"禁止牛马通过",现在我们需要处理的一个问题是,骆驼通过了是否违反了"禁止牛马通过"这条交通规则。对于这个问题,有两种不同的意见:第一种意见认为,交通规则所禁止的是牛马通过,而骆驼既不是牛也不是马,当然不在禁止之列;第二种意见认为,虽然交通规则规定的是"禁止牛马通过",但交通规则之所以禁止牛马通过而不禁止小鸡小狗这些小型动物通过,主要就是因为牛马的体积和重量都比较大,牛马通过了会妨碍交通秩序。而我们现在所碰到的骆驼,它的体积和重量超过牛马,既然牛马通过都要禁止,骆驼通过当然更应该禁止。

这两种意见的逻辑出发点是不一样的,显然第一种意见所坚持的是一种形式合理性的观点,也就是说不管骆驼通过是否会扰乱交通秩序,它只看交通规则是怎么规定的。既然现在交通规则只规定了禁止牛马通过而没有规定禁止骆驼通过,那么,就不能用禁止牛马通过这个规定去禁止骆驼通过,这是一种形式合理性的观点。

而第二种意见追求的是一种实质合理性,这种实质合理性观点是从法律规定的实质内容来理解的,既然牛马通过都要禁止,而骆驼比牛马更重,骆驼通过了更会妨碍交通秩序,所以更应该禁止。尽管交通规则没有禁止骆驼通过,但从禁止牛马通过这条交通规则的背后仍然可以推论出对于骆驼也应当禁止,这显然是一种实质合理性的观点。

在形式合理性和实质合理性相对立的情况下,我们明显可以看到,要坚持形式合理性就会丧失实质合理性,而要想得到实质合理性就会牺牲形式合理性。这两者之间的矛盾和冲突是显而易见的。

在现实生活当中,实际上我们都还是更加关注实质合理性。也就是说,在现实生活中我们是认同实质合理性的,是按照实质合理性这样的逻辑来思考问题的。

举例来说,某一个公园里面有一口池塘,在池塘当中养了鱼,公园管理部门在池塘旁边立了一块警示牌,上面写了"禁止垂钓"。现在有人在池塘里面不是在钓鱼,而是在张网捕鱼。公园管理人员前来制止。面对公园管理部门的制止,张网捕鱼者为自己的行为作了这样一种辩解,他说警示牌上写的是"禁止垂钓",但是他没有在这里垂钓,不能用禁止垂钓的规定来制止张网捕鱼行为,因为张网捕鱼行为并不在禁止之列。面对这样一种辩解,只要是一个具有正常理智的人,都会作出这样一个判断,认为他是在狡辩。我们都会赞同公园管理人员按照"禁止垂钓"的规定来制止张网捕鱼行为。换句话说,我们都会一致地认为这种张网捕鱼行为违反了"禁止垂钓"的规定。在这样一个判断的背后,起作用的是"举轻以明重"这样一种思维方法。也就是说,在这个池塘里面钓鱼都不被允许,而张网捕鱼比钓鱼更为严重,则更不被允许。这实际上是一种类推的思维方法,而这种类推的思维方法从我们日常生活经验来看是完全正确的。

不仅如此,类推的方法在有关的法律适用当中也被认为是一种正常的法律适用方法。比如说在民事审判中,这种类推的方法也是被广泛适用的。在《拿破仑民法典》当中曾经有过这样的规定:审理民事案件的法官,不得以法律没有规定为由拒绝受理民事案件,否则就要构成犯罪。由此可见,在民事审判中,面对公民提起的民事诉讼案件,无论法律有无规定,法院都应当无条件地受理。当提起的民事诉讼案件是法律有规定的,当然可以按照法律的规定来处理。而在法律没有明文的情况下,要怎么处理这种民事案件呢?按照民法的一般原理,要按照民法的基本原则——诚实信用原则来处理。这种处理显然就包含了一种类推的方法,也就是说比照法律最类似的规定,按照诚实信用原则加以解决。

因此,在民事审判中,法官具有很大的自由裁量权。在某种意义上来说,法官甚至具有创制法律的一种权力,这一点在我国民事审判实践中也体现得非常明显。比如说随着网络的发展,在现实生活中出现了大量的网络纠纷案件,如网络知识产权纠纷、网络侵权纠纷等,但我国法律关于网络纠纷的规定还是比较缺乏的。一旦在现实生活中出现了这种网络纠纷,就不可避免地要到法院提起诉讼。法院面对这种网络知识产权纠纷、网络侵权纠纷,能不能以法律没有关于如何解决网络纠纷的规定为由而不受理这样的案件?显然不能,还是应该受理。法院在受理以后,对于法律没有明文规定的案件,要按照民法的诚实信用原则,比照最相类似的法律条文来加以解决。这样就出现了一些案例,这些案例实际上就具有判例的性质,法官以后遇到同类型的案件就可以比照这些判例来加以解决。因此,民事审判活动具有一定的规则创制功能。

1997年北京市海淀区人民法院判决了一起精神损害赔偿案件,这个案件是全国首例。因为在过去我国民法理论都否认精神损害赔偿,认为只有物质损害才能获得赔偿,而精神损害不能获得赔偿。但随着社会的发展,人们逐渐认为精神损害有时候甚至比物质损害还要严重,精神损害应当得到赔偿。但是,法律并没有对精神损害赔偿的问题作出明确规定。在这种情况下,海淀区人民法院就判处了一起精神损害赔偿案件:一个17岁的女孩和家人在饭店里吃火锅的时候,瓦斯炉爆炸造成毁容的严重后果。海淀区人民法院除了判决赔偿物质损失外,还判决赔偿精神损害。这个判例首次确认了精神损害赔偿,在社会上引起了极大反响,整个社会都赞同这个判决。

后来,全国各地法院都纷纷效仿,作出了关于精神损害赔偿的判决。但是,由于法律没有规定,各地法院判决赔偿的数额就很不一样。比如上海市虹口区人民法院就判处了一起精神损害赔偿案件:一个女大学生到超市购物,超市有关管理人员怀疑她偷了东西,对她进行了搜身。这个女大学生就以精神受损为由告到虹口区人民法院,虹口区人民法院一审判处超市要赔偿这个女大学生21万元人民币,这个案件也引起了很大反响。到了二审,法院改判为赔偿2万元人民币。在赔偿数额上,一审与二审法院的认定相差很大。一审判决赔偿21万元有什么根据?在解释这个根据的时候,可能解释得有点问题,它说之所以赔偿21万元是因为这个超市是英国人在中国开的,比照英国的有关规定,所以要赔这么多。并且,被害人是个女大学生,所以应当赔这么多。到了二审被改为赔偿2万元,其实仍然是一种自由裁量的结果,并没有明确的法律根据。后来,通过司法解释对精神损害赔偿的数额作了一般性的规定,一般不超过5万元。也就是说,在精神损害赔偿问题上,通过一个判例转化为司法解释,然后再上升为立法。这在民事审判中是一种非常正常的现象,法院在民事审判当中广泛地使用这种类推的办法来适用法律、处理民事纠纷。

但在法治社会的刑法中,我们却坚持罪刑法定原则,而绝对地排斥类推。在刑法中,我们坚持的基本原则是罪刑法定。罪刑法定和诚实信用的功能恰好相反:诚实信用作为民法基本原则,它使得民法典成为一个相对开放的规范性体系,它具有一种扩张机能,给法官的自由裁量留下了很大空间,因而诚实信用原则在民法中具有一种克服成文法之局限性的功能。在成文法没有明确规定的情况下,诚实信用就可以作为一种法律规则来适用。但是,罪刑法定作为刑法基本原则,具有一种限制机能,它使得刑法典成为一个相对封闭的规范性体系,它严格地限制了法官在刑事审判中的自由裁量权,要求法官必须在法律明文规定的范围之内来认定犯罪和处罚犯罪,因为罪刑法定原则的基本精神就是"法无明文规定不为罪,法无明文规定不处罚"。

罪刑法定原则和诚实信用原则之所以具有这种相反的机能,我认为是由刑法和民法的不同性质所决定的。

民法所调整的是平等主体之间的法律关系,在个人和个人之间、法人和法人之间或者个人和法人之间发生的纠纷,可以通过民法来加以处理。在民事纠纷中,法院是一个更为超脱的第三者,它可以居中进行裁判。而且,由于民事纠纷涉及社会生活的各个方面,民法不可能把解决各种民事纠纷的方法都毫无遗漏地规定下来,因此允许法官进行类推。

但是,刑法涉及公民和国家之间的纠纷,而且刑法的适用关系到对公民的"生杀予夺",为了限制国家的刑罚权,就必须要规定罪刑法定的原则,以此来限制司法机关的司法权。从这个意义上来说,罪刑法定原则实际上是在国家的刑罚权和公民个人的权利和自由之间划出了一条明确的界限，使得刑法具有了某种契约性：一方面，司法机关只能在法律规定的范围之内认定犯罪和惩罚犯罪，不得超越法律的规定；另一方面，公民的行为只有在触犯刑法、构成犯罪的情况下，才会受到法律制裁。如果他的行为没有触犯刑法或不构成犯罪，就不应该受到刑事追究。正是建立在罪刑法定原则之上，法治社会的刑法就和专制社会的刑法有了根本的区分。

因为在专制社会里，刑法是国家单方面用来镇压犯罪的工具，在这种情况下，刑法只是用来约束老百姓的，它对于国家本身并不具有约束力。因此，这种专制社会的刑法是一种赤裸裸的暴力，它往往成为侵犯公民自由的一种工具。

而在法治社会里，刑法的性质发生了根本的变化，刑法具有了双重的机能：一方面，刑法具有对公民行为的约束机能，因为刑法规定了哪些行为是犯罪、哪些犯罪会受到什么样的刑罚处罚。另一方面，刑法同时又具有对国家刑罚权的限制机能，要求司法机关只能按照刑法的规定来认定犯罪和处罚犯罪。因此，法治社会的刑法不仅约束老百姓，而且约束司法机关，约束国家本身。在这种情况下，刑法一方面通过惩罚犯罪来保护社会，另一方面又通过约束司法机关来保护被告人的合法权利。

罪刑法定原则所倡导的是一种形式合理性的观念，因为它要求认定犯罪、惩罚犯罪必须严格按照法律规定。罪刑法定原则和类推是相排斥的。在罪刑法定原则下，犯罪的范围只限于法律有明文规定的行为，如果法律没有明文规定的，就不是犯罪。而在类推情况下，犯罪被分为两部分：一部分是法律有明文规定的，另一部分是法律虽然没有明文规定，但可以通过类推来定罪的。显然，类推这一方法扩大了犯罪范围，使得那些法律没有明文规定的行为也受到了法律制裁。从某种意义上来说,类推可以获得一种实质合理性,使得那些法律没有明文规定但具有严重社会危害性的行为受到法律制裁。但是,类推破坏了罪刑法定原则,违背了形式合理性的立场,因此,它和罪刑法定是有矛盾的。

我国1979年《刑法》第79条规定了类推制度。1979年《刑法》是我国制定的第一部刑法。由于当时立法经验不足,在刑法中规定的犯罪数量有限,因此必须以类推作为补充。

除了技术性的原因以外,还有刑法指导思想上的原因。当时,我国还在实行计划经济体制,强调专政的司法理念,因此,在刑法中规定类推,更有利于惩治犯罪。随着市场经济的发展,随着民主与法治观念的发展,1997年《刑法》就废除了类推制度。《刑法》第3条明文规定了罪刑法定原则。

我认为,罪刑法定原则在我国刑法中的确认,是我国刑法在民主与法治的道路上所迈出的重要一步。在某种意义上也可以说,我国刑法的性质发生了根本性的变化。罪刑法定原则给我国带来了刑事司法理念的深刻变化。也就是说,不能简单地认为罪刑法定原则在《刑法》当中规定下来就万事大吉了。罪刑法定原则如果不想沦为一条法律口号或者法律标语,它就必须在司法实践中得到切实的贯彻。而罪刑法定原则在司法实践中的贯彻,必然以刑事司法观念的转变为前提。因为罪刑法定原则所倡导的是一种形式合理性的观点,它和我们传统的、建立在社会危害性基础之上的实质合理性的观念是有所不同的。

我们过去在理解犯罪的时候,往往强调犯罪的社会危害性,把社会危害性看作犯罪的本质特征,它对于刑事违法性具有决定意义,我们不仅认为立法者之所以将一个行为规定为犯罪,是因为这个行为具有社会危害性,而且认为在司法活动当中一个行为之所以被司法机关认定为犯罪，也是因为这个行为具有社会危害性。这种强调社会危害性的观点，实际上是建立在实质合理性的基础之上的，它有可能破坏罪刑法定原则。

刑法确认了罪刑法定原则以后，我们只能够根据刑法的规定来认定犯罪和处罚犯罪。如果刑法没有明文规定，这个行为即使具有再严重的社会危害性，也不应当被认定为犯罪。因此，我国的刑事司法理念就要有一个从实质合理性向形式合理性的转变。应该说，坚持罪刑法定原则、坚持形式合理性，必然会带来某种实质合理性的丧失。也就是说，它是以牺牲某种实质合理性为前提的。我们要能承受这样一种代价，这一点我认为是非常重要的。

罪刑法定原则在刑法中确认以后，对我国司法人员提出了更高的要求，它要求司法人员能够正确地理解法律规定。因为根据罪刑法定原则，一个行为是不是犯罪，关键是要看法律有没有明文规定。因此，如何正确理解法律的明文规定，就成为正确贯彻罪刑法定原则的关键。法律规定并不是放在那儿等着我们去机械地适用。在法律适用当中，首先就有一个找法的问题。也就是说，法律本身需要我们去找，它并不是现成地放在那儿等着我们去适用。所以，找法活动是法律适用的前提。

从法律规定来看，实际上有两种情形：一种是显性的法律规定。在这种情况下，我们只要通过法律条文的字面含义就可以正确地理解法律规定；另一种是隐性的法律规定，在这种情况下，通过法律字面可能并不能直接得出罪与非罪的界限，还需要对法律内容作出逻辑分析，尤其是要对相关法律进行逻辑判断，才能够确切地掌握某个法律内容。在法律规定是显性规定情况下，这种法律规定是容易寻找的，但在法律规定是隐性规定情况下，这种法律规定可能就不太容易寻找。

我下面举个例子来说明一下,前几年在山东济南曾经出现过这样一个案件:有人从香港乘飞机到济南,私自携带了十多公斤的黄金,没有报关、没有缴纳关税,这个案件后来被破获了。显然这是一起走私黄金的案件,对于这样一个案件,应当按照什么样的犯罪来处理?我们就开始要来寻找法律规定。首先我们找到的法律是《刑法》第151条第2款关于走私贵重金属罪的规定,其中就包含有关走私黄金的规定。但我们仔细地看《刑法》第151条第2款关于走私贵重金属罪的规定,它规定的是"走私国家禁止出口的黄金、白银和其他贵重金属",也就是说走私贵重金属罪只是指走私黄金出口,而并不包括走私黄金进口。这不是立法机关的疏忽,因为在同一款中,关于走私珍贵动物及其制品的犯罪,《刑法》就明确规定"走私国家禁止进出口的珍贵动物及其制品"。由此可见,刑法在这里只是将走私黄金出口的行为规定为走私贵重金属罪,而没有把走私黄金进口的行为规定为走私贵重金属罪,所以走私黄金进口的行为并不符合《刑法》第151条第2款关于走私贵重金属罪的构成要件,不能按照这个罪处理。

既然不能按照走私贵重金属罪处理,也就是说刑法没有规定走私黄金进口的行为构成走私贵重金属罪,是不是说这种走私黄金进口的行为就不构成犯罪了呢?我们接着找法,《刑法》第153条是关于走私普通货物、物品罪的规定。按照《刑法》第153条的规定,走私普通货物、物品罪的"普通货物、物品"指的是走私本法第151条规定"以外的"货物、物品。

对这个规定就有两种理解。第一种观点认为,法律明确规定这里的普通货物、物品是《刑法》第151条规定"以外的",而黄金在《刑法》第151条已经有规定了,因此,黄金不能包含在走私普通货物、物品罪中。第二种观点认为,把走私《刑法》第151条规定"以外的"货物、物品,理解为根据《刑法》第151条规定"走私行为构成犯罪以外的"货物、物品。走私黄金出口的行为根据《刑法》第151条的规定已经构成走私贵重金属罪,因此属于以"内"的,不能按照走私普通货物、物品罪处理;但走私黄金进口的行为,按照《刑法》第151条的规定并不构成走私贵重金属罪,因此,它可以包括在《刑法》第153条的走私普通货物、物品罪中。

我个人认为,第二种观点是有道理的。因为《刑法》第151条和第153条规定的犯罪虽然都是走私罪,但是性质有所不同,《刑法》第151条规定的是走私那些国家禁止进出口的或者国家限制进出口的物品的犯罪,这种走私罪所破坏的是国家对货物的海关监管制度。而《刑法》第153条走私普通货物、物品罪中的普通货物、物品是国家允许进出口的,这种走私罪的危害性表现在偷逃国家关税,因此《刑法》第153条规定的走私普通货物、物品罪,是根据偷逃关税的税额进行定罪量刑。根据这样的理解,法律规定黄金是禁止出口,但是并不禁止进口。因此,走私黄金出口的行为应按照《刑法》151条的走私贵重金属罪处理。但黄金进口应当缴纳关税,走私黄金进口的行为偷逃了关税,完全符合《刑法》第153条关于走私普通货物、物品罪的规定,按照走私普通货物、物品罪处理是没有问题的。

从这样一个案件的找法过程来看,找法是十分复杂的。像走私黄金进口这样一个行为,如果单独来看《刑法》第151条第2款的规定,似乎可以得出结论——它不构成犯罪。但结合《刑法》第153条的规定就会发现,它实际上隐含在《刑法》第153条的内容当中。因此,如果没有对法律规定进行全面的、正确的理解,就很难找到相应的法律规定。如果不能找到相应的法律规定,就会造成罪与非罪界限上的混淆。一个行为本来是法律没有明文规定的,但是找错了法律,误认为法律有明文规定,把它作为犯罪处理,那么就会冤枉无辜。相反,一个行为本来是法律有明文规定的,但没有找到法律规定而误认为法律是没有明文规定的,那么就会放纵了罪犯。由此可见,正确地寻找法律是十分重要的。

在有些情况下,法律规定本身有漏洞,没有明确的法律规定,那么欠缺法律明文规定的行为就不应当作为犯罪处理。比如说法国曾经有一个典型的例子。在世界各国的刑法中都有关于脱逃罪的规定,比如,我国《刑法》规定,被逮捕、关押的犯罪分子脱逃的,就构成脱逃罪,并没有方法上的限制,因此无论犯罪分子采取什么形式的脱逃都构成脱逃罪。但《法国刑法典》对脱逃的方法作了明确规定,只能采取"攀墙、掘洞、蒙混"三种方法,当然在现实生活当中脱逃一般也是这三种方法。但后来出现了一个案例,犯罪分子内外勾结,有一天囚犯在监狱的操场上放风,这时一架直升机从外面飞到监狱上空,并放下一个绳梯,犯罪分子爬上绳梯乘直升机逃走了。这个案件的行为具有脱逃的性质是毫无疑问的,但面对这个案件的法官犯难了,因为它不符合《法国刑法典》中脱逃罪构成要件的规定,刑法只规定了"采用攀墙、掘洞、蒙混的方法脱逃的,构成脱逃罪",但并没有规定"采用其他方法脱逃的,也构成脱逃罪"。如果严格地按照罪刑法定,从法律字面上来看,采用乘直升机的方法脱逃,就不符合刑法关于脱逃罪的规定,因此应当判无罪。但判无罪的话,这种行为显然是一种脱逃行为,而且是一种更为严重的脱逃行为,不把它作为犯罪处理,显然丧失了实质合理性。但是,我个人还是倾向于在这种法律有明显漏洞的情况下,就应当严格地坚持罪刑法定原则,应该作出无罪判决,将来再由立法机关来补充这个漏洞。法律的漏洞所造成的结果不能由被告人承担,只能由立法机关承担。

在英国也曾经发生过这样一个案例,英国法律规定:"禁止在皇家飞机场跑道附近扰乱飞行秩序,否则构成犯罪。"现在这个案例是这样的:有一个人看到一架飞机正在降落,他想要看看这个飞机是怎么下降的,因此站在跑道中间没有动,影响了飞机的飞行,这个案件被起诉到法院。律师提出了无罪辩护,即法律规定的是在跑道附近扰乱飞行秩序构成犯罪,但这个案件中的被告人不是在跑道附近,而是在跑道中间,即使行为扰乱飞行秩序,也不符合法律规定的构成要件,不能认定为犯罪。

对于这样一个案件事实,如果按照"举轻以明重"的方法,定罪当然是毫无疑问的。在跑道的附近都会扰乱飞行安全,跑到跑道中间当然更会扰乱飞行秩序,更应该作为犯罪处理。但是,如果完全按照法律的字面进行解释,就不应该将这种行为作为犯罪处理,法官对此作出了无罪判决。在这种情况下,法律是有漏洞的。在法律有漏洞的情况下,法官如何处理案件,这是一个难题。

我认为漏洞分为两种:一种是法外漏洞,一种是法内漏洞。对于法内的漏洞,法官可以弥补。但是,法外漏洞属于法律没有明文规定的情形,法官就不能弥补,只能根据罪刑法定原则作出无罪判决。英国著名的法官丹宁勋爵曾经就法官对法律的解释问题说过一段非常生动的话:法官可以解释法律,在法律规定得不好的情况下,法官可以把法律解释好;但这种解释是有限度的,就像一块布,如果这块布上有一些褶皱,可以通过解释方法把它熨平,因为这是一个比较小的瑕疵,可以通过解释方法解决,但不能改变这块布的质地。丹宁勋爵的这段话就是说法官在法律适用中,对于法律规定的某些微小的瑕疵可以通过法律解释的方法来解决,但不能将那些法律没有规定的行为解释为法律有规定。像这样的一些案例,可能都是有争议的。

在我国刑法中也同样存在这样的问题。比如说,刑法有关于拐卖儿童罪的规定,这里的"拐卖"是指拐骗以后加以出卖。但在现实生活中有的人不是采用拐骗的方法使儿童脱离监护人,而是直接采用抢夺、甚至抢劫的方法将儿童抢走。这种抢夺、抢劫儿童然后出卖的行为性质当然是更为严重的,但能不能按照拐卖儿童罪来处理?严格来说,拐卖不包含抢夺和抢劫,因此不能按照拐卖儿童罪来处理。这种行为在法律上并没有明文规定。也就是说,法律的规定是有限的,我们就只能把那些能够解释到法律当中的行为按照刑法的规定来处理。对于那些不能解释到刑法当中、属于刑法明显漏洞的行为,即使它具有再大的社会危害性,也不应该按照犯罪处理。

再比如前段时间出现的黑哨案件,能不能定罪,争议也很大,存在不同的观点。有人认为,裁判员包括足球裁判员和其他裁判员,他们并不是国家工作人员,因此不能按照受贿罪处理。同时这些裁判员也不是公司、企业的工作人员,因此也不能按照非国家工作人员受贿罪处理。这是一个法律的漏洞,我国在立法的时候根本没有考虑到这部分人。但另外有人认为,黑哨的问题可以按照非国家工作人员受贿罪或者国家工作人员受贿罪处理。

当然这里涉及一个对法律理解的差别,但从根本上来说,我认为这个问题还是个法律漏洞问题。在出现法律漏洞的情况下,如果我们还是要把它解释到某一个法律规定中,那么这种牵强附会的解释实际上会破坏罪刑法定原则。在我国刑法规定罪刑法定原则以后,我国的司法机关实际上面临着一个很大的挑战——对于那些法律没有明文规定,但又具有严重社会危害性的行为,司法机关能不能严格遵守罪刑法定原则进行处理?这对于司法机关来说是有很大压力的。但我认为罪刑法定原则必须要得到切实的贯彻,因为罪刑法定原则是现代法治社会刑法的内在精神。

当然必须还要认识到,在强调罪刑法定原则的情况下,我们又不能对法律的规定作一种法律教条主义的理解。我们同样也要防止和避免那种法律教条主义的倾向。所谓法律教条主义,就是过于抠法律的文字,而看不到法律的精神实质。实际上,法律规定是有限的,而且法律规定本身是抽象的、概括的，把一个法律的规定适用于一个具体的案件，这个过程包含着非常复杂的逻辑推理。

比如说，曾经有律师向我们咨询过一个单位受贿的案件：有一个银行向某一个企业发放了九千多万元的贷款，在发放贷款过程中，银行就向这个单位索要了14套住房，这14套住房并没有直接过户到银行的名下，而是过户到银行所办的物业管理公司的名下，然后分配给银行职工，职工再按房改价把房子买下来。检察机关指控银行构成单位受贿罪，银行的辩护律师提出这样一个无罪辩护理由，他说这14套住房并没有过户到银行名下，而是过户到物业管理公司名下。在工商登记上，银行和物业管理公司是两个独立的法人，这怎么能够说是银行收受了这14套住房？律师认为不能认定银行收受了14套住房，因此对此案作无罪辩护。面对律师无罪辩护的理由，一同参加咨询的周振想教授就对律师说，你说的不对，就像我是国家公务员，我利用职务便利为他人牟利，收受了他人的10万元，但这10万元没有以我的名义存到银行里，而是以我儿子或者以我老婆或者以其他人的名义存到银行，案发以后侦查机关搜出了这张存折，能不能说这10万元不是以我的名义而是以他人名义存的，因此不能认定我收受了这10万元？能不能这样说？显然不能这样说。在这个案件中，贷款企业和物业管理公司之间并没有任何经济往来，凭什么贷款企业会平白无故地给物业管理公司送14套住房？而且物业管理公司是银行所创办的，在这种情况下认定银行构成受贿，在法律上是没有任何障碍的。应该说，周振想教授的话是非常有道理的，像这样的案件显然是不能作无罪辩护的。

这个律师听了以后还不满足，还要追问，在房子没有过户到银行名下而是过户到物业管理公司名下的情况，认定银行受贿，有没有法律根据？这个律师老要追问法律根据。按照这位律师的理解，只有法律对这种情况有具体规定的,才能认定为犯罪。如果法律上没有具体规定的,就不能认定为犯罪,否则就违反了罪刑法定原则。我认为,这是对罪刑法定原则的误解。后来我就对这位律师说,你想要的这种法律根据确实不存在,但没有这种法律根据并不妨碍认定银行构成单位受贿罪。如果你想要你所说的这种法律根据,那么我把周振想给杀了,你定我杀人罪的法律根据也不存在。因为法律没有规定杀周振想是杀人,法律只规定杀人构成杀人罪。那么杀周振想为什么会构成杀人罪呢?因为周振想是人,所以杀周振想是杀人。也就是说法律的规定只是抽象的,而案件的事实是具体的,将抽象的法律规定适用到具体的案件中,会有一个逻辑演绎的过程。即使像杀人这种非常简单的案件,也要经过逻辑演绎,更不用说那些疑难复杂案件。对于那些疑难复杂案件,要经过复杂的推理过程才能把法律规定适用到具体案件中,这中间可能有很多的法律障碍,我们要克服这些法律障碍,逻辑论证的过程也是一个法律适用过程,它实际上和数学的演算没有什么差别,有的数学演算要经过很多道步骤,最后才会得出结论,中间哪道步骤演算错了,最后结果也就错了。所以,法律的适用也是个复杂的过程,尤其是对于那些复杂疑难案件。

当然,要想保证最终结果的正确,前提是要正确理解法律。因为司法逻辑演绎的前提是对法律规定的正确理解,如果对法律规定理解错了,无论怎么演绎,最后结论也是错的。由此可见,正确理解法律规定是十分重要的。在很多情况下对法律规定理解错了,对案件的处理结果也就错了。

比如说,我们前几天还在讨论一个虚假出资的案件。某台商跟大陆企业成立了一个合作经营的企业,进行房地产开发。合同规定,该台商要出资650万美元作为注册资金,然后投入900万美元开发房地产。该台商650万美元注册资金已经到位了,企业也进行了工商登记,但后来那900万美元的房地产开发的投资款没有到位,该台商以新成立的合资企业的名义到香港特别行政区去借了950万美元来投资。检察院起诉该台商构成虚假出资罪,说违反合同规定,虚假出资,所以构成了本罪。

检察院对虚假出资罪的"出资"作了错误理解。虚假出资罪的"出资",指的是注册资金的出资,而不是投资款的出资。在台商与大陆企业签订的合同中有两个约定,一个是注册资金650万美元,这650万美元已经到位,不存在虚假出资问题。此外,约定的900万美元投资款不等于出资款。但检察官把合同所约定的900万美元投资款理解为出资款,所以对这个案件按照虚假出资罪进行起诉。之所以发生这个错误,就是对虚假出资作了错误理解。因为虚假出资违反了公司管理法规,破坏了公司管理秩序,而违反合同约定、应该到位的投资款没有到位只侵犯了合作方的利益,属于民事经济纠纷而不属于犯罪。由此可见,正确地理解法律规定是非常重要的,如果我们不能正确理解法律规定,往往可能会得出一些错误的结论。

以上我所讲的内容是关于形式合理性和实质合理性的问题。我认为,罪刑法定原则倡导的是一种形式合理性,因此,在形式合理性和实质合理性发生冲突的情况下,我们应当选择形式合理性,而不是实质合理性。如果我们选择实质合理性,就会造成对于罪刑法定的违反。我们过去在刑事审判活动中,往往强调两个效益:一个是法律效益,另一个是社会效益。如果我们的刑事审判能够同时得到法律效益和社会效益,当然是最好的。但在法律效益和社会效益不能兼得的情况下,我们过去往往是以牺牲法律效益去获得社会效益,这种做法显然是不可取的。以牺牲法律效益去获得社会效益,这种社会效益并不是我们真正追求的效益。这种社会效益是通过破坏法治而获得的,它所得到的好处只是暂时的,而对法治的破坏会使我们整个社会存在的基础受到破坏。因此,对于法律效益和社会效益的关系,我们应当有一个正确理解。我们更应当关注法律效益,只能通过取得法律效益来获得社会效益,而不能通过牺牲法律效益来获得社会效益。因此,在罪刑法定原则下,考察一个行为是不是构成犯罪,只能看刑法有没有明文规定。只有在刑法有明文规定的情况下,才能将这个行为作为犯罪来处理。如果刑法没有明文规定某一行为构成犯罪,即使它有再大的社会危害性,也不应当对它进行定罪处罚。

二、法律真实与客观真实

如果说前面所讲的形式合理性和实质合理性之间的问题是一个罪刑法定的问题,是一个刑法的问题;那么,这里所讲的法律真实与客观真实的问题,是一个证据法的问题。在法律真实与客观真实这类范畴中,也有一个核心的概念,就是真实。真实是人类的永恒的冲动,人类总是不断地在追求这种真实。所以人们往往把真、善、美看作三种最美好的价值。在真、善、美之间,真是放在第一位的,真也是善和美的基础和前提,一个东西如果不真,很难说它是善的,也很难说它是美的,由此可见,对真的追求是非常重要的。

在刑事审判当中,我们同样也在追求真实。在追求真实的过程中,我们要使审判结果和客观的实际相符合,使判决的结果、判决的结论建立在扎实的事实基础之上,这是衡量我们刑事审判工作质量的一个重要标准。但是,在刑事审判中,对于真实的追求,到底是追求客观的真实还是法律的真实,这是值得考虑的。我们在以往的刑事诉讼法中,强调的是实事求是的原则。基于这种实事求是原则,我们往往把客观真实当作案件的判断标准,我们要求把案件做到客观真实。最近,刑事诉讼法学界针对客观真实与法律真实的关系问题展开了讨论和争论。我认为,这些讨论和争论对于正确的刑事司法理念的建立是很重要的,因此有必要在这里作一些探讨。

客观真实和法律真实的问题,首先涉及一个认识论的问题。恩格斯在《反杜林论》这本书中曾经对人的认识能力问题说过一段非常精辟的话。恩格斯指出,人的思维是至上性与非至上性的统一。也就是说,人的思维一方面是至上的,另一方面又是非至上的。恩格斯这里所讲的"人的思维"指的是人的认识能力,恩格斯所讲的"至上性"指的是绝对性,所谓的"非至上性"指的是相对性。按照恩格斯的观点,人的认识能力一方面是绝对的,另一方面又是相对的,也就是绝对真理和相对真理的统一。但是,这里的绝对和相对都是有条件的。

第一,当这种认识的主体是个体的人的时候,由于受到人的主观的局限性,在这种情况下人的认识能力是相对的,人的思维是非至上的。但是,当这种认识主体不是个体的人而是整个人类时,人的思维又是至上的。

第二,当这种认识是在一定的历史条件下的认识的时候,由于受到客观的局限性的限制,人的思维是相对的,是非至上的。但是,如果把人的认识放到整个认识的历史长河中,那么人的思维又是至上的,因为现在不能认识,一百年后可能能认识,即便一百年还不能认识,一千年、一万年以后,总有一天能够认识,因为人的认识是一个无限的发展过程,总是能够最终接近绝对真实。

恩格斯关于人的思维的至上性与非至上性的辩证统一观点,我认为是非常精辟的。一方面,恩格斯反对不可知论的立场,坚持可知论,也就是说人的认识总是会达到对客观真实的认识,因此一切事物都是可知的。但另一方面,恩格斯又强调可知论并不等于必然知道一切事物,可能知道和已经知道是两个不同概念。这样一种认识,我认为是非常重要的。

在司法活动中,对于犯罪案件的认识是一种司法认识活动,这种司法认识活动也是人类认识活动当中的一个重要组成部分。因此,司法认识活动同样也要遵循认识论的一般规律。从司法认识活动的特点来看,我认为司法认识活动是相对的、非至上的,而不是绝对的、至上的。司法认识活动的非至上性,是由以下四个特点决定的:

第一,司法认识活动是个体的人的认识。诉讼当事人包括警察、律师、法官、检察官,他们都是个体的人,他们的主观认识都是有局限的,更何况这些诉讼当事人都不是犯罪案件的亲眼目睹者。即使是犯罪案件的亲眼目睹者,由于主、客观的局限性,他不可能十分真实地描述犯罪的实际情况。因为在刑事诉讼当中的认识主体是个体的人,所以这种司法认识活动是相对的。

第二,刑事审判是有严格的时间限制的。刑法中有追诉时效的规定,刑事诉讼法中有办案期限的规定,所以一个案件如果查上十年、八年,也许能够查个水落石出。但在一定期限内把一个案件完全查清楚是有困难的,这也决定了这种司法认识活动是相对的,而不是绝对的。

第三,基于司法资源的考虑。司法资源是有限的。如果我们光是去查一两个案件,可能可以动员所有的司法资源把这个案件查清楚。但是,我们现在面临的不是一两个案件,而是成千上万个案件。因此,我们不可能为了查一两个案件而动用所有的司法资源,在这种情况下,我们的司法认识活动也只能是相对的,而不是绝对的。

第四,司法认识活动是对过去事物的认识。在司法认识中,总是犯罪案件发生在前,刑事审判发生在后。这种时间上的距离,可能会使一些案件的证据湮灭、消失了,因此,在审判当中完全真实地恢复犯罪案件原来的面貌是很困难的,这也决定了司法认识活动是相对的,而不是绝对的。

正是这种司法认识活动的相对性,使我们认识到在刑事审判活动中,我们是不可能完全达到客观真实的,我们所要追求的是一种法律真实,而不可能是客观真实。我们只能无限地接近于客观真实,而不可能达到客观真实。我们的法律真实是建立在证据基础之上的,我们过去对人的司法认识活动有一种过于乐观的理解,总是认为一切案件都能够查清楚,而忽略了司法认识活动的相对性和非至上性,所以违反认识论的基本原理,进而把客观真实当作审判的一个标准。我们过去经常说"以事实为根据,以法律为准绳",这里的事实是客观事实、案件事实,但案件事实是建立在证据基础之上的。如果没有证据,也就没有这些案件事实。从某种意义上来说,所谓案件事实是以证据事实为前提的,所以证据事实是事实的事实。要把证据当作整个刑事司法活动的一个基础,只有这样才能使刑事审判活动最大限度地坚守公正,也才能使刑事审判的结论建立在扎实的证据的基础之上。

法律真实是建立在证据基础之上的,法律真实的概念是一种相对真实,是有条件的真实,而不是绝对的真实,不是完全客观的真实。这样一种相对真实的概念,在我们的日常生活中也是被广泛接受的。

比如说,有一天我在野外,耳朵里听到了飞机的轰鸣声,抬起头来看见有一架飞机在我头上飞过,这时旁边有一个人问我,天上有飞机吗?我就会回答他天上有飞机。过了一会,飞机的轰鸣声从我的耳朵里消失了,我也看不见这架飞机了,旁边这个人又问我天上有飞机吗?我就会回答他天上没有飞机。但这个时候天上果然没有飞机吗?天上当然有飞机,因为这架飞机刚从我的视野当中消失,它当然还在天上飞,而且天空这么辽阔,可以说每时每刻天上都有飞机在飞,那么,我为什么会回答他天上没有飞机呢?实际上当我说天上没有飞机的时候,我是说我没有看到天上有飞机,只是把"我没有看到"这样一个前提给省略了。而他问我天上有飞机吗?他也是说"你有没有看到天上有飞机",因此,当我看到了天上有飞机,我就会回答他天上有飞机,当我没有看到天上有飞机,我就会回答他天上没有飞机。因此,天上没有飞机,或者天上有飞机这样一个事实,既可以是一种客观的事实,也可以是一种相对的事实。我们在讨论的是一种相对真实,这种相对真实建立在证据基础之上。我看到了,我就说有,我没看到,我就说没有。而那种客观真实是不以证据为转移的,不管你有没有看到,天上都有飞机,但是我们在日常生活中讨论的真实都是相对真实,都是建立在证据基础之上的真实。

由此可见,在我们的日常生活当中,都是采取这样一种相对真实的观点。这样一种相对真实的观点,和通过考古来发现一些历史的事实是一致的。

当然,我把亲眼所见、亲耳所闻视为真实,是因为我看到了、听到了,我相信它是客观存在的。但如果把真实局限在亲眼所见、亲耳所闻,真实的范围就非常狭窄了。我们还要承认一些间接获得的真实也是事实,比如说历史事实。尽管我们没有看到几百年前、几千年前发生了什么,但是有文字记载。

比如说,中国有二十四史,二十四史对于古代发生的一些事件都作了历史记载,我们就认为这些事件是真实发生的,但是这种历史记载是有限的。而且人类的历史是十分漫长的,有文字记载的历史也只不过是三五千年,是人类历史中的一小部分。对于那些历史没有记载的事实,对于那些在文字发明以前的人类历史的真实,我们怎么来认识?我们只能通过考古的发现来认识。

又比如说,中国古代有四大发明。在四大发明中,有一个就是纸张的发明,我们过去通常说纸张是在中国东汉时期由一个叫蔡伦的人发明的,因为在古代文献中有这样的记载,因此我们就按照这样的说法来确定中国古代纸张发明的时间。但是,后来在考古发现当中,出土了一些纸张,经过科学的测试,这些纸张是西汉时期的。这些纸张的出土,就使得过去的说法被推翻了。根据考古新发现,我们又重新得出一个结论——中国古代纸张是在西汉时期发明的。但是,这个结论仍然只是相对的,也许将来还会出现一些纸张,这些纸张经过科学测试,可能是在春秋时期发明的,甚至是在西周时期发明的,纸张发明的时间还有可能再往前推三百年、五百年。实际上,纸张发明肯定有一个客观的时间,这个时间可以精确到某一年某一月,甚至某一天。但是,我们现在无从了解这个时间。我们只能够通过一些实物,通过考古来逐渐接近这个时间,但永远不可能正确地确定这个时间。由此可见,通过考古发现所确定的历史真实也是相对的,它是建立在考古事实的基础之上的,离开了考古事实,就没有客观真实。

法律真实的观点不仅在日常生活中被我们所承认,实际上在有关的民事审判或者其他审判中也是被广泛接受的。比如在民事审判中,我们坚持谁主张谁举证的原则,因此主张必须建立在证据基础之上,没有证据就不能获得法院的支持。

比如说,张三欠了我5万元,他当时写了一个借条,但这个借条后来遗失了。张三过了还款期限后没有归还,我就向法院起诉,但是我又无法提交借条来证明张三和我之间的债权债务关系,法院当然会驳回我的起诉。法院驳回我的起诉只是说我不能证明张三和我之间存在着债权债务关系,而不是说张三在客观上不欠我5万元。这里的客观真实和法律真实是两个不同的概念,法官只能对法律真实负责,不可能对客观真实负责。只要我不能提供证据来证明张三欠我5万元,法院就会驳回我的诉讼请求。至于客观上张三是否欠我5万元,法院并不管,这是张三和我之间的事情。由此可见,法律真实的观点在民事审判中是被广泛承认的。但在刑事审判中,这种法律真实的概念接受起来还是有很大的难度。

当然在实践中,90%甚至95%的案件是比较简单、容易查清的,5%到10%的案件是比较复杂的。在这些疑难案件中,既有有罪证据,也有无罪证据。因此,法院在错判和错放之间就面临一个选择。因为存在有罪证据,因此法官判无罪可能是错放;但这个案件又存在无罪证据,所以法官判有罪可能是错判。法官对此如何进行选择?这是一个两难的选择。

我们过去往往强调实事求是。实际上,实事求是是以案件事实查清为前提的,如果案件事实查清了,那么实事求是:有罪就有罪,无罪就无罪。但是,在这种疑难案件中,案件事实本身不能查清楚,因此法官没办法实事求是地进行处理,我们只能在错判和错放之间进行一个两难的选择。

我们过去往往宁愿错判也不愿意错放,不然就是无限期地关押、超期羁押,羁押时间长达4年、5年,甚至8年、10年都是不罕见的。像河北承德有一个案件,是两起杀害出租车司机、抢劫出租车的事件,四个被告人在1994年就被抓了,三次被中院判处死刑,三次上诉到省高院,省高院三次发回,在第四次的审判中,第一、二被告人仍然被判死刑,第三、四被告人被改判死缓,又再次上诉到省高院,到现在还没结案。从1994年关押到现在,已经10年了,有关媒体也披露了这个案件。

对于错判和错放到底该怎样选择,有位学者对这个问题作了这样一个解释,认为错判和错放的选择实际上是犯一个错误还是犯两个错误的选择。错判是犯两个错误,第一个错误是使无罪的人受到法律追究,第二个错误是使真正有罪的人不受法律追究,因为这个案件错判了,已经有一个人顶罪,当然就不可能再去寻找真正犯罪的人,所以是犯两个错误。而错放只是犯了一个错误,只是使有罪的人逃脱了法律追究。根据这一观点,一个人当然不愿意犯错误,但如果非要犯错误的话,人们宁愿犯一个错误而不愿犯两个错误。所以,正确的结论是宁愿错放也不能错判。这样一个评论,我觉得还是很精彩的,思考问题的角度非常新颖,给人很多启发。但是,在这个评论中有以下两个问题,我认为是值得商榷的:

第一个问题,犯一个错误难道一定比犯两个错误好吗?也就是说,宁愿犯一个错误而不愿意犯两个错误真的是一种好的选择吗?如果说这是一个好的选择,它是以错误的大小相同为前提的。只有在错误的大小相同的情况下,犯一个错误才比犯两个错误好,因为两个错误大于一个错误。而在错误大小不同的情况下,人们完全有可能宁愿犯两个错误而不愿犯一个错误。如果两个错误是小错误,而一个错误是大错误,两个小错误加起来也要小于一个大错误,人们就会愿意犯两个错误而不愿意犯一个错误。因此,在考察问题的时候,我们不仅要考虑错误的数量,而且要考虑错误的大小。就错判和错放而言,人们过去之所以宁愿错判也不愿意错放,主要是因为人们认为错放是一个大错误,而错判只是一个小错误。错判无非是一个工作失误,以后注意就可以了。但错放是一个大错误,是打击不力,是一个立场问题。在这种情况下,人们选择错判而不选择错放也是非常自然的。因此,关于错判和错放的选择,不能仅仅用错误的数量作为选择标准,而要正确地认识错判和错放的后果,要使人们认识到错放可能造成的危害比错判要小,错判是个大错误,而错放只是一个小错误。正是有了这样一个价值取向,人们才会选择宁愿错放而不愿错判。

第二个问题,在错放与错判这种说法中,是用什么标准衡量这里的"错"?所谓错放,它的衡量标准实际上还是客观真实。也就是说,在放了以后,发现新的证据证实这个案件确实是这个人所犯,因此我们说原先放错了。就像我们过去说纸张是在东汉发明的,但是后来出现了一些纸张,经过测试发现这些纸张是西汉发明的,所以我们说东汉发明纸张这个结论错了。但是,在这些纸张还没有出土以前,我们能说这个结论是错的吗?在案件中也是这样,在不能证明这个人有罪的情况下,放难道是错的吗?不是错的。根据无罪推定原则,在这种疑难案件中,判是错的,但放是对的。也就是说,根本没有错放只有错判问题。

这就涉及刑事诉讼法中的一个基本原则——无罪推定原则。无罪推定原则的基本内容是:不能证明有罪就是无罪。也就是说,有罪需要证明,而无罪不需要证明。因此,在这些疑难案件中,既然不能证明被告人有罪,那么他就是无罪的。在这种情况下,作出无罪判决是必然的选择,也是正确的选择,根本没有错放的问题。和无罪推定原则相反,有罪推定的逻辑是:不能证明无罪就是有罪,也就是说有罪不需要证明,需要证明的是无罪。因此,如果不能证明无罪,就是有罪。

在选择错判或错放的时候,因为不能证明被告人无罪,所以可以作出有罪判决。这实际上是完全错误的。无罪推定原则最主要的作用是,为刑事诉讼提供一个逻辑起点。只有假设被告人是无罪的,有罪的举证责任应当由控方来承担。也就是说,控方要指控有罪,必须承担有罪的举证责任,如果不能证明有罪,法院就应当作无罪判决,辩方不需要去证明被告人无罪。因为有罪和无罪在法律上存在对应关系,从法律上来说,不能认定有罪那就是无罪。但是,在客观上不存在这样一种对应关系——在法律上无罪,但从客观真实上来说可能是有罪的。一个案件现有的证据不能证明被告人有罪,但是可能这个案件就是被告人所犯的,从客观真实角度上说被告人是有罪的。但在现有证据不能证明被告人有罪的情况下,法官当然应当作出无罪判决。

因此,我认为法院的判决是建立在证据基础之上的,是建立在法律真实基础之上的,而不是建立在客观真实基础之上的,这就是所谓证据裁判原则。法院判决张三构成杀人罪,意思是说现有的证据能够证明张三杀人;法院判决张三不构成杀人罪,是说现有证据不能证明张三杀人。至于张三在客观上有没有杀人,那是另外一个问题。法官只能对法律真实负责,只能对证据负责,而不能对客观真实负责,不能对证据以外的事实负责,这就是法律真实的一个非常重要的含义。

我们过去往往强调实事求是,因此有些人认为实事求是和无罪推定是矛盾的,所以我们既不搞有罪推定,也不搞无罪推定,我们坚持实事求是:有罪就是有罪,无罪就是无罪。实际上,这样一种观点,对于无罪推定和有罪推定的理解完全是错误的。在一个国家的刑事诉讼法中,不搞有罪推定就必然要搞无罪推定,不搞无罪推定就必然要搞有罪推定,两者只能取其一,而不可能在有罪推定和无罪推定之外再搞一个第三者——实事求是。还有人说无罪推定不符合事实,比如说一个人在光天化日之下杀人,被当场抓获,扭送到公安机关,在这种情况下他的杀人行为已经被这么多人看到了,我们怎么还能够对他进行无罪推定呢?他明明是杀人犯,我们为什么还要推定他无罪呢?所以,无罪推定和客观真实是矛盾的。

我认为,这种观点是对无罪推定的无知。无罪推定只是要为刑事诉讼活动提供逻辑起点,即使这个人在光天化日之下杀人后被抓获了,如果我们要进行审判,还是要从假定他无罪开始,然后控方拿出证据来证明他有罪。如果有罪的证据能够证明有罪,法院就判有罪;如果有罪不能得到证明,就判无罪。所以有罪推定和无罪推定只是为判决提供一个逻辑起点,从某种意义上来说,无罪推定原则恰恰是达到实事求是的途径和手段,两者从根本上来说并不矛盾。

之所以要在刑事诉讼法中坚持无罪推定原则,也是由诉讼法的特点所决定。在法律中,广泛存在法律的推定或者法律的拟制。法律的推定或者法律的拟制可能和客观真实不完全符合,但它的出现是为了达到某种特殊的法律目的。

比如说，民法中有所谓死亡宣告，一个人失踪达到5年，还没有生还。在这个情况下，经过家属请求，法院可以作出死亡宣告。这种死亡宣告指的是在法律上一个人已经死亡了，以便使他原来所具有的权利义务关系得以变动。举例来说，丈夫5年不回来，妻子就不能和他人结婚，否则就可能构成重婚。但是，如果进行了死亡宣告，丈夫在法律上已经死亡了，妻子再和其他人结婚就不会犯重婚罪。所以，法律推定和法律拟制的制度具有特殊目的。但是，死亡宣告和这个人在客观上有没有死亡是两个不同概念，这个人可能在客观上确实死了，但也有可能没有死、过几天又回来了。我们不能说在这种情况下死亡宣告和客观事实不符，所以是不正当的。实际上，它是一种正常的法律制度，是法律上的拟制，这种法律上的拟制可以起到非常重要的作用。

因此，我们要强调证据观念，因为法律真实是建立在证据基础之上的。我们过去在刑事审判当中对于证据的观念有时候还不是特别的注意，这也和我们整个刑事司法制度有关系。

前几年我曾经看过香港特别行政区的报纸上讲这么一件事情，香港的警方破获一起重大贩毒案件，从贩毒分子身上搜出了大量毒品——海洛因。但是，在开庭以前，由于保管不当，海洛因被销毁了。海洛因销毁之后，证明被告人有罪的证据就没有了，所以法院后来就把犯罪分子释放了。这样的做法在香港刑事司法制度下看来是很正常的，也是很自然的。因为要证明他犯了贩毒罪，就必须把毒品拿到法庭上去。法官并没有看到这个人贩毒，控方说他贩毒，有什么证据？所以，控方得把毒品拿到法庭上去；而且，警察要到法庭上作证，证明毒品是从他身上搜出来的；辩护律师也可以对此进行询问、质证。只有在这个基础上，法官才能作出判决。现在证据没有了，控方拿什么到法庭上去证明他犯了贩毒罪？因为没有证据，所以指控不能成立，释放这个人就是正常的。这里有一个重要的观念，一个人在没有被法官判决有罪之前就是无罪的,也就是无罪推定。检察机关有权指控一个人犯罪,但是没有权力决定一个人有罪。现在证据灭失了,司法机关就只能选择释放。

从这个事例可以看出,香港警方的证据观念、无罪推定意识是非常强的。这个报道对我震动很大。这种做法可能会放纵个别犯罪分子,但它能够有效地保障公民的权利和自由,严格限制司法机关的司法活动,这点是非常重要的。

在美国,有时候他们为了维护某种法律的真实,甚至会牺牲某种客观真实。当然,有些做法可能是比较极端的,在我们看来是很难想象的。

美国曾经有过这样一个案件:有个被告人从精神病院跑出来,有人看见他把一个不满10岁的女孩劫持到他的车上,后来这个女孩失踪了,女孩的父母到警察署报了案,并且到处寻找这个小女孩。这时,这个犯罪嫌疑人就到警察署投案自首,说他杀害了这个女孩。由于管辖上的原因,这个案件并不归他所投案的警察署管辖,而是由另外一个警察署管辖。另外一个警察署就派了两个警官去把他押解回来。当犯罪嫌疑人投案以后,法官为他指定了律师。当两个负责押解的警官到警察署时,律师也到了现场。根据美国法律规定,警察在对犯罪嫌疑人进行讯问的时候,必须要有律师的在场,如果律师没有在场,这种讯问就是无效的。通过这种讯问所获得的证据也不能作为有罪证据来使用。由于他们分别乘坐不同的交通工具回来,所以他们就约定:在押解途中,警察不得对犯罪嫌疑人进行讯问,因为当时律师不在这车上,在押解回去以后且律师在场的情况下再进行讯问。

在押解途中,这个女孩的尸体没找到,当时是12月中旬,天很快要下大雪。其中一个警官就对犯罪嫌疑人说:"你看天要下雪,如果天下了大雪,把大地覆盖了,你到那个时候带我们去找那个女孩的尸体可能会找不到,不如现在带我们去把女孩的尸体找出来,我们也好在圣诞节前把女孩埋葬了,让她安息。"犯罪嫌疑人听了这一番话后就被说动了,在押解途中带两个警官找到了女孩尸体。这个案件就以谋杀罪被起诉到了法院。一审法官就判决罪名成立。

一审判决以后,被告人提出了上诉,他的上诉理由是这样的:警官在押解途中对他所说那番话构成了法律上的讯问,这种讯问是在律师不在场的情况下作出的,因而是非法的。通过非法讯问所获得的小女孩的尸体,就不能作为有罪证据来使用。在这个案件中,如果没有尸体,那么杀人证据就不存在,请求二审法官作出无罪判决。二审法官采纳了他的辩护理由,对本案作出无罪判决。

这个案件可以反映出以下内容:从客观真实来说,这个人确实是一个杀人犯,他杀了这个小女孩,这是客观真实。但是,警察在取证中违法了,根据美国刑事诉讼法,违法获得的证据是不能作为有罪证据使用的,应当被排除。根据非法证据排除规则,这个证据被排除以后,就没有证据证明被告人杀人,因此法院只能作出无罪判决。这个无罪判决是建立在法律真实基础上的,在这个案件中,法律真实和客观真实是矛盾的。在这种情况下,美国的法官为什么还要选择法律真实而不选择客观真实?

法官认为,在这个案件中警察通过违法取证,确实证实了被告人有罪。但如果对这种违法取证行为予以纵容,就不能防止将来警察违法取证,进而导致无辜的人受到冤枉。为了防止这种情况出现,限制警察的非法取证,就必须对这个案件作出无罪判决。即使无罪判决会使一个真正有罪的人逃脱法律追究,但这也是值得的,是必要的。

对这个判决,我们当然会说它过于极端地强调对被告人权利的保护。在美国的法律制度中,过于极端地强调对被告人权利的保护,可能有放纵犯罪之嫌。但是,从这种做法中我们可以看出,美国的司法逻辑和我们的想象是完全不一样的，他们对证据的严格要求，尤其是严格的非法证据排除规则，对警察的取证提出了非常严格的要求。如果有一点问题，证据就会被排除，案件也就不成立，所以他们对证据要求是非常高的。与这种情况相比，我国还是有很大差距的。

在我国的刑事司法活动中，过去对证据的要求是比较低的。我国目前在司法实践中还存在着刑讯逼供或者非法取证现象。刑讯逼供之所以屡禁不止，我认为这和刑讯逼供的证据排除规则的不完善有很大关系。

我国虽然在法律上禁止刑讯逼供，在刑法中也把刑讯逼供规定为犯罪，但如何处理刑讯逼供所取得的证据在法律上并没有明确规定。后来，虽然有关司法解释作了规定，但这种规定还是不够完善。司法解释只是规定了非法取得的口供应当予以排除，但如果非法取得的其他书证、物证能够证明犯罪事实，仍然可以作为证据来使用。这一非法证据排除规则，从表面上来看好像是有道理的，但实际上存在一个很大的逻辑问题。

因为警察采取刑讯逼供或者其他非法方法来获取口供本身并不是目的，其目的是要通过口供获得寻找其他证据的线索。犯罪行为是犯罪人实施的，因此犯罪人知道到什么地方去寻找证据来证明他有罪。只要警察拿下了口供，就可以按照口供所提供的线索去寻找其他客观证据。比如杀人案件，犯罪嫌疑人交代刀在什么地方丢的，只要按照他交代的地方去找就行了；犯罪嫌疑人交代刀在什么地方买的，只要到什么地方去取证就可以了。如果没有这些口供，寻找这些证据来证明一个人有罪是非常困难的。因此，如果仅排除口供，但是通过刑讯逼供取得的书证、物证不予排除，这种排除就是不彻底的，因而也就不能根本杜绝这种刑讯逼供和非法取证。

并且，一方面说刑讯逼供、非法取证是违法的，另一方面又采用通过刑讯逼供所获取的书证或物证,来证明某人有罪。这两者之间存在逻辑上的矛盾——既然一个警员取得了这些证据来证明被告人有罪,那么在惩治犯罪中,他就是个英雄,英雄怎么又成为罪犯呢?所以,就不能把这个警员作为罪犯来处理。

对于那些刑讯逼供的警员,最终认定刑讯逼供构成犯罪的,往往是由于刑讯逼供造成了冤假错案。像云南杜培武案件,在造成冤假错案以后,司法机关再回过头来对刑讯逼供的有关人员追究刑事责任。如果没有造成冤案错案,根本不可能追究他们的刑事责任。在否定刑讯逼供、非法取证的理由中,很多人认为刑讯逼供会造成冤假错案。

但我认为这个理由是非常苍白无力的,不能成为禁止刑讯逼供的有效根据。刑讯逼供当然有可能造成冤假错案,但刑讯逼供在80%甚至90%的情况下都不会造成冤假错案,在大部分情况下刑讯逼供都获得了证明被告人有罪的证据。如果光是以刑讯逼供会造成冤假错案为理由来禁止刑讯逼供,在刑讯逼供没有造成冤假错案的情况下,这种刑讯逼供是不是就有理了呢?

我认为,这种刑讯逼供同样是错误的,同样应当被禁止。所以,刑讯逼供之所以要加以禁止,并不是因为它造成了冤假错案,而是因为刑讯逼供是一种野蛮的、残酷的、不把人当人的做法,它违反了刑事司法的人道主义基本精神。在有些案件中,有些刑讯逼供可以说是惨无人道的。在这种做法中,犯罪嫌疑人被当作一个获得口供的客体,根本没有任何的权利,所以这是一种封建专制主义的司法制度。现代的刑事法治理念是以人为本的,它建立在尊重人、司法人道主义的基础之上,这才是绝对禁止刑讯逼供的主要理由。刑讯逼供在当下的实践中之所以屡禁不止,我认为主要还是因为我们的证据排除规则还不够完善。

这里还有一个沉默权的问题,这个问题前些年被讨论得很激烈。实际上,沉默权是无罪推定的内容之一,由于坚持无罪推定,有罪的举证责任完全由控方承担,被告人没有自证有罪的义务。因此,被告人在刑事追究中保持沉默是必然的。

在1996年《刑事诉讼法》中,虽然《刑事诉讼法》第12条的规定内容——"未经人民法院依法判决,对任何人都不得确定有罪",类似于无罪推定的规定,但我国《刑事诉讼法》同时又规定了被告人有如实供述的义务。如实供述义务的规定和沉默权的规定是自相矛盾的,从这个意义上来说我国目前的《刑事诉讼法》并没有确认沉默权制度。当然,要不要将沉默权引入我国的刑事司法制度,争论也比较大。有人说,如果我们国家实行沉默权制度,就会使70%~80%的案件得不到破获,会大大影响对犯罪的惩治,进而造成打击不力的后果,因此我国不能采用沉默权制度。

实际上,沉默权是刑事法治的最低标准,它已经被规定在有关的国际人权公约中。沉默权已经被世界大多数国家的司法制度所确立,因此,沉默权在我国的采用只是一个时间问题。我们必须要看到,我们在刑事法治方面和西方法治发达国家还有很大差距。面对这种差距,我们要努力地创造条件,缩小差距,在尽可能短的时间内达到刑事法治的最低限度标准。

在这里,关键是要如何正确地对待证据。应该说,现在和过去相比较,我们的证据意识已经有所提高。当然,我们在法律上关于证据方面的一些规则还不够完善,《刑事诉讼法》里面只笼统地规定了案件的证明要达到"事实清楚、证据确实充分"。但在一个具体案件中,到底什么叫证据确实充分,法律并没有提供一个具体的判断规则,这就导致了司法实践在证据判断上的一些混乱。

比如说关于证据证明力的标准,在有些案件中既有有罪证据又有无罪证据,这种情况要怎么判断?到底采纳有罪证据还是无罪证据,在判断中就要遵循证据的判断标准。或许可以从数量上来考虑,如果有罪证据比较多而无罪证据比较少,可以按照数量的多少来采纳证据。但多数和少数也不是绝对的,它还有证据的种类和形式问题。在一般情况下,书证的证明力大于证人证言的证明力,这也是一个规则。如果没有这些规则,在既有有罪证据又有无罪证据的情况下,法官的判断就会非常混乱,而这也是造成我国司法混乱的重要原因之一。

我曾看过这样一个案件,检察机关指控被告人犯挪用公款罪。被告人是镇委书记,被指控把镇里的30万元借给了一家私营企业。证据中有一张借款凭证,借款凭证上有镇长的批示。批示上面说经集体研究决定,同意把款借给这家私营企业使用。另外,又有一份镇长的证人证言,这个镇长说借款是根据镇委书记的旨意,镇委书记提出要借款,他只是履行手续,都是镇委书记一手策划的,他只是签字而已。

在这些证据中,镇长的证人证言当然是对被告人不利的,但借款凭证有镇长的签字以及批示,批示上说经集体研究同意,这个书证是对被告人有利的。如果真像书证所反映的那样,镇里集体研究决定把款借给私营企业使用,它就是集体行为,不能认为镇委书记个人挪用了公款。但镇长又说这个行为是书记一人所为,他只不过履行手续。面对这些证据,法官最后选择了证人证言,对案件作出有罪判决。

这里可能就有很大问题。在一般情况下原始书证的证明力大于证人证言,这是证据审查判断的原则,按这个原则判断就不能采用证人证言,而要采用书证。因为书证能够证明原始的真实情况,而证人证言是案发以后作出的。而且,镇长签了字,从推卸责任的角度来说,他完全可以把责任推给镇委书记,这样的证人证言怎么能作为有罪证据来使用呢?我认为这样的判决和我国证据规则的不完善有很大关系。如果有一些明确的证据规则，那么法官在法庭上就可以依证据规则来审查证据，法官也必须根据证据规则来决定哪些证据可以采纳，而不能主观认为哪些证据是可以采纳的。所以，证明力的规则十分重要。

除了证明力的规则外，还有证据取得的规则。我们过去光注意证据本身的证明力，忽视了证据取得对证据的证明力的影响。证据有两种：一种是证据的证明力和如何取得证据没有关系，比如原始书证，虽然侦查机关采取非法手段取得书证，但书证内容是客观的，它不会因为非法取得就发生变化；另一种是证据的证明力直接取决于证据的取得方式，如果取得的方法违法，证据的证明力就会消失，如辨认、指认。如果取得证据的方法违法，那么证据的证明力就会消失，对于这一点我们过去也是有所忽视的。

在安徽曾经发生过这样一起强奸杀人后弃尸的案件。公安机关通过侦查抓获了一个犯罪嫌疑人。这个犯罪嫌疑人也对作案过程作了有罪供述，但公安机关没有找到相关证据，没有物证，只有犯罪嫌疑人的有罪供述。在这种情况下，要证明犯罪嫌疑人有罪，指认弃尸现场就变得非常重要。公安机关也认识到了这一点，所以想把指认弃尸现场这个证据给固定下来，对指认弃尸现场的整个过程进行了录像。公安机关的本意是想固定证据，结果却是弄巧成拙。

从录像里面我们看到，前面有警察在带路，中间两个警察架着犯罪嫌疑人，后面跟着一大堆人，有的扛着摄像机，有的挂着照相机。到了某个地方，前面的警察就问："是不是在这儿?"后面的犯罪嫌疑人就说："是。"这个过程就被录下来了。

案件起诉到法院后，法院作出了无罪判决。因为指认弃尸现场的做法是由犯罪嫌疑人来指认，但录像带所反映出来的结果是警察在指认，而不是犯罪嫌疑人在指认。这就使指认这一证据的证明力完全消失了。也许这个地方确实是犯罪嫌疑人弃尸的地方,也许不是。但由于警方的取证方式,结果就变得真假难辨,所以这个证据的证明力就消失了。在这样的案件中,除了被告人的供述以外没有其他证据,按照刑事诉讼法的规定作出无罪判决是很正常的。本案作出无罪判决后,检察院就向省检察院提出要抗诉。省检察院的检察委员会在讨论要不要抗诉时,调出这个录像带。看了以后,省检察院所有委员一致认为,不应当抗诉。

这是一个真实的案件,它反映了我国司法实践中的很多问题。一方面,公安机关对取证的过程想要通过一定方法固定下来,这种意识本身是可取的,表明公安机关也有了一定的证据意识,只是由于取证不当而导致证据的证明力丧失。另一方面,我们要看到,在我国现在的司法活动中,像这样的情形往往不用将录像提交给法庭,而且指认的警察也不需要到法庭上作证,而只需写一纸办案说明。大家可以想到,如果公安机关不是提供录像而是提供办案说明,上面载明哪两个侦查人员在什么时间带犯罪嫌疑人到什么地点正确地指认了弃尸现场,然后盖了章交给法院,那么,这个案件就可能会作为有罪来认定了。因为这样一张办案说明是没有办法推翻的。也就是说,只要侦查人员说是就是,辩护律师没有办法在法庭上进行质问。

在我国现在的刑事诉讼活动中,证人基本上不到庭,而刑事审判靠的是书面材料。而证人证言又是控诉机关调取的,控诉机关当然是从有罪方面来取证的。如果是无罪证据,控诉机关就不提交了,因为他们的任务就是指控被告人有罪,所以提交给法庭的证据肯定是对被告人不利的证据。对于这种证据,辩护律师不能重新调查,而取证人又不能到法庭上来接受辩护律师的质询。也就是说,我国刑事诉讼中的证据不能真正在法庭上接受实质性的审查判断,这种审理的意义是非常有限的。因此,我国在刑事证据方面应该说还有很大的改进空间。

除了司法机关自身能力的局限以外,立法也有很大问题,我国的证据法是不完善的,在证据判断上基本上处于一种无法可依的混乱状态。因此,立法机关最近正在起草证据法,学术界对证据法的理论研究也在不断深入,这些都为我国将来证据法的出台与贯彻提供了客观条件。

总之,在法律真实和客观真实的问题上,我们要坚持法律真实的观点,犯罪必须要有证据来证明,否则就不是犯罪。我认为,法律真实的理念是我国刑事司法的一个重要理念。

三、程序正义和实体正义

程序正义和实体正义主要关系到如何正确解决程序和实体之间的关系问题。关于程序和实体之间的关系,我们过去往往理解为手段和目的的关系,认为程序是实现某种实体目的的手段,因此,往往导致了重实体轻程序的后果。可以说,重实体轻程序的做法在某些司法人员的头脑中是根深蒂固的。对于一个案件,他们往往只关心实体处理结果是对还是错,对于刑事案件只看定罪量刑有没有错。至于程序的问题,例如审理的期限、证据如何取得,他们并不关心,认为程序问题无关紧要,只要实体结果正确就可以了。这种重实体轻程序的观念和刑事法治的要求是背道而驰的。在刑事法治的背景下,我们需要关注程序的正义。我们现在所要讨论的一个问题是:程序有没有独立于实体的价值。关于这个问题,美国著名的学者罗尔斯在《正义论》一书中,对这个问题做了研究。罗尔斯指出,程序正义有以下三种:

第一种是纯粹的程序正义。在这种情况下,只有程序正义而没有脱离程序的实体正义标准。也就是说,在这种情况下,恰恰是程序正义决定实体正义,实体没有独立于程序。所谓"纯粹的程序正义",按照罗尔斯的说法,就是我们在日常生活中常见的抓阄、赌博等,这些基于偶然性的选择或者博弈活动,就是纯粹的程序正义的最佳例子。在这些情况下,只要程序是公正的,结果就一定是公正的。三个人都想得到一个东西,而且三个人也都有资格得到,那怎么分配呢?抓阄。无论谁抓到,只要程序公正,谁抓到都是公正的。这是一种原始的、朴素的公正观念,所以人们往往喜欢采用抓阄的方法来解决分配上的难题。

比如说,日本这个国家比较富裕,但还是有很多穷人,日本的房子很贵,一般的穷人买不起,国家就盖了一些房子分配给穷人。但粥少僧多,房子分配不过来。于是他们就采取了抓阄:能不能分到房子,抓阄;分到哪个地段的房子,抓阄;分到哪一栋房子,抓阄;分到哪一层,抓阄;分到哪一间,抓阄,整个过程都是按照抓阄的办法解决。由于保证了抓阄的程序公正,无论是分到房子的人还是没有分到房子的人,无论是分到好房子的人还是分到差房子的人,都没有怨言。所以,大家都认为按照抓阄来分配房屋是公正的。

对于房子分配,我们过去不采用抓阄,而是按需分配,但这种分配往往存在暗箱操作,所以容易造成腐败。当然,现在人们也逐渐认识到抓阄还是比较好的。像北京分配廉租房,有些人收入很低,租不起房子,政府就提供廉价的出租房,租给他们。但是符合条件的人很多,怎么办呢?采取摇号的方式解决,摇到号就可以租到房子。这种做法就避免了暗箱操作,大家都认为比较公正。这种摇号的方式其实就是抓阄的高级形式。

这两天我看到报纸上说,某地有个中学,招收学生也采用抓阄的办法,当然这是不得已的办法,因为这个中学在当地是最有名的中学,今年录取考试可能太容易了,有1 200人符合招生条件,但只能招收

400人。有的人愿意交钱,但交钱也交不过来,愿意交钱的人也很多。最后,只能采用抓阄来解决录取问题。

抓阄虽然相对公平,但是我们必须看到抓阄也是有限制的。也就是说,只有在那些参与分配人都是抽象的人、在抽象意义上都是平等的,没有特殊的要求,采用这种方法才是公正的。如果不符合这个条件,采用抓阄就是不公正的,甚至是荒谬的。

例如,某个医院科室有5个人,这5个人分配到一个下岗指标,但谁也不愿意下岗,结果大家商量说谁抓到阄谁下岗,通过抓阄来决定谁下岗。这5个人中只有一个主治医生,其他4个都是护士,结果是这个医生抓到了下岗的阄。这个医生下岗后,其他4个都是护士,看不了病。在这种情况下,显然这5个人不是平等的,所以不能采用抓阄。要抓阄的话,也只能在这4个护士里面来抓阄,因为这4个护士缺了谁都一样,不影响工作,但医院不能缺了医生。由此可见,抓阄尽管是公正的,但它的采用是有前提条件的,不能胡乱使用。但总的来说,我们应当扩大采用抓阄,因为它本身包含着一种公正性。

第二种是完善的程序正义。在完善的程序正义的情况下,程序正义和实体正义有两个不同标准,但是通过设置一种程序可以百分之百地实现实体正义,这就是所谓完善的程序正义。罗尔斯举了一个广为人知的例子,这就是分蛋糕。一块蛋糕两个人分,怎么样才能使两个人得到的蛋糕是一样大的?为此,可以设置一个程序,切蛋糕的人后拿蛋糕,这样就能保证蛋糕分得公平合理。因为切蛋糕的人后拿蛋糕,如果他把蛋糕切得一块大一块小,大的就会被别人拿走,他只能得到一块小的。为了使自己得到的蛋糕和别人的蛋糕一样大,他就会努力把蛋糕切得一样大,所以就保证了实体正义。我们可以设想,如果我们把规则改为切蛋糕的人先拿蛋糕,他很可能就会把蛋糕切得一块大一块小,然后自己把大的拿走,把小的留给别人,这样的分配就不合理。

第三种是不完善的程序正义。在不完善的程序正义的情况下,程序正义和实体正义具有两个不同标准,而且无论如何设计程序也不可能完全实现实体正义。罗尔斯说,审判就是这样一种不完善的程序正义。在审判中,程序正义的标准和实体正义的标准是两个不同的标准。在刑事审判中,程序正义有程序正义的标准,实体正义有实体正义的标准,即使完全遵守刑事诉讼程序,也不能保证每个案件的实体处理结果一定正确,冤假错案仍然可能会出现。反过来说,虽然违反程序,但案件的实体处理结果也可能是正确的。例如违法取证,取得证据能证明案件真实,实体结果可能是公正的。在这种情况下,就出现了实体正义和程序正义之间的矛盾。也就是说,坚持程序正义就可能会牺牲实体正义,而片面强调实体正义又会牺牲程序正义。

面对这种程序正义和实体正义之间的矛盾和冲突,我们在法治社会中应当怎么选择?我个人认为,应当选择程序正义,应当把程序正义放到一个优于实体正义的位置上。我们只能通过程序来实现实体正义,而不能通过违反程序来实现实体正义,这是我们对于程序正义的一个基本认识。

在法治社会里,程序正义是非常重要的。程序正义之所以重要,就在于程序正义是用来保障被告人的合法权利。实际上,任何一个国家的刑事诉讼法之所以存在,并不是为了有效地惩治犯罪,而恰恰是为了有效地保障被告人权益。如果说是为了有效地惩治犯罪,显然没有诉讼法比有诉讼法要有效得多。如果没有刑事诉讼法,国家发现了犯罪可以就地正法,根本不要程序,这对惩治犯罪将会多么有力。之所以要设置一整套刑事诉讼程序,就是为了使司法机关追究犯罪的活动规范化,防止追究犯罪活动成为一种压迫公民的手段,从而有效地保护被告人的合法权利。我们过去对于刑法、刑事诉讼法功能的认识往往是片面的,认为刑事法律就是镇压犯罪的工具、镇压犯罪的手段,刑法、刑事诉讼法的存在就是为了有效地惩治犯罪,这是一种误区。实际上,刑法、刑事诉讼法的存在恰恰是为了保障被告人的权利。因此,这些法律不仅要成为善良公民的大宪章,而且也应当成为犯罪人的大宪章。

这里涉及如何正确看待被告人的权利保障这一问题。我们过去往往认为,守法公民的权利应该受到法律的保护,而如果一个人犯罪了,就应该受到法律的惩罚。在这种观念的指导下,对被告人权利的保障没有受到充分的重视。但从某种意义上来说,对被告人权利的保障可能比对善良公民权利的保障还要重要,因为保障被告人的权利实际上就是在保障公民的权利。我们可以说,在一个社会里,刑事法治水平并不取决于对善良公民权利的保护,而恰恰取决于对被告人权利的保护。

在一个社会里,如果犯罪人的权利都受到了法律的有效保护,那么没有犯罪的守法公民的权利受到保护就更是不言而喻的;在一个社会里,如果只有守法公民的权利受到保护,犯罪人的权利不受保护,这样的社会是很危险的。因为在守法公民和被告人之间并没有一条绝对的界限,每个公民都可能是潜在的被告人。这里存在着一种关系,即公民为了避免犯罪的侵害,要通过司法机关对犯罪加以处罚。司法机关通过对犯罪的惩罚,可以保护公民的正当权利。但如果司法机关滥用这种刑罚权,又会对公民权利造成侵害。所以,公民实际上面对着两种潜在的侵害:一种是犯罪的侵害,另一种是司法机关、国家的侵害。公民为了避免犯罪侵害就要授予国家惩治犯罪的权力。因此,在犯罪比较严重的情况下,公民就会授予司法机关更大的权力去惩罚犯罪。但如果司法机关权力过大,司法机关滥用刑罚权又会对公民造成侵害,国家的侵害有时候可能比犯罪的侵害还要严重。在这种情况下,公民就要限制司法机关的权力,宁愿受到犯罪侵害也不愿受到国家侵害,所以两者之间总是有个取舍。刑事法治就意味着对公民的保护是放在第一位的,这恰恰是为了保护公民的合法权利,保护被告人的权利,因而它是非常重要的。

我们过去之所以缺乏程序正义的观念,我认为主要是因为我们没有意识到程序正义对于公民权利保护的重要性。实际上,程序正义是非常重要的。在某种意义上来说,程序正义甚至比实体正义还重要。之所以这样说,主要是因为程序和实体具有不同的特点。程序正义的标准相对于实体正义标准来说,是较为客观的,是比较容易把握的。而实体正义的标准相对来说是较为模糊的,甚至存在一定的主观感受性。例如在刑事审判中,有罪还是无罪,这应该是个重大的问题。对于那些介于两者之间的案件,很难说判有罪就一定对而判无罪就一定错,有罪与无罪之间的界限不太容易区分。更不用说在量刑的时候,在法定刑的幅度内多判一年或少判一年很难说哪个对哪个错。

更为重要的是,程序正义具有一种吸收不满的功能。对于程序正义的这种功能,我们过去没有正确认识到,但吸收不满也是程序正义的重要特性。比如说,在纯粹的程序正义的情况下抓阄,从实体结果上来说,我没有抓到这个东西,当然我是不满的,但是为什么我最后对这个结果还能够接受?主要还是因为程序是公正的,所以不满被吸收了。因为程序是公正的,我也抓阄了,抓不到只能怪自己手气不好,不能怪其他的。在完善的程序正义的情况下,同样也有程序正义对不满的吸收。比如说切蛋糕,尽管切蛋糕的人努力想把蛋糕切得一样大,但切完之后可能还是有大有小,因此最后结果可能还是大的被别人拿走而小的留给他自己。对于这个结果,他当然不满。但这个蛋糕就是你切的,谁让你没有本事切得一样大,不能怪人家。即使有不满的话,这个不满也会被程序吸收掉。

程序正义的吸收不满功能,是具有积极意义的。比如美国的辛普森案件,经过一年审判,陪审团最后作出无罪判决。对于无罪判决,大多数美国人都认为判决是错误的,都认为辛普森就是杀人犯。但是当你问一个美国公民,辛普森是不是受到了公正审判,几乎每个人都会说辛普森确实受到了公正审判,也就是说程序是公正的。从公正程序中,尽管得出一个不公正的结果,或者至少有些人认为不公正,但他们还是接受这个结果,不满最后还是被程序正义吸收掉了。

当然我们想要同时得到程序正义和实体正义。但当两者不可能同时得到时,就有一个选择问题。例如司法公正,它当然是程序公正和实体公正的统一,我们既要得到程序公正,又要得到实体公正,但在这两者中哪一种更重要呢?我认为,程序公正可能是更重要的。最高人民法院曾经提出一个口号:"要使人民法院的审判工作做到使全体人民都满意。"有学者对此评论说,法院的审判工作不可能使全体人民都满意,而只能使百分之五十的人民满意。为什么呢?因为到法院来提起民事诉讼的当事人双方,一方原告一方被告,你判原告胜诉被告败诉,那么原告满意被告不满意;你判原告败诉被告胜利,那么被告满意原告不满意。无论如何,总有一方不满意。刑事案件则有控辩双方,你判有罪,控方满意辩方不满意;你判无罪,辩方满意控方不满意。因此,司法只能使百分之五十的当事人满意,不可能使百分之百的当事人都满意。

这样的评论当然是很精彩的,但是我们仔细分析就会发现,这个评论所说的满意或不满意还是指对实体处理结果的满意或不满意。从程序公正的角度来说,法院的审判工作不仅应该而且完全有可能做到使所有的当事人都满意。由此可见,程序的公正是非常重要的,程序公正有可能最大限度地保证实体处理结果的公正。在程序公正的情况下,即使个别实体可能没有达到公正,由于程序公正具有吸收不满的功能,当事人也能够接受处理结果。这就是我们对程序正义功能的认识。

在刑事司法活动中,程序的公正当然和一个国家的刑事诉讼结构有很大关系。我国现在的刑事诉讼结构是公检法三机关互相配合、互相制约。正像有的学者所说的那样,这种诉讼模式实际上建构了一条司法流水线。我们过去也习惯于把公检法看作三道工序,而被告人只是这条司法流水线上的一个消极的物件。也就是说,被告人是处于一种消极的地位,是审判的客体。我认为,这种司法体制体现了我国过去那种以专政为基础的司法理念,它和法治社会的司法理念还是有很大差距的。所以,我们需要从程序正义的角度来重新研究控辩关系,研究检警关系,研究检法关系。我们需要重新界定这些关系。

第一,就控辩的关系而言,我们过去有一个强大的控方,但没有一个强有力的辩方。控辩双方的地位是不平等的,辩方在法律中没有起到它应有的作用。由于在我国这种司法流水线式的作业中,被告人只是消极的被审判对象,而不是和控方平起平坐的诉讼主体,因而我国的辩方非常薄弱。《刑事诉讼法》修改以后,虽然强化了辩护职能,比如律师在侦查阶段就可以提前介入,为犯罪嫌疑人提供法律援助。但这些做法所发挥的作用仍然是十分有限的。在目前的刑事审判中,辩护权还没有得到应有的发挥。

我国《刑法》第306条规定了辩护人伪造证据罪,这使刑事辩护律师面临很大的职业风险。一些人往往把为犯罪人辩护的律师也看成是一个犯罪人。所以,美国哈佛大学教授德肖维茨曾经说过一句话——你不能把接生的医生和生孩子的孕妇等同看待,生孩子的是产妇而不是接生的医生,接生的医生只是帮她接生,并不生孩子。律师也是这样,律师只是为犯罪人辩护,他本人并不是犯罪人,但我们可能习惯于把为犯罪人辩护的律师也视为犯罪人。因此,在我国目前的情况下,辩护权本身也是一种需要辩护的权利。我认为,在刑事法治的背景下,应当强化辩护权,应当使辩护权具有实质的效果,使控辩双方在法律地位上平等,赋予辩护人更大的权利。只有这样,才能在实质意义上保证审判的公正。

第二,我们要对检警关系重新进行考察。我们过去认为,检警的关系是平起平坐的关系。虽然检察机关是法律监督机关,但是公安机关和检察机关又是互相配合、互相分工的,我认为这种关系是值得考虑的。应当使检警关系变为一种一体化的关系,也就是说使公安机关受到检察机关的指挥、引导。只有这样,才能建构起一个以检察官为主导的控方,使司法警察服从于检察官。因为只有检察官才知道哪些证据需要向法庭提交,所以司法警察必须在检察官的指导、引导下搜集证据,只有这样才能保证控诉的有效性。

而我们现在的公检法三机关中,实际上在司法流水线中的重要决定者还是公安机关,而公安机关在集刑事侦查职能和治安管理职能于一身的情况下,往往是通过强化刑事侦查职能来减轻治安管理职能所带来的压力。所以当一个地区的社会治安比较乱、犯罪比较严重,他们首先想到的不是如何治理治安环境,而是通过多抓人、多判人来减轻治安压力。这就扩大了司法流水线的入口,而检察机关、法院不可能通过自己的工作把犯罪人数给减下来。这样就形成了现在所说的"公安是做饭的,检察院是端饭的,法院是吃饭的",它的意思就是说公安做什么饭,检察院就得端什么饭,法院就得吃什么饭。实际上,这个说法本身没有错,关键之处在于,是做饭的决定吃饭的,还是吃饭的决定做饭的。我们现在是做饭的决定吃饭的,做什么饭就得吃什么饭。我们现在需要把它变成吃饭的决定做饭的,我吃什么饭你就得做什么饭,你做的饭不符合我的胃口我就不吃,你处理的案件不符合法律规定我就判无罪,只有这样才能根本扭转这种关系。

所以,在检警关系上也要进行调整,现在最高人民检察院向公安部提出"检察引导侦查"。我觉得,这在调整检警关系上迈出了重要的一步。当然,这只是一个微调,但是我发现有些地方的检察机关在这方面已经有了很大胆的突破。比如前不久我们在某地检察院召开一个现场讨论会,该检察院就提出检察指挥侦查、指导侦查,并在公安局专门设立了指导侦查室,专门派人驻在公安机关指导侦查,这个做法是有突破性的。当然这个问题的解决可能最终要涉及机构调整问题,但是我们至少目前要往这个方向调整。

第三,检法关系也要调整。我们过去把审判看作司法流水线上的一道工序,所以法院和检察院之间也有分工配合、互相制约的关系。而且,检察机关又是一个法律监督机关,这在某种意义上使检察官成为法官之上的法官。在这种情况下,面对强势的检察官的有罪指控,法官在审判的时候,往往是以接受指控为前提,而作出无罪判决是极个别的,这对于被告人的权利保护是很不利的。

我认为,检察官不能成为法官之上的法官。在一定意义上,检察官可以成为法官之前的法官。也就是说,在法官审判之前,检察官可以在一定程度上充当法官,对公安机关的侦查活动进行监督。按照严格的刑事法治要求,从立案侦查开始就应当有法官的裁判存在。因此,现在某些由公安机关、检察机关行使的权力将来可能都应当交由法院来行使,如采取强制措施的权力、刑事拘留的权力、搜查的权力、通缉的权力、检察机关逮捕的权力。这些权力按照我国目前的法律规定都是由公安机关、检察机关来行使的,但他们本身是侦查机关、控诉机关,他们既承担侦查、控诉职能,又有权决定关押对方,这就使得被告人在侦查活动中处于一种完全无权的地位,被告人无法在侦查阶段为自己作出有效的辩护。如果按照严格的刑事法治原则,从侦查一开始就应当有一个中立的裁判者。也就是说,要不要关押犯罪嫌疑人,应当由法官来决定。因为法官是中立的第三者,要不要进行搜查等强制措施,涉及对被告人的人身自由以及其他权利剥夺的决定都要由法官作出,警察是无权决定的,这才是严格的法治要求。

而我国现在的体制与这样的要求还有相当的距离,我国现在警察权还相当大,而刑事法治就应当从限制警察权开始。从某种意义上来说,警察权的大小和刑事法治的程度是成反比的。警察权越大,刑事法治水平越低;而警察权越小,这个国家刑事法治程度越高。在西方国家,警察权力是很小的,基本上是一种服务性的工作,警察本身没有任何决定权,甚至连一个交通违章罚款决定也要由法院作出。交通警察说你违章了,给你一个罚款,如果你自愿接受就到银行去交罚款。如果你不接受就可以到法院去起诉,由法官决定。不能自己执法同时兼裁判,要有另外一个裁判者,这是刑事法治的基本要求。

像我国现在警察权这么大,警察可以拘留犯罪嫌疑人长达7天到30天,在审判前可以羁押犯罪嫌疑人长达6个月;在西方国家,犯罪嫌疑人被抓后最多24小时就要被送到法官面前,由法官决定怎么处理。所以,我国刑事司法还是较为落后的,这里面涉及刑事司法体制改革的问题。如果我国刑事司法体制不从根本上进行调整,不按照法治的要求进行改革,那我国刑事法治是不可能最终实现的。应该说,目前我国的刑事司法改革正在逐渐向前推进,我觉得这个推进是一个逐渐的过程,不可能一步到位。

随着刑事法治发展,我国诉讼的结构也会逐渐合理。我认为,一种合理的诉讼结构应当是一种三角形的结构,而不是现在的司法流水线的线性结构。也就是说,应当建立一个控辩双方平等、法官居中裁判的诉讼结构。在这种情况下,法官才是真正超脱于控辩双方的一个中立的裁判者,独立地对有罪或无罪作出公正的裁判。

当然,我国现在还很难做到这一点,我国一些法院在刑事审判中的定罪活动还受到很多其他因素的干扰。在这种情况下，有罪还是无罪的决定并不完全是在诉讼程序中所得出的结果，而是由其他一些外在干扰因素来决定的，因此，形式的司法活动的公正性、客观性难以得到保证。这个问题的解决可能有待于我国的司法改革。

因此，在程序正义和实体正义之间，我们更应该强调程序正义，应当把程序正义放到一个非常重要的位置上。我们要通过程序来实现实体正义，而不是在程序之外去追求所谓的实体正义，程序之外的实体正义从根本上来说是不可取的。

以上我从三个方面对刑事司法理念作了一些论述。从这个论述中可以看出，这三个问题都是一些宏观的理论问题，涉及一些司法的观念问题，这些问题也都是我们目前刑事法学界正在讨论的热点问题和前沿性问题。这些问题的提出对传统的司法观念提出了挑战。我想，这些问题也是值得我们思考的。当然，今天我所说的是我个人对这些问题的一些思考，这些思考不一定是正确的，主要是供大家在考虑这些问题的时候进行参考。讲得不对的地方，希望大家批评指正。

谢谢大家。

（本文整理自2004年1月在中国青年政治学院讲座的演讲稿）

专题三 "严打"刑事政策

同学们,晚上好!

刑事政策正在逐渐成为刑事法学科的一个知识增长点。也就是说,刑事政策的问题逐渐引起学者的关注。在刑事政策中,"严打"是一个无法回避的议题。讲到中国现实的刑事政策,首先就涉及"严打"刑事政策。因此,今天晚上我想通过"严打"来讨论中国目前现实的刑事政策。下面,我想从五个方面就"严打"刑事政策的反思性检讨发表一些个人见解,并和大家共同讨论。

一、刑事政策的概念分析

研究"严打"刑事政策,或者说在刑事政策视野中考察"严打",首先需要对刑事政策作一般的分析,尤其是对我国目前的刑事政策进行分析。我认为,在过去相当长的一段时间里,刑事政策都被意识形态化了、被教条化了。也就是说,我们一讲起刑事政策就提到惩办与宽大相结合的刑事政策。过去出版的一些关于刑事政策的著作,其内容基本上都是对惩办与宽大刑事政策的注解,完全丧失了刑事政策研究中所应当包含的反思性和批判性。我个人觉得,刑事政策恰恰是一个具有批判性的话题,但过去被我们庸俗化了。刑事政策研究不能从教条出发,对刑事政策问题不能光看口头上讲的是什么,而是要看刑事政策在现实的社会生活中的实际运作。这样一个对刑事政策考察的视角,我认为是更为重要的。

刑事政策问题本身也是一个众说纷纭的问题。关于刑事政策问题,理论上存在各种不同的理解。归纳起来,对刑事政策有广义和狭义两种理解。

对刑事政策广义的理解,是把刑事政策理解为国家以预防与镇压犯罪为目的所采取的一切手段和方法。根据这种理解,凡是能够起到预防与镇压犯罪作用的,无论是直接还是间接的措施和手段,都可以被包含到刑事政策的概念中来。在我看来,它将刑事政策理解得过于宽泛。

当然,这种理解也有一定的合理性,因为犯罪问题不仅仅是一个法律的问题,它同时也是一个社会的问题。因此,对犯罪的惩治与预防,不仅仅要从法律上采取措施,而且要从更深层次的社会制度、社会改革方面来入手,只有这样才能从根本上解决犯罪问题。

我认为这种广义的刑事政策概念还是存在一定的弊端。由于它将刑事政策的范围界定得过于宽泛,因此我们对刑事政策的掌握就可能会有点虚无,这不利于对刑事政策的研究。尤其是有些学者,从一个相当广义的角度来理解刑事政策,把某些社会政策、经济政策也都包含到刑事政策当中来。凡是有利于惩治和预防犯罪的政策,就是刑事政策,这种理解我认为是存在一定问题的。大家都知道,德国著名的刑法学家李斯特曾经说过一句名言:"最好的社会政策,就是最好的刑事政策。"这句话是有道理的,有人把它当作对刑事政策应当作广义理解的根据。既然李斯特认为最好的社会政策就是最好的刑事政策,那么就可以将社会政策包含在刑事政策的概念中。因此,李斯特的名言就成了刑事政策广义理解的根据。但我认为这种理解是有问题的。尽管根据李斯特的观点,最好的社会政策就是最好的刑事政策,但刑事政策和社会政策毕竟是两种不同的政策。也就是说,社会政策还是刑事政策之外的另外一种政策。尽管社会政策对惩治和预防犯罪能够发挥它的作用,但它绝不是刑事政策本身的内容。

在这种意义上,我还是比较赞同对刑事政策作狭义的理解。也就是说,刑事政策是指国家以预防和镇压犯罪为目的,对犯罪所采取的刑罚以及与刑罚相类似的措施的总和。根据这一理解,刑事政策实际上是指国家用来抗制犯罪的刑事措施的总和。我认为,这个意义上的刑事政策具有两个特征:

第一个特征是目的的专门性。也就是说,刑事政策的目的就是为了预防和惩治犯罪。从这种意义上来说,刑事政策是国家对犯罪的一种社会反应形式。它的根本目的就在于有效地控制犯罪,或者说将犯罪控制在社会所能忍容的范围之内。因此,刑事政策的思想和目的刑的思想是紧密联系的。

中国古代法家所提出的"刑期于无刑"的说法,实际上包含着刑事政策的思想萌芽。当然,在古代社会,虽然有这种刑事政策的思想萌芽,但还不能说当时就已经有了刑事政策。

刑事政策实际上是经过近代刑事实证学派的大力倡导才逐渐成为国家在制定刑事措施时所贯彻和采用的犯罪对策。从某种意义上来说,社会和国家对犯罪的反应可以区分为两个阶段。第一个阶段是对犯罪的机械反应。在这个阶段,当时占主导地位的刑罚思想是一种报应的思想。这种思想机械地将刑罚看作对犯罪的消极反应。这种反应应当以犯罪存在本身为限,而不能去追求其他的目的,尤其不能去追求所谓的预防犯罪的社会效果。后来到了第二个阶段,出现了一种目的刑的思想。也就是说,国家的刑罚并不是对犯罪一种机械的反应,而是一种能动的反应,惩罚犯罪本身不是目的,而是要通过惩罚犯罪来达到预防犯罪和控制犯罪的目的。在这个阶段,才出现了现在我们所说的刑事政策。因此,刑事政策本身包含着抗制犯罪的目的追求。

我认为,在理解刑事政策的时候,这一点是非常重要的。也正是因为这一点,我们才能够把刑事政策与其他的社会政策、经济政策正确地区分开来。有些经济政策,如减少失业、增加就业或者提高人民的生活水平等,在一定程度上都有助于减少犯罪和预防犯罪,但是国家采取这些经济措施和社会措施的目的本身绝不是为了抗制犯罪,它所追求的是在刑事之外的社会发展。因此,不能将这种在客观上虽然有助于抗制犯罪,但主观上并不是专门用来抗制犯罪的政策归结到刑事政策的范围之内。这是在理解刑事政策时需要注意的第一点,也就是目的的专门性。

第二个特征是手段的特定性。我认为,刑事政策具有手段的特定性。防范和抗制犯罪的刑事手段才是刑事政策的题中之意。也就是说,刑事政策是国家用来抗制和预防犯罪的刑事措施,只有这些措施才是刑事政策的内容。因此,从手段上我们也可以将刑事政策和其他的政策加以区分。

当然,当我们讲到刑事政策的内容的时候,可以适当地作广义的理解。也就是说,刑事政策的内容不仅仅是一种惩治犯罪的政策,更重要的是,它包括预防犯罪的政策以及对犯罪人进行矫正的政策。也就是说,我们过去对刑事政策的内容的理解是较为片面的,只局限在惩治政策。实际上,它还包括了预防政策以及矫正政策,我们应该从广义上来理解它。只有这样,才能够把刑事政策的视野放宽到整个刑事法律领域,而不仅仅局限在刑罚制度上。即使在刑事手段中,除了刑罚手段外,还包括一些其他的手段,比如保安处分措施等,这些手段都有利于预防和减少犯罪。

刑事政策和刑事立法以及刑事政策和刑事司法之间存在密切关系。应该说,刑事政策和整个刑事法律都有着密切联系。从刑事政策和刑事立法的关系而言,在刑法理论上认为刑事立法的过程实际上是一个将刑事政策法律化的过程。刑事政策本身是法律的灵魂,而法律只不过是刑事政策的规范化与条文化。这种对刑事政策和法律关系的理解,从一般意义而言,并不存在问题。但这里有一种说法是值得研究的,叫作刑事政策的立法化,还有一个相对应的说法叫刑法的刑事政策化。

我认为,刑事政策的立法化(或刑事政策的刑法化)和刑法的刑事政策化并不是同等的概念,它们的含义是有所不同的。我们通常所理解的刑事政策的刑法化,主要是指在刑法中将刑事政策的内容明确地记载下来,也就是说在刑法中确认某种刑事政策,比如我国1979年《刑法》第1条就明确规定我国实行的是惩办与宽大相结合的刑事政策。刑法的刑事政策化,主要是指在刑法中要体现预防犯罪这样一种目的刑的思想,因此刑法的刑事政策化是一个特定的命题,不能从一般意义来理解。

我们都知道,刑事古典学派的刑法贯彻的是一种报应刑的思想,这种思想所追求的是犯罪与刑罚之间的一种均衡性和对等性。对于刑罚目的,它把公正放在一个非常重要的位置。尽管这种报应刑的思想有它的合理性,但它也给刑法带来了机械性,否定了刑罚应该追求预防犯罪的效果。正是在这种背景下,刑事实证学派提出了刑法的刑事政策化。因此,这里的刑法的刑事政策化是指在刑事立法中,应当贯彻目的刑的思想,把预防犯罪当作刑事立法的重要指导思想。只有从这样一个特定的含义上来理解,我们才能对刑法的刑事政策化这个命题作出科学的说明。

刑事政策和刑事司法的关系也是一个非常值得研究的问题,因为刑事司法是一个刑法的适用过程,如果刑法本身已经体现了刑事政策,且人们把体现了刑事政策的刑法规范适用到个别的案件中,那么,在个案的处理结果中也就包含着刑事政策的精神。在这种情况下,要不要在刑事司法中特意地提出贯彻刑事政策的思想,是一个可能存在争议的问题。也就是说,在刑事司法中过分地强调刑事政策的思想,可能会和罪刑法定等法治观念发生一定的矛盾和冲突。

我认为,由于在我国的刑法中,罪刑法定化的程度还不是很高,立法者给司法机关留下的自由裁量的空间还是很大的。在这种情况下,刑事政策就应当成为司法机关行使自由裁量权的指导思想。也就是说,在法律规定的范围之内,司法机关应该依照刑事政策的要求来进行司法裁量,使这种司法裁量权的行使更能够符合现实社会的需求。因此,我认为在刑事司法中应当贯彻刑事政策的思想。

二、我国刑事政策的特征描述

我认为,我国目前的刑事政策存在以下三个特征:

第一个特征是刑事政策的意识形态化,这是我国刑事政策一个非常重要的特征。我国的刑事政策之所以会存在刑事政策意识形态化的倾向,主要是因为我国的刑事政策是从对敌斗争的政策中脱胎而来的。因此,在刑事政策中包含着一种政治内容。刑事政策意识形态化可能会在一定程度上妨碍刑事政策的科学化,这个问题是值得研究的。这里涉及刑事政策和政治的关系,我国学者卢建平明确提出,所谓刑事政策实际上是刑事政治,它不仅仅是一个政策问题,还是一个刑事政治的问题。这种提法当然是有一定的道理的,因为惩治犯罪的国家刑罚权本身就不仅仅是一个法律问题,实际上也是一种政治问题。

但是,我认为刑事政策和政治政策还是有区分的。尤其是在建设刑事法治过程中,我们应当追求刑事政策的科学性,消解刑事政策的意识形态化。这就需要我们进一步强化刑事政策的批判性,而不是把刑事政策奉为某种政治正确的教条。只有这样,我们才能打开刑事政策的研究视野,而不受意识形态的遮蔽。因此,我觉得,我国目前的刑事政策研究存在一个去意识形态化的重要使命。

第二个特征是刑事政策的国家化。也就是说,我国的刑事政策有一种国家化的特征。这个问题涉及刑事政策的类型化划分。

法国著名学者戴尔玛斯·马蒂曾经采用国家本位和社会本位这种类型学的方法来分析刑事政策,他认为存在两种基本的刑事政策的模式:一种是国家本位刑事政策的模式,另一种是社会本位刑事政策的模式。国家本位刑事政策的模式,主要是指在刑事政策中强调国家的立场,把刑事政策仅仅看作国家对犯罪的一种反应,其追求的是国家的利益。而社会本位刑事政策的模式,则是站在社会的角度去看待刑事政策问题。刑事政策是社会对犯罪的一种反应,因此,在刑事政策的措施中也更多地包含着某些社会性的措施,如公众参与。这种刑事政策模式的划分当然是有一定的道理的。

我国学者严励教授提出,在国家本位模式和社会本位模式之外,还应当有第三种模式,也就是国家和社会双本位的刑事政策模式,这种提法我觉得还是很有道理的。我国现在把刑事政策仅仅限制在国家对犯罪的反应这一范围内,我认为是过于狭窄的做法。但我们对犯罪的反应不可能一下子从国家本位的模式跨越到社会本位的模式。

因此,我们应当逐渐地淡化刑事政策的国家化,在刑事政策的制定和实施中应当强调社会的因素,这里面涉及对我们社会类型的基本分析。我们的社会正在从过去的计划经济体制向市场经济体制进行转轨,同时也包含着一种社会转型——从过去的单一的政治国家转变为政治国家和市民社会相一致的二元的社会类型。在这种情况下,刑事政策也会随之发生性质上的变化——从过去单纯把刑事政策看作国家对犯罪的反应,逐渐过渡到在刑事政策的内容中包含一些社会措施,包含更多的人民群众的参与,这是非常重要的。我之所以会在这里提出我国的刑事政策具有某种国家化的倾向,也正是考虑到一种背景,即我国目前的刑事政策基本上是在计划经济的体制下制定的。随着社会转型的发生,我国刑事政策的类型也应当随之而改变。

第三个特征是刑事政策的策略化。刑事政策涉及对政策这个概念的理解。什么是政策?我们过去往往将政策简单地理解为政治和策略,或者是政治的策略。因此,在刑事政策中过于强调它的策略化内容,比如我们过去所谓的惩办与宽大相结合的刑事政策,在某种意义上就是从对敌斗争的策略转化而来的,因此强调了它的策略性。

我认为,策略当然是刑事政策的内容,或者可以说它是不可缺少的内容。但是,刑事政策本身绝不仅仅是一种对付犯罪的策略,它包含着更为丰富的内容。刑事政策是国家或社会对犯罪反应的总和,包括各种各样的措施:既包括对犯罪的惩罚政策,也包括对犯罪的预防政策,同时还包括对犯罪的矫正政策,所以它的内容是相当宽泛的。但是,我国过去在相当长的一段时间内,对刑事政策仅仅从策略的角度来理解,这就大大地遮蔽了我们对刑事政策内容的把握。我觉得,这种理解是十分片面的。

三、"严打"刑事政策的历史回顾

我国第一次提出"严打"刑事政策是在1983年,"严打"的刑事政策在我国实际上已经实施了近20年。那么,"严打"刑事政策是在什么样的背景下出台的呢?它的实施到底对刑事立法、刑事司法发生了哪些作用?我认为,这些问题都是值得研究的。在"严打"刑事政策的考察中,我想做以下分析:

第一是"严打"刑事政策的决策过程。应该说,"严打"刑事政策的提出,和我国当时的政治体制是有很大关系的。大家都知道"严打"

刑事政策是1983年在邓小平同志的主持下所作出的一种决策。这种决策产生的背景是，我国在进行改革开放的初期，社会转型逐渐发生，出现了犯罪的高发态势。在一个时期内，犯罪成为一个严重的社会问题。在这种情况下，中央在邓小平同志的主持下提出了"严打"。"严打"实际上是"依法从重从快，严厉惩治严重破坏社会治安的犯罪分子"的一个法律命题的简称。也就是说，当时主要是希望通过"严打"，对犯罪采取一种高压的态势。我记得当时有一个口号是通过"严打"，争取在3年之内使社会治安有一个根本的好转。所以，当时将"严打"看作使社会治安好转的主要手段。

从现在来看，尽管"严打"刑事政策的提出有它的社会历史的背景，也有一定的现实合理性，但是，"严打"刑事政策决策的本身还缺乏制度化的严格程序，在一定程度上具有某种人治的色彩，它没有经过严格的论证过程。也就是说，我们当时的"严打"主要还是凭借我们对社会治安问题以及犯罪问题的主观感受，尤其是当时出现的几起重大犯罪案件，对"严打"刑事政策的决策起到了决定性的作用。个别案件导致一种刑事政策的决策，我觉得是有一定的偶然性的。应该说，"严打"的刑事政策不是建立在非常严格的、实证的根据基础之上。因此，从现在看来，"严打"刑事政策的出台本身有一定的社会历史背景，需要我们认真研究。这里面也涉及一个问题，即我们将来的刑事政策应当如何通过正当程序进行创新。这是一个刑事政策的决策过程科学化的问题，我们对此需要认真研究。

第二是"严打"在刑事立法中的体现。自"严打"刑事政策提出以后，它首先就体现在刑事立法中。1983年9月2日，全国人大常委会出台了"严打"决定。这个"严打"决定增加了7种常见犯罪的死刑。在1979年《刑法》中一共有27个死刑的罪名，其中，反革命罪的死刑罪名和一些少发犯罪的死刑罪名所占的比重较大。我们现在大量适用死刑的一些犯罪在当时都没有死刑,包括盗窃等。但是,在"严打"决定中一下子增加了7个死刑罪名,后来又通过制定其他的一些法律,使死刑罪名进一步增加。到1997年《刑法》修订为止,死刑罪名从27个增加到71个。因此,"严打"刑事政策首先体现在立法中,它使我国的刑事立法向一种重刑化的方向发展,这种趋势是很明显的。

第三是"严打"在刑事司法中的贯彻。"严打"不仅仅体现在刑事立法中,更重要的是体现在刑事司法中。"严打"刑事政策在司法活动中,具有一种军事化的特征。我国先后经历了三次"严打":第一次"严打"是从1983年9月到1987年1月,在第一次"严打"中又包含了三次"严打"战役,同时还包含了一些专项斗争;第二次"严打"是从1996年4月到1997年的2月;第三次"严打"是从2001年4月到2003年。

从三次"严打"活动来看,这种做法实际上是和刑事司法规律本身不相符合的,代替了平时常规性的刑事司法运作。因此,某些地方的司法机关在"严打"时,一夜之间就会抓几百人,甚至几千人。我认为,这种做法是和刑事法治的观念相违背的,给司法机关的日常工作带来了极大的冲击。

以上是我关于"严打"实施过程的一个简单的描述,因为我亲身经历了"严打"活动,在座同学对"严打"的具体实施过程可能不太了解。以我的亲身经历而言,1983年,我是刑法硕士研究生二年级学生,当时我正要去法院实习,赶上了"严打",所以我在1983年9月到法院实习,法官的人手就不够了,法院就从部队调来了一些干部,充实到"严打"的队伍中来,实习的学生也被临时任命为助理审判员,参加对案件的审理。从现在看来,有些案件显然是有问题的。当时有很多回炉的案件,也就是说有些案件已经判完了,甚至被告人已经送监狱执行了,但"严打"运动一来,就对过去已经结案的案件进行重新处理,把一些犯人从监狱里提出来,重新判刑,有的甚至判了死刑。这种做法本身的确包含了运动式的、军事斗争的色彩,它和法治的基本理念是有一定的矛盾的。

当然,我也注意到一个现象,三次"严打"运动的声势是一次比一次小。第一次"严打"可以说是暴风骤雨式的,它的声势很大,而且持续的时间比较长。但是到第二次"严打",乃至于第三次"严打",声势就逐渐减小了,而且"严打"在司法机关的具体贯彻过程中,能量有一定的削减。这个现象反映了对犯罪的反应会随着法治化的进步而逐渐制度化、法治化。"严打"这种运动式的做法,在司法实践中就逐渐受到了抵制。

四、"严打"刑事政策的理性反思

我国过去始终将惩办与宽大相结合看作我国的刑事政策,并且在1979年《刑法》中明确地加以记载,惩办与宽大相结合的刑事政策是从过去对敌斗争,也就是军事斗争策略中提炼出来的,后来转化为我国奉行的一种刑事政策。这个刑事政策的基本内容就是对于犯罪分子,该惩办的要惩办,该宽大的要宽大。惩办与宽大相结合的刑事政策本身包含着某种策略的思想,即分化和瓦解犯罪分子,同时也包含着某些科学的因素,比如"可不捕的不捕,可不杀的不杀",因此具有一定合理性。但是,从1983年以后,我国实际上用"严打"的刑事政策取代了惩办与宽大相结合的刑事政策。

之所以会出现这种刑事政策上的转变,主要是由现实犯罪的背景决定的。20世纪80年代,我国进入了一个社会转型时期,在此期间出现了一种社会失范现象,也就是过去的某种规范逐渐丧失了它的规范作用,社会陷入一种混乱中,出现了高犯罪率,有些犯罪分子采用一些非常残忍的手段对社会秩序进行破坏。在社会的转型时期,出现高发的犯罪态势是一种正常的现象。但是,这种高发的犯罪态势,必然会引起国家对犯罪的激烈反应,而"严打"刑事政策就是这种激烈反应的产物。从这种意义上来说,"严打"本身有它的现实背景,也有它的现实合理性。

当然,我们也必须看到,"严打"刑事政策中包含着一定的政治内容。我在前面分析刑事政策的一般概念时谈到,刑事政策的问题和政治的问题是有联系的,这是不可否认的。但是,刑事政策的问题和政治的问题又不能简单地加以等同,因为刑事政策和政治还是两个不同的概念。在"严打"刑事政策中可以看出,一种政治话语起着主导作用。在这种情况下,"严打"刑事政策能够得到有力的贯彻,对于犯罪当然有一种高压作用,它能够在比较短的时间抗制犯罪,并取得较好的效果。但是,我们同时也应该看到,犯罪的问题并不是一个通过治标的方式就能解决的问题,犯罪有它存在的社会土壤。也就是说,对犯罪问题需要治本,而不仅仅是治标。"严打"的方法不能从根本上解决犯罪问题。

从"严打"刑事政策中,我们也可以看到中国传统的法律文化的影响。大家都知道中国古代有这样一句话:"刑罚世轻世重。"也就是说,刑罚在某一时期要轻,在某一时期要重。刑罚的轻重本身并不是一成不变的,而是会随着社会的发展以及犯罪态势的变化而变化。当然,这种观点本身是科学的。因为刑罚作为对犯罪的反应,它会随着犯罪态势的发展而进行不断的调整,不可能永远都是一样的。中国古代还有另外一句话:"治乱世用重典。""治乱世用重典"与"刑罚世轻世重"是有联系的。也可以说,"治乱世用重典"是"刑罚世轻世重"这一命题引申出来的必然的逻辑结果。当然,我们同时也应当看到"治乱世用重典"这一命题中本身就包含着对刑罚的过分的迷信。也就是说,乱世意味着社会治安的混乱,意味着犯罪的高发。但是,乱世的产生根源是十分复杂的,不是用重刑就能解决的。因此,"治乱世用重典"恰恰成为中国古代专制社会实行重刑主义的理论根据。

在为"严打"刑事政策的辩护中,我们看到一个非常有趣的现象,也就是有些人以"治乱世用重典"来为"严打"刑事政策做辩护,他们认为在当前社会治安混乱的情况下,采用"严打"的刑事政策完全是有必要的。与此同时,另外一些人对此提出了不同的观点,认为我国现在进入了一个全新的历史时期,进入了改革开放这样一个伟大的历史时期,是社会发展进步的黄金时机,怎么能说我们现在是乱世呢?所以不能从"治乱世用重典"这样一个古训中得出"严打"刑事政策有它的现实合理性这一结论。

尽管这两种观点存在着分歧,但是,"治乱世用重典"思想确实在我国现实生活中客观存在着。这种思想在一定程度上导致人们对刑罚的过度迷信。对刑罚的迷信就成为重刑主义思想在中国得以生存的社会基础。因此,从历史上看,"严打"刑事政策的出台也不是偶然的,它有历史文化传统方面的原因。

之所以能在相当长的一段时间内在我国实施"严打"刑事政策,应该说有它的民意基础。这里涉及一个相当重要的问题,就是如何看待法律和民意之间的关系。所谓的民意,是指社会公众对犯罪问题的基本态度,包括我们所说的民愤。因为社会公众是犯罪的直接受害者,因此他们对犯罪的反应是最直观的。民众对犯罪的反应应该在刑事政策的制定中得到一定的反映。但是,我们也应该看到,民意本身是非理性的、情绪化的。如果将民意不加过滤、不加审视地直接转换为刑事政策,可能会带来很大的问题。所以,要从理论上对刑事政策和民意的关系进行客观的分析。

不可否认,"严打"有它的群众基础和社会基础。也就是说,社会普通民众对于"严打"基本上持认同态度。民众希望通过"严打"来有效地镇压犯罪,来保护自己的人身安全,这种想法本身是完全正确的。

但是,作为刑事政策的制定者,不能简单地把自己等同于普通老百姓,等同于社会公众。我们必须要善于对民意进行理论分析。也就是说,我们要看到社会公众对犯罪的反应具有一定局限性,如果完全按照公众的反应来制定刑事政策,那么刑事政策会有一种非理性的趋势。因为民众对犯罪的反应一般都是站在被害者的立场上,被害者当然会对犯罪作出非常激烈的反应。这一点我们是可以体会的,假设你的自行车突然被人偷走了,当有人抓到这个小偷时,你恨不得把他的手砍了,这是一种情绪化的反应。但是,这种情绪化的反应有它的局限性和片面性。国家制定刑事政策不能仅仅站在被害者的立场上,而要站在整个社会的立场上,在被害者和加害者之间进行利益的权衡。尤其是对于犯罪的惩治,它会受到人道的因素以及法治因素的一定限制。也就是说,刑事政策是在一定的社会环境下实施的。尽管受制于某种民意的约束,但刑事政策本身应当超越民意。只有这样,刑事政策才是更加理性的,才能保护社会整体利益,而非仅仅站在受害者的立场上。我觉得这也是值得研究的。我们在考察刑事政策的过程中也要加以注意。

最后,我想讲一下如何对"严打"刑事政策进行检讨。如同我在前面所说的,不可否认的是,"严打"刑事政策在当时的历史条件下有它的现实合理性。但是,我们也必须看到,我们在对一项刑事政策进行评价的时候,评价的标准主要是它的效果,也就是这项刑事政策的实施能否到达预期的效果,这一点我认为是很重要的。

当然,对"严打"刑事政策效果的实证分析,现在还是很缺乏的,因此,对"严打"这一刑事政策的效果,现在看来似乎存在两种绝对矛盾的、截然对立的看法:一种看法认为,现在的社会治安这么乱,犯罪率这么高,如果没有"严打",这个社会就更乱了,这一种观点是为"严打"这一刑事政策的必要性做辩护的;另一种观点正好相反,认为现在的社会治安这么乱,犯罪率这么高,所以"严打"是没用的,都已经"严打"了,社会治安还是这样混乱。

这两种观点虽然都是从社会治安问题没有根本好转,犯罪形势仍然十分严峻这一现实出发,但对"严打"的效果作出了截然不同的评价。这种评价说到底还是站在一种感性的认识上,而不是建立在一种实证的数据分析之上,所以,这两种评价都是有局限性的。因此,对"严打"的效果应当用实证的方法来分析它的效果。当然,我们现在对刑事政策的实证分析还是有很大的局限性,主要是因为我国现在还没有完全公开刑事司法的数据,这给刑事政策的实证分析带来很大的障碍。我今天也不想从实证的角度对"严打"的效果作具体的分析。我主要想从以下三个方面对"严打"刑事政策作一点反思:

第一个问题是关于"严打"和法治建设之间的关系问题。"严打"的刑事政策当然是希望通过有效的犯罪镇压措施,在比较短的时间内有效地控制犯罪,使社会治安得到根本的好转,这是刑事政策本身所包含的目的。因为刑事政策总是要追求结果的有效性,但我们需要思考的是,"严打"的刑事政策和刑事法治建设之间到底是什么关系?

我认为,刑事政策对犯罪镇压措施有效性的追求,是受到一定限制的。并不是说只要是为了达到预防犯罪、控制犯罪的目的,就可以采取任何手段。这种思路是完全错误的。在我国古代,春秋战国时期的法家(韩非、商鞅)所提出"刑期于无刑"的目的刑的思想在一定程度上包含着刑事政策的萌芽,但法家把这种思想极端化了,它也因此成为为封建专制制度以及重刑主义辩护的理论根据。比如商鞅就提出"以杀去杀,虽杀可也"以及"以刑去刑,虽重刑可也",也就是说,只要刑罚是为了制止犯罪,即使刑罚是重刑,它也是正当合理的,这就陷入了一种非道德主义的逻辑,即只要目的正当,就可以不择手段,这也是封建专制社会重刑主义思想的理论根据。

刑事政策追求对犯罪的有效控制,但对目的的追求受到法治原则的限制。也就是说,只能在法律所允许的范围之内追求这个目的,而不能破坏法治。关于这一点,德国著名刑法学家李斯特曾说过这样一句名言:"法治是刑事政策不可逾越的藩篱。"也就是说,刑事政策的目的不能违背法治的一般原则,我觉得这个观念是非常重要的。因此,"严打"刑事政策的实施同样受到某种法治原则的限制。这种法治原则的限制,主要体现在以下三个方面:

第一,罪刑法定原则的限制。罪刑法定原则意味着法无明文规定不为罪,它是法治原则在刑法中的直接体现。罪刑法定原则以限制国家刑罚权为目的,具有某种限制机能。这种限制机能和"严打"之间存在一种目的上的对立性。

但我认为,这种对立性本身还是表面的。从根本上看,我们也必须看到在刑事政策和罪刑法定之间存在一定的兼容性。主要是因为我国现在的罪刑法定,是一种相对的罪刑法定。这种相对的罪刑法定为司法裁量留下了广阔的空间,因而在罪刑法定所允许的范围之内,国家可以通过刑事政策(包括"严打"刑事政策)对刑事司法的活动进行指导,使惩治犯罪的活动更为有效。从这个意义上说,刑事政策和罪刑法定原则并不是截然对立的。事实上,法律意义上的从重从快的前提条件是必须依法。但在刑事政策的贯彻中就会有些走样,有时候没有完全按照法律的规定进行"严打",这当然是在"严打"刑事政策的具体贯彻中出现的问题。但这种问题的出现就会对法治造成破坏。我国1997年《刑法》明确将罪刑法定原则作为刑法的基本原则。在这种情况下,"严打"刑事政策的实施也要受到罪刑法定原则的限制,这是法治原则最根本的体现,所以我们需要对此加以强调。

第二,罪刑均衡原则的限制。因为"严打"包含着对犯罪从重处罚的基本精神,当然这种从重应当是在法律规定的范围之内的一种从重。但是,罪刑均衡强调的是犯罪与刑罚之间的对等性和相当性,因此,这两者之间也会有一定的不兼容。如果过分强调从重,甚至突破法律规定进行处罚,这种从重确实会对罪刑均衡原则造成破坏,这种情况在"严打"的司法实践中也是客观存在的。但在刑事法治的大背景下,我们必须看到,罪刑均衡所体现的刑罚公正的基本价值必须得到确立。我们不能允许"严打"破坏罪刑均衡基本原则。否则,"严打"就不可能取得良好的社会效果。

实际上,刑罚并不是越重越好。如果刑罚过重,一方面对被处罚者来说,他不可能从内心接受,不可能认罪伏法,而是会培养对法律、对社会的仇恨,甚至将来报复社会。所以,过重的刑罚表面上是在惩罚犯罪,实际上恰恰是在制造犯罪,它不可能取得预防犯罪的效果。在我们现实社会中有很多这样的案例。比如北京曾经有一个犯罪分子,他因抢劫银行且杀死了好几个人而被判处死刑。在法庭审理的最后陈述中,他说了这样一段话,我看了以后确实深深地受到触动。这个犯罪分子在 1983 年第一次"严打"中,犯了一个较轻的罪行,却被判了很重的刑罚,他对这个判决始终不服,当时他就有一种想法,将来要报复社会。他说,如果等他将来出来,年纪大了,杀不了大人,他就到幼儿园里杀小孩。这种想法是极为可怕的。这个犯罪分子实际上在被关了十多年以后就越狱逃跑了,之后到处作案,杀了 19 个人,最后因为一起银行抢劫案被抓获。从这个角度来看,对犯罪的惩治要有一定的限度,它得符合最基本的公平、正义的原则。如果逾越了这条界限,可能就会适得其反,刑罚不可能收到正面的效果。

第三,刑法谦抑原则的限制。所谓刑法谦抑原则,是指用最少量的刑罚取得最大的刑罚效果,因此刑罚并不是越重越好,刑罚必须适度。这里应当破除刑罚万能主义的迷思。我们往往有一种简单化的想法，即只要某个地方社会治安混乱，犯罪率高，马上就想到要用重刑，要从重打击犯罪。这种想法本身是对犯罪的一种直观的、机械的反应，包含着一定的合理性。但是，我们必须要看到，刑罚并不是万能的，刑罚不可能解决所有的治安问题。因为犯罪问题是社会矛盾激化的一种产物。如果产生犯罪的土壤无法铲除，犯罪的问题就不可能从根本上得到解决。这也是刑罚对犯罪只能起到治标作用的根本原因之一，刑罚不是一个治本的办法。

另外，我们也必须看到，刑罚本身也要付出一定的代价。也就是说，刑罚也是有成本的。我们过去就缺少这种成本概念，好像抓一个人、杀一个人是一件简单的事情。根据刑法谦抑原则，我们应当尽量少地支出社会成本，而最大量地获得遏止犯罪的社会效果。这里有一个成本和效果的计算问题。只有刑罚的效果大于成本，才符合刑罚谦抑原则。

第二个问题是"严打"和人权保障的关系问题。"严打"和人权保障之间的关系要如何处理，我认为也是在反思"严打"刑事政策的时候值得注意的问题。"严打"主要的价值取向是打击犯罪，也就是把打击犯罪放在一个重要的位置上。但是，这里面存在一个问题，也就是如何处理好打击犯罪和人权保障之间的关系，打击犯罪不能以牺牲人权保障为代价。恰恰相反，人权保障在一定程度上要以牺牲打击犯罪为代价，这是现代法治文明的一个根本体现。也就是说，我们在打击犯罪中，要注重对犯罪嫌疑人、被告人的人权保障。

对于这个关系的处理在我国的司法实践中可能会比较难。尤其是在"严打"的过程中，往往忽视了对人权的保障，而仅仅强调打击犯罪。在这种情况下，就可能会出现一些偏差，比如说在我国司法实践中，刑讯逼供就是一个屡禁不止的问题。刑讯逼供在法律层面上是绝对禁止的，《刑事诉讼法》规定禁止刑讯逼供，《刑法》甚至把刑讯逼供规定为犯罪,给予严厉的处罚。尽管如此,在现实的司法实践中,刑讯逼供还是屡禁不止。之所以会出现这种情况,我认为主要是因为我们还没有把人权保障看作一种重要的法律价值,而是在打击犯罪的口号下忽视了对人权的保障。当然,刑讯逼供问题现在逐渐引起人们的重视,人们在讨论刑讯逼供或者论证刑讯逼供的不合理性的时候,其中有一个根据是刑讯逼供会造成冤假错案。似乎冤假错案是刑讯逼供应当被禁止的主要理由。

但是,我认为这个观点是偏颇的。刑讯逼供确实容易造成冤假错案,或者说司法中出现的冤假错案往往和刑讯逼供有关系,但决不能把容易造成冤假错案当作禁止刑讯逼供的一个理由。可以说,刑讯逼供在绝大多数情况下并没有造成冤假错案。但能不能说没有造成冤假错案的刑讯逼供就是可以被认可的呢?也就是说,能不能将刑讯逼供分成两种:一种是造成冤假错案的刑讯逼供;一种是没有造成冤假错案的刑讯逼供?我们只禁止造成冤假错案的刑讯逼供,而对于那些没有造成冤假错案的刑讯逼供,由于它们有利于打击犯罪,我们就可以予以容忍?

我认为,这种思维方法是绝对错误的。刑讯逼供是一种绝对的恶,是一种无条件的恶。对刑讯逼供的禁止,并不在于它会造成冤假错案。更重要的是,刑讯逼供将犯罪嫌疑人、被告人当作一种获取证据的工具,是野蛮的司法制度最直接的体现,这和现代法治文明是格格不入的。因此,如果不能在思想上解决刑讯逼供与保障人权的关系,那么刑讯逼供的问题永远不可能得到真正的解决,刑讯逼供就会在打击犯罪的口号下具有强大的生命力。所以我认为这也是一个非常值得注意的问题。随着社会的发展,人权保障会越来越受到重视,这也形成了对"严打"刑事政策的一种限制。也就是说,打击犯罪不能以牺牲人权保障为代价。

第三个问题是关于"严打"与刑法公正的关系。司法活动及立法活动都要追求公正。可以说,公正是法律的生命。但是,在刑事司法和刑事立法中如何追求公正,这是一个值得研究的问题。"严打"刑事政策也不能以破坏刑法公正为代价,它必须要受到刑法公正的限制。在"严打"的过程中可能会出现一种重刑化的趋势,这种趋势会对刑事立法和刑事司法中的公正性造成破坏。下面我想从立法和司法两个层面进行分析。

从立法层面上来考察,从重的刑事政策,我认为是存在问题的。从重的刑事政策之所以没有取得它应有的社会效果,我认为这和我们目前的刑法体系中存在的某种结构性缺陷有很大关系。我国目前的刑法结构是一种重刑的刑法结构。这种重刑的体现就是在我国刑法中,死刑罪名相当多。在1997年修订以后的《刑法》中有68个死刑罪名。尽管有这么多的死刑罪名,但刑法的适用没有收到它应有的威慑犯罪的有效效果。这里存在刑罚结构的失调问题。

我认为,刑法不是以单个刑种来发生效果,因为刑罚是一个体系,刑罚是一种综合性的效果。科学合理的刑罚结构会收到很好的刑罚效果。但如果刑罚的结构不合理,各种刑罚的效果之间就会相互抵消。我国目前的刑罚结构存在一个根本性的问题,就是生刑和死刑之间的轻重过于悬殊。这里的生刑指的是非死刑,也就是自由刑、财产刑,当然还包括死缓,这些生刑太轻。根据我对法律的理解,我国刑法存在着减刑、假释制度,因此被判处死缓的犯罪分子,可能最多也就是在监狱里面待上个24年、25年,无期徒刑实际上相当于有期徒刑22年,我国的有期徒刑最高是15年,数罪并罚最高不超过20年。如果再扣掉审判前被羁押的时间,有很多犯罪分子,经过减刑、假释,甚至被关个十五六年就出来了。但是,一旦他被判死刑且被执行死刑,他的生命就结束了。生刑和死刑之间的轻重过于悬殊,在这种情况下,如果我们把整个刑罚结构的威慑效果以100分来计算,生刑所能产生的刑罚效果只能发挥20%,只有20分。80%的刑罚效果是依靠死刑获得的。在这种情况下,死刑在刑罚结构中占据了十分重要的地位,所以人们很难把死刑减下来。

为了减少死刑,我认为必须要加重生刑,使得这种刑罚结构变得科学合理。将生刑的威慑效果发挥到80%,而死刑的威慑效果只要20%就可以了,逐渐地减少死刑的威慑效果。基于这种考虑,我认为要让无期徒刑,最起码是部分的无期徒刑名副其实化,真正地剥夺自由终身,甚至不得假释,不得减刑。死缓更是如此,死缓在原则上都应当关押终身。同时,提高有期徒刑的上限,将现在的15年提高到20年,甚至25年,数罪并罚不得超过25年,甚至30年。只有提高生刑的严厉性,才能逐渐地减少死刑的数量,减轻人们对死刑的依赖,同时整个刑罚的威慑效果保持不变。

从司法层面来考察,惩治犯罪不能和司法公正相违背,要把刑事司法放在更大的社会背景中考察,犯罪人不是敌人,他本身也是社会的公民,如何对待犯罪人就是如何对待人的试金石。过分依赖重刑,不利于社会的长治久安,靠杀人维护统治是不可能达到的。尽管"严打"刑事政策在其当时的社会历史背景下具有一定的合理性,但随着社会法治文明的发展,我们必须对"严打"刑事政策进行反思。在刑事司法过程中,是否还要采用运动式刑事政策?我的观点是否定的。

五、初步结论

最后,我想对今天的讲演内容作一个归纳:刑事政策的问题是整个刑法的核心问题。一个国家的刑事法治水平,在很大程度上取决于刑事政策的科学性。那么,怎么才能够制定科学的刑事政策呢?我觉得这里面涉及三个方面的要求。它们既是对"严打"刑事政策进行反思的根本依据,也是我们制定科学的刑事政策的指导思想。

第一是对犯罪的规律要有正确认识。也就是说,刑事政策作为对犯罪反应的基本措施或者基本准则,是建立在对犯罪规律正确认识的基础之上的。换句话说,如果人们对犯罪的规律缺乏正确认识,那么,在这种基础上建立起来的刑事政策,就不能反映犯罪的客观规律,这样的刑事政策在现实生活中也是肯定要失败的。从这个意义上说,刑事政策的基础是一个犯罪学的问题,要认识犯罪规律,就会涉及一些基本的理论问题,比如犯罪的原因是什么。

我们过去对犯罪原因存在一些错误的观念,机械地理解了马克思关于私有制是犯罪的总根源这个命题,认为在社会主义国家,私有制被消灭了,犯罪的根源就没有了,因此有的学者就把犯罪分为两种,其中一种是源发性的犯罪,认为资本主义社会有私有制,而私有制是犯罪的总根源,因此资本主义社会的犯罪是源发性的。而社会主义社会消灭了私有制,但是还有犯罪,那么这些犯罪是从哪里来的呢?它们好像是无源之流,没有根源的,当时就有人引用列宁的话,认为社会主义国家的犯罪是旧社会的痕迹。

由于这个观点提得比较早,在我们现在看来,这个观点好像不是那么科学,但是在当时的历史条件下,这个观点的提出有历史的激励作用。也就是说,当时对于犯罪原因的看法,现在看来显然是不行了。那么,如何提出新的观点来代替它?这一点也可以说明一个问题。也就是说,我们对某个现象的认识不是一下子就从错误变成正确,它是一个逐渐演进的过程。关于犯罪的原因问题,我们过去就说要消灭犯罪,但现在看来这种提法根本是不现实的。实际上犯罪本身就是我们社会生活的一部分,犯罪本身是不可能被消灭的。除非社会被消灭了,犯罪才有可能被消灭,犯罪跟社会之间是紧密联系的。

虽然犯罪不可能被消灭,但是犯罪可以被控制在社会能够容忍的范围之内。在转型时期,犯罪现象又具有不同于一般犯罪的特殊性,我们有没有充分认识到转型社会犯罪的特殊性?这些问题我觉得都是非常重要的。只有我们对犯罪的原因、犯罪的发生规律有了一个科学的认识,我们才能够在这个基础上制定科学的刑事政策。

第二是对刑罚规律要有正确认识。如果说对犯罪规律的认识是刑事政策制定的一个前提、一种前置性条件,那么,对于刑罚规律的正确认识,就是对刑事政策自身认识的一个重要内容。因为刑事政策是对犯罪的反应,刑罚是对犯罪反应的一种主要的表现方法,那么,科学的刑事政策就体现在科学的刑罚制度上。这里涉及对刑罚目的的理解。对于刑罚的一些基本特征,如刑罚的不周延性、不完整性、最后手段性等,我们有没有真正理解?另外,能不能迷信刑罚的威慑效果?这些问题我觉得也是非常重要的。只有对刑罚的特征、刑罚的性质,尤其是对刑罚的威慑力有一个科学的认识,我们才有可能制定科学的刑事政策。

但在这方面,我们在过去显然存在一些错误的认识,因此导致我们在刑事政策上的失误。比如说能不能迷信刑罚的威慑效果这个问题,我觉得不能迷信,因为当刑罚的严厉性达到一定的程度,它的边际效果就下降了。而且,刑罚的威慑效果会发生贬值,如果持续地运用重刑,刑罚效果就会贬值。关于这一点,法国著名的法学家孟德斯鸠曾经提出一个非常正确的观点,他说刑罚的效果是通过对人的精神或者人的心灵产生很大的刺激来发挥作用的,但如果刺激过于强烈,心灵就会变得麻木,在这种情况下刑罚就不会发生效果,也不能发挥应有的作用,这样的刑罚只对比较软弱的心灵发生作用。因此,持续地使用重刑,就会让人民的心灵变得麻木。在这种情况下,刑罚就不能发挥它的效果。在一个民风淳朴的社会里,人们具有同情心、人道精神以及宽容精神,较轻的刑罚就能够发挥它应有的作用。另外,孟德斯鸠还说过,在一个废除死刑的国家,如果它的最重刑为无期徒刑,那么它的效果和在保留死刑的国家适用死刑的效果实际上是一样的。这个观点我是非常赞同的。因为刑罚的效果要用一种科学的动态的眼光来看,刑罚的效果并不是可以无限制地获得的,它有它自身的规律,人们对于这种规律必须要有科学的认识。我经常举一个例子,一个神经衰弱的人要吃安眠药才能入睡,开始的时候吃半颗就能入睡,但长期吃安眠药形成药物依赖,过了一段时间要吃一颗才能入睡,再过一段时间可能要吃两颗、三颗,甚至五颗才能入睡。吃五颗安眠药入睡的效果和刚开始吃半颗安眠药入睡的效果,实际上是一样的,也就是说安眠药量增加了,但是它的效果是一样的。刑罚也是这样的,如果反复地、持续地适用重刑,那么最后判死刑的效果跟判十年有期徒刑的效果实际上是一样的,也就是说刑罚会发生一种效果上的贬值。这些都是对刑罚的功能、刑罚的效果发生规律的认识。只有在科学认识的基础上,我们才能制定出科学的刑事政策。

另外,刑罚的问题还涉及社会治理方式的问题。实际上,刑罚也是一种社会治理方法或者社会管理方法,但是它是成本最高的方法,也是最后的方法。我国现在之所以广泛使用刑罚,甚至不惜动用重刑,就是因为我国在管理社会方面还缺少一些比较好的手段。我国大量使用刑罚,甚至使用死刑,正是对我国缺少比较好的社会管理手段的一种补偿。有人说我国现在的死刑适用很多,对一些违反税收管理的犯罪都要动用死刑,我国刑法规定增值税发票的犯罪是有死刑的。那么,为什么要这样规定呢?因为我国税收管理方法落后,没有其他方法,只能动用死刑来威慑。但是死刑威慑还是不起作用。因此,从某个方面来说,死刑问题不仅仅是一个主观的问题,还是一种客观需求的问题。而这种客观需求又是由整个社会的客观条件所制约的。这个问题我觉得也很重要,人们需要从根本上提高我国社会的综合治理的能力,改善我们治理的方法。只有这样,才能够减少死刑以及刑罚的使用。因此,对于刑罚规律的正确认识是非常重要的。

第三是对法治规律的正确认识,这也是我们制定出科学的刑事政策的基础和前提。因为刑事政策要指导立法活动与司法活动,尤其是指导司法活动。指导立法活动与司法活动就要对立法活动与司法活动本身有一个规律性的认识。也就是说,要尊重立法规律与司法规律,而不是去破坏这种规律。只有在尊重立法规律与司法规律基础上的刑事政策,才能得到切实的贯彻。如果人们无视这种规律,甚至去破坏这种规律,刑事政策势必不能取得它应有的效果,这一点在"严打"刑事政策的贯彻中同样存在。我国"严打"的刑事活动在很大程度上是靠军事斗争或政治运动的方式来进行的,而法治活动有其自身的规律,它与政治运动和军事斗争是不一样的。所以,当我们靠政治运动或军事斗争的方式来贯彻刑事政策的时候,实际上就没有尊重法治规律。这种刑事政策必然无法取得我们所期待的效果。

谢谢大家。

(本文整理自2008年2月在华东政法大学讲座的演讲稿)

专题四　宽严相济的刑事政策

大家好！

今天讲座的题目是"宽严相济的刑事政策"，这是当前我国刑事法领域的热点议题之一，也是刑法理论所关注的一个重大课题。

刑事政策对于刑事立法和刑事司法都有重大的影响。因此，在刑法理论中，我们需要对刑事政策进行较为深入和充分的研究。尤其是，当前我国正在贯彻宽严相济的刑事政策。深刻地理解这一政策，从法理上揭示这一政策的科学内涵，具有重要意义。多年来，在我国刑事立法与刑事司法的实践中，实际适用的是"严打"的刑事政策。从"严打"的刑事政策到宽严相济的刑事政策，是我国在刑事政策上的一个重大调整。宽严相济的刑事政策在某种意义上可以说是我国刑事法对建构和谐社会的政治理念的一种回应。因此，正确理解宽严相济的刑事政策是当前刑法理论的一个重大课题。围绕着宽严相济的刑事政策，我想讲以下三个问题：第一，什么是宽严相济的刑事政策？第二，为什么要实行宽严相济的刑事政策？第三，如何实现宽严相济的刑事政策？

一、什么是宽严相济的刑事政策

在讲到宽严相济的刑事政策的时候，首先要对宽严相济的刑事政策的基本内容有一个大致的了解。为了使大家了解宽严相济的刑事政策的基本内容，我首先想从宽严相济的刑事政策中的三个关键字——"宽""严""济"入手，进行语义学上的分析。

我们先来看一下宽严相济的"宽"。这里的"宽"是指宽大、宽缓和宽容。因此,宽大、宽缓和宽容是宽严相济的刑事政策的基本内容之一,也是它的首要之义。这里的"宽",具体而言,有两层含义:一是"该轻而轻",二是"该重而轻"。

所谓"该轻而轻",是指某一种行为的性质本身就较为轻微,因此在法律上应当给予与这种行为性质相适应的较为宽缓的处理。从刑法上来讲,"该轻而轻"的基本精神是罪刑均衡的刑法基本原则的题中之意。

所谓"该重而轻",指的是某种行为的性质本身较为严重,但是存在着各种可宽宥事由,因此在法律上给予较为宽缓的处理。就宽严相济的政策精神而言,"该重而轻"才是它的基本体现。"该轻而轻"是本该如此的,因为这种行为的犯罪性质本来就比较轻微,所以,就应当判处与这种行为性质相当的较为轻缓的刑罚。只有"该重而轻",才体现了宽严相济的政策精神。所以,我们在理解宽严相济的"宽"时,更应该关注的是"该重而轻"。这里的"该重而轻",它又有三种表现方式:非犯罪化、非监禁化和非司法化。

第一种是非犯罪化。非犯罪化是指本来应当作为犯罪处理的行为,基于某种刑事政策的要求,不作为犯罪处理。因此,非犯罪化可以分为立法上的非犯罪化和司法上的非犯罪化。

所谓立法上的非犯罪化,是指刑法本来规定某种行为就是犯罪,但是考虑到社会的发展,这种行为的危害性在逐渐消失,因此,在刑法的修改中,人们将这种行为从犯罪范围中予以去除。所谓司法上的非犯罪化,是指某种行为在刑法中被规定为犯罪,但是考虑到这种犯罪的具体情况以及行为人在犯罪以后的具体表现,人们在司法处理过程中不把这种行为作为犯罪来处理。

在理解宽严相济的刑事政策的时候,人们更应当关注的是司法上的非犯罪化。司法上的非犯罪化是以某一行为在刑法中被规定为犯罪为前提。只有在这个逻辑前提之下,才存在非犯罪化的问题。因此,在讨论司法上的非犯罪化的时候,就存在着一个问题,即如何理解司法上的非犯罪化与我国罪刑法定原则之间的关系。

虽然我国刑法确认了罪刑法定原则,但是我国刑法上规定的罪刑法定原则的含义和大陆法系国家对罪刑法定原则的表述是存在着相当大的差别的。

在大陆法系国家,往往在刑法典第1条就开宗明义地规定罪刑法定原则。虽然各国刑法对于罪刑法定原则在条文表述上存在一些差别,但基本的逻辑是相同的——法无明文规定不为罪,即法律没有规定的行为不能作为犯罪来处理,但我国《刑法》对于罪刑法定原则的条文表述却有所不同,我国《刑法》第3条对于罪刑法定原则作了明确的规定:"法律明文规定为犯罪行为的,依照法律定罪处刑;法律没有明文规定为犯罪行为的,不得定罪处刑。"从这条规定来看,我国和大陆法系国家对于罪刑法定原则的规定有一个显著的差别:大陆法系国家的刑法对于罪刑法定原则的表述为"法律没有规定为犯罪的,不得定罪处刑",但对法律已经规定为犯罪的行为是否一定要定罪处刑这一点,它没有作出正面的肯定。因此,在大陆法系国家中,根据罪刑法定原则,只有对于那些法律明文规定的行为,才能定罪处刑。也就是说,对于法律没有规定的行为,禁止定罪处刑。但是,罪刑法定原则从未禁止对法律规定为犯罪的行为进行出罪,它所禁止的是入罪而不是出罪。因此,在大陆法系刑法理论中,存在着大量的超法规的违法阻却事由,这并不被认为是违反罪刑法定原则的。也就是说,一个行为构成犯罪,必须要有刑法的明文规定;但是,即使刑法明文规定某一个行为构成犯罪,法官同样可以对这个行为的法益侵害性进行实质判断。如果行为没有法益侵害性,即使法律上没有明文规定出罪事由,也可以认为它存在违法阻却事由而予以出罪。在法律没有明文规定的情况下予以出罪,并不被认为是违反罪刑法定原则的。所以,从罪刑法定原则的精神来看,它的主要目的是限制法官滥用定罪权,禁止无法而入罪,但从不禁止无法而出罪。

我国《刑法》对于罪刑法定原则的规定被有些学者分为两部分:一部分是消极的罪刑法定,也就是对于法律没有明文规定为犯罪的行为,不得定罪处刑;另一部分是积极的罪刑法定,也就是对于法律明文规定为犯罪的行为,应当依法定罪处刑。这是我国刑法中关于罪刑法定原则的一个创举。但是,我认为这种对罪刑法定原则的解读是存在一定问题的。

实际上,罪刑法定原则主要是用来限制司法专断,是有利于被告人的原则,体现了刑法的人权保障的基本价值。因此,罪刑法定原则的含义只限于消极的罪刑法定。但是,如果对于积极的罪刑法定的规定不能正确解读的话,可能就会对我国罪刑法定原则的基本内容产生误解或误读。

我认为,我国在立法中之所以规定"法律明文规定为犯罪行为的,依照法律定罪处刑",是为了强调"依法"定罪处刑,是为了避免在司法活动中出现徇私枉法或者其他司法腐败现象。这是针对应当定罪而没有定罪这一情况所作出的规定。不能将我国《刑法》关于罪刑法定原则的规定理解为,只要是刑法规定为犯罪的行为,就一定要定罪处刑。如果存在着某种可宽宥的事由或是犯罪情节和性质本身较轻的,还是可以不作为犯罪来处理。

从这个意义上来说,我认为,司法上的非犯罪化和我国《刑法》第3条所规定的罪刑法定原则,从精神实质上来说是不存在矛盾的。

当然,如果对于我国《刑法》第3条关于罪刑法定原则的规定不能加以正确的解读,往往会认为两者是矛盾的。这是我们在理解司法上的非犯罪化首先应当注意的一个问题。这种非犯罪化,尤其是司法上的非犯罪化,体现了一种宽大和宽容的精神,因此,它是宽严相济的刑事政策的题中应有之义。

第二种是非监禁化。非监禁化是相对于监禁化而言的。在我国,只要一个人的行为构成犯罪,那么,他所受到的刑事处罚一般来说都是监禁刑。也就是说,在我国,监禁化的程度是相当之高的。监禁化程度的高低,恰恰是一个国家刑罚轻缓程度的重要标志。也就是说,如果一个国家的监禁水平较高,就说明这个国家的刑罚是较重的;如果一个国家的监禁水平较低(其主要体现为非监禁程度较高),就说明这个国家的刑罚是较为轻缓的。

在西方相关国家中,随着刑罚轻缓化趋势的进一步发展,除了废除死刑和严格限制死刑以外,其主要的标志就是非监禁化程度的不断提高。在一些西方国家中,非监禁化程度甚至已经达到了70%～80%。也就是说,在构成犯罪的案件中,只有20%～30%的犯罪人被处以监禁刑,监禁化程度只有20%～30%。而在中国,监禁化程度可能在90%左右,甚至更高。非监禁化的比例可能只有5%～8%,这是相当之低的。当然,在做这种数字比较的时候,我们还要看到我国和其他国家刑法之间在犯罪概念上存在着重大差别。在西方法治国家,包括大陆法系国家和英美法系国家在内,它们所谓的犯罪包括重罪、轻罪和违警罪。这里的违警罪实际上相当于我国的违反《治安管理处罚法》的行为,是被排除在犯罪概念之外的。在我国对违反《治安管理处罚法》的行为的处罚中,它的非监禁化程度当然就高得多。虽然违反《治安管理处罚法》的行为也可能受到监禁的处分,也就是剥夺人身自由的行政拘留,但是,大部分的处罚还是非监禁的处分,如罚款等,这种处罚也较为常见。如果把这种违反《治安管理处罚法》的行为都纳入犯罪的范围中,那么,我国犯罪的非监禁化程度也就会大幅度提高。另外,在西方国家中,它们把违反交通法规的行为也都看作违警罪。如果把这些行为也都包括到犯罪中来,我国刑法的非监禁化程度又会得到相应的提高。尽管如此,但从总体上来看,就我国现有的犯罪而言,监禁化程度还是远远超过西方国家。因此,在贯彻宽严相济的刑事政策中,适当提高非监禁化程度,是"宽"的应有之意。

实现非监禁化程度主要有以下两种途径:一种是非监禁刑,如我国《刑法》中的管制,它只限制犯罪人的自由而未剥夺犯罪人的自由,另外,在附加刑单独适用的情况下,剥夺政治权利和罚金也都属于非监禁刑;另一种是缓刑和假释等非监禁化的刑事处遇措施。缓刑和假释都不是刑罚而是刑罚的执行方法。这两种刑罚的执行方法都是采用了非监禁化的处理方法,因此,缓刑和假释的广泛适用会提高非监禁化程度。在我国,缓刑和假释的适用率还是较低的,尤其是假释的适用率。

近年来,我国缓刑的适用率有所提高。据有关部门统计,现在在符合缓刑的刑期条件(根据我国《刑法》规定,缓刑适用于被判处3年以下有期徒刑或拘役的犯罪分子)的刑事案件中,约30%的犯罪分子被宣告缓刑,适用率相较于前些年有大幅度的提高。

我国在以前非监禁化程度之所以较低,主要是有以下两个方面的原因:一方面是过去强调"严打",要从重从快打击犯罪,而非监禁化是跟"严打"精神相抵触的,因此,"严打"刑事政策的推行在很大程度上成为非监禁化的障碍;另一方面则是因为我国的管教措施没有跟上去,非监禁化后并不意味着把犯罪人放到社会上不管不问任其放纵,而是要有效地对其进行管教。根据我国《刑法》的规定,对判处管制的犯罪分子,虽然不剥夺人身自由,但是,要对其人身自由进行限制,要对其进行管教。适用缓刑或假释的犯罪分子在缓刑或假释的考验期间也应当遵守某些规定。缓刑或假释的考察机关应当对其在缓刑或假释考验期间的表现进行考核。根据我国《刑法》规定，管制的执行机关是公安机关，缓刑或假释的考察机关也是公安机关，而公安机关将主要精力用在打击现行的犯罪上，因此，很难抽出时间或精力来对被判处缓刑或假释的犯罪分子进行管束或考察。在这种情况下，对被判管制或是被缓刑或假释的犯罪分子的考察和管束的效果并不理想，重新犯罪的比例较高。这也导致了司法机关很少判处非监禁刑或是适用缓刑或假释。但现在的情况有所改变，因为我国正在推行社区矫正。社区矫正指由专门机构、专门人员对适用非监禁刑或是适用非监禁化处遇措施的犯罪人进行专门的管教。因此，社区矫正的推行能够为非监禁化程度的提高提供制度上的保障，从而为非监禁化程度的提高奠定社会基础。因此，在讲到宽严相济的"宽"的时候，非监禁化是十分重要的。

第三种是非司法化。非司法化是相对于司法化而言的，主要涉及程序法。对此，国家专门设置了刑事诉讼程序来追究行为人的刑事责任。因此，在刑事司法领域，它的司法化程度是最高的。比如，民事诉讼中存在大量的纠纷解决机制，如调解、仲裁。但是，在刑事诉讼中，国家的权力介入深，起着主导作用，刑事案件主要通过诉讼的方式来解决。尤其是，在我国目前的刑事诉讼构造中，由国家的公诉机关来行使公诉权，它代表被害人追究犯罪人的刑事责任。司法化程度是很高的，相应地，消耗的国家司法资源也是非常之高的。

相对于司法化而言，非司法化指的是对某些刑事案件，可以通过刑事和解的方式，在司法程序之外来解决，而不用进入司法程序。这里涉及刑事和解，刑事和解和用民事诉讼的调解方式来解决纠纷是非常相似的。刑事和解主要适用于犯罪性质比较轻微的情形。经过调解之后，被告人向被害人赔礼道歉、赔偿经济损失，被害人对被告人表示谅解，不再主张追究刑事责任。在这种情况下，双方以和解结案，案件不再进入到司法程序中。如果案件已经进入到司法程序,就将其从司法程序中予以排除。

但是,刑事和解不仅适用于犯罪性质比较轻微的案件,也适用于犯罪性质比较重大的案件。通过刑事和解,可以对被告人判处较轻的刑罚。当我们谈到刑事和解时,主要还是指那些较为轻微的刑事案件,通过刑事和解的方式来结案。在这种意义上说,刑事和解是一种非司法化的结案方式。这种非司法化的运作本身就体现出刑事诉讼民事化的倾向以及公法私法化的倾向。

显然,在刑事和解的背后,存在着对司法理念的重大调整。对于犯罪,我们过去不仅将其看作被告人与被害人之间的纠纷,还将其看作一种对社会的侵犯。因此,一个人犯了罪,就必须受到刑事追究。至于被害人的态度如何,在所不问。只有在极个别的自诉案件中,是否追诉被告人这项权利才交由被害人来行使。而在绝大多数的刑事案件中,是否追究犯罪人的刑事责任不以被害人的意志为转移。在这种情况下,所谓的"私了"是绝对禁止的,因为这是对国家公诉权的一种侵犯。因此,只要一个人的行为构成犯罪,就必须受到刑事追究。被害人与被告人私自了结是不被容许的,是违法的。

这种制度背后的观念在于,犯罪是对社会的一种侵犯。公诉机关代表国家和社会来追究犯罪人的刑事责任。但现在对于较为轻微的犯罪而言已经有所变化。对于性质较为严重的犯罪来说,这种犯罪不仅侵害到被害人的利益,还侵害到国家和社会的利益,因此,对这些犯罪人进行刑事追究,不能以被害人的意志为转移。在这些犯罪中,是反对私了、禁止私了的。

比如说,一个人的亲属被杀了,犯罪人必须要受到法律制裁,不能说犯罪人赔偿了 100 万、1 000 万甚至 1 亿元,就可以逍遥法外,这是不允许的。即使被害人家属同意,也不可以,因为在杀人这种严重的犯罪中,如果允许犯罪人在赔偿被害人亲属并获得其谅解以后,就不受法律制裁的话,那么,这会使其他犯罪人加以效仿,进而破坏国家的法治。因此,这样的做法是绝对不允许的。

相对,在一些较为轻微的刑事案件中,尽管这种行为构成犯罪,但是被告人与被害人之间具有明显的纠纷性质,如果国家此时一定要采取司法的途径来解决这种纠纷,就会消耗大量的国家司法资源。另外,对于这些案件采取司法方式来解决,也会留下后遗症,司法方式并不是最为圆满的解决方式。在我国,存在所谓"既打又罚"的说法:对于犯罪,要处以刑罚;如果犯罪行为同时对被害人造成了物质上的损害,被告人还要承担民事责任,使被害人在财产损失方面得到补偿。虽然道理是这么说,但实际上人们所通行的观念或所认可的观念还是"打了不罚"或者"罚了不打"。因此,在追究了被告人的刑事责任以后,被害人常常得不到经济补偿。由此可见,这种做法未必是一种很好的了结纠纷的办法。因此,对于这些性质比较轻微的案件,可以通过刑事和解的办法来解决,这既可以节省司法资源,又可以使被害人在经济上得到赔偿。对被告人来说,这也给了他一个悔过自新的机会。因此,这种做法可以称得上是双赢或是三赢,对各方都是有好处的。我认为,这种做法是值得推广的。

非司法化的做法,在西方法治国家是普遍推行的。在西方国家存在恢复性司法。所谓的恢复性司法,实际上不是司法,它不是采取传统的司法途径来解决刑事案件,而是通过非司法途径来解决刑事问题。因此,这里所说的恢复性司法与它的本义并不相符。另外,西方国家还广泛地采用替代刑制度,即用非刑罚方法来代替刑罚。只要非刑罚方法可以替代刑罚方法,那么,对刑事案件的处理就不再采用刑罚方法,案件也不再进入到司法程序,因此这种非司法化的刑事处理措施具有广泛的发展前景。我国在刑事案件处理中,非司法化程度太低而司法化程度太高,这也是"严打"刑事政策造成的。

以上就是我所说的非犯罪化、非监禁化和非司法化,它们都体现了宽严相济的刑事政策中"宽"的政策精神。可以预见,随着宽严相济的刑事政策的推行,非犯罪化、非监禁化和非司法化的程度都会逐渐地提高。

接下来,我再来讲一下宽严相济的刑事政策中的"严"。这里所谓的"严"包括了严格、严厉和严肃的含义。严格指的是法网严密、有罪必究;严厉是指刑罚苛厉、从重惩处;严肃是指司法活动循法而治、不徇私情。这里的严与宽正好是相反的。"宽"讲的是非犯罪化、非司法化,而"严"讲的则是犯罪化和司法化。在"严"当中,主要涉及的问题还是严格和严厉之间的关系。这里的严格是指刑罚的确定性,严厉是指刑罚的严厉性。刑罚的确定性指的是刑罚的有无,是质的问题;而刑罚的严厉性指的是刑罚惩治的力度及程度,是量的问题。

我们过去在理解"严"的时候,包括我们过去讲"严打",首先考虑的是刑罚的严厉性。"严打"是要从重处罚,强调的是刑罚的严厉性,而在一定程度上忽略了刑罚的确定性。我认为,在讲"严"的时候,首先应当考虑的是刑罚的确定性而不是严厉性。并且,在刑罚的确定性和严厉性之间存在着一种负相关的关系,这是刑事古典学派学者的研究成果。在同等的情况下,为了获得相同的刑罚威慑力,提高刑罚的确定性就可以降低刑罚的严厉性。反之,降低刑罚的确定性则必须以提高刑罚的严厉性作为补偿。在此,刑罚的威慑力受到两个因素的影响:一个是刑罚的确定性,另一个是刑罚的严厉性,这两种因素又具有负相关的关系。为了获得相同的威慑力,提高刑罚的确定性,就可以相应降低刑罚的严厉性;反过来讲,刑罚的确定性不足,必然要以提高刑罚的严厉性作为补偿,这是一个科学的道理。

举例而言,有十个犯罪分子,如果每个人都受到刑罚处理,只要对每个人判处五年有期徒刑,就足以维持刑罚的威慑力。但如果只有五个人受到刑罚处理,另外五个人逍遥法外的话,那么,为维持同等水平的刑罚威慑力,对于那五个受到刑罚处理的犯罪人,势必要对每人判处十年有期徒刑。因此,刑罚的确定性降低50%,就要通过提高刑罚的严厉性来补偿,也就是要把那些逍遥法外的犯罪分子的刑罚转嫁到受到刑罚惩罚的犯罪分子身上。如果这十个犯罪分子中有七个人受到刑事处罚,那么,对每个人判七年有期徒刑就可以达到大致相当的刑罚威慑力。所以,刑罚的确定性和刑罚的严厉性之间成反比例关系,对于我们正确理解刑罚功能,这点是非常重要的。

过去我们为什么要强调刑罚的严厉性,是因为刑罚的确定性程度较低,因此,只能通过提高刑罚的严厉性来获得刑罚的威慑力。但是,有时候刑罚的确定性太低,即使在很大程度上提高刑罚的严厉性,也难以补偿。因为,刑罚的确定性过低,就会使犯罪分子产生侥幸心理,认为自己可以逃脱法律制裁。在这种情况下,即使刑罚再重,也产生不了威慑效果。如果刑罚的确定性程度相当的高,每十个犯罪分子中就有九个会受到刑事追究,即使判刑很轻,也足以对他们产生威慑力,从而使他们不敢犯罪。因此,虽然刑罚的确定性和刑罚的严厉性是可以转化的,但是,刑罚的确定性所产生的效果是刑罚的严厉性难以获得的。

储槐植教授曾经根据刑罚的确定性和刑罚的严厉性这两项指标将国家的刑罚结构分为四种模式:严而不厉、厉而不严、不严不厉、又严又厉。我们要重点研究的是严而不厉和厉而不严这两种模式。

严而不厉是指刑罚的确定性程度较高而严厉性程度较低;厉而不严正好相反,是刑罚的确定性程度较低而严厉性程度较高。根据储槐植教授的观点,我国家现阶段的实际情况就是厉而不严:我国是一个重刑化的国家,刑罚非常严厉,这一点是难以否认的。但是,我国的刑罚的确定性程度却很低,大量的犯罪人没有受到刑事追究。刑罚的确定性程度要达到多少才算合理,是值得研究的。我们常讲有罪必罚,但这在现实生活中是不可能的。在一个社会里,如果所有的犯罪人中有20%的人受到刑事追究,那么,这个比重就算很高了。也许大家会感到很奇怪,只有20%的犯罪人受到刑事追究,这比例算很高吗?我在这里可以用具体的事例来说明。

可以说,社会中每时每刻都在发生着刑事案件。其中,有一部分刑事案件是实际发生了,但是没有被发现,这种发生了而未被发现的刑事案件所占的比重可能有50%左右;还有些刑事案件被发现了,但是没有被破获;也有些案件被破获了,但是由于证据不足,犯罪人没有受到刑事追究。因此,那些发生了、被发现了、被破获了并且行为人受到了刑罚惩罚的刑事案件实际上只占很少的一部分。

我举个例子来说明,在我国,盗窃数额为500元至2 000元(通常是1 000元左右)的即构成犯罪。照这样讲,在我们的日常生活中,每时每刻都有可能发生盗窃案件。但是,实际上有多少起盗窃案件会真正进入到司法审判的视野中?大量的案件可能就不了了之。按照我国《刑法》的规定,生产、销售伪劣产品,销售金额达到5万元,就应当受到刑事追究。但是,因生产、销售伪劣产品而被判处有罪的案件又有多少起?数量非常之少,全国加起来可能就只有几万起。但是,在现实生活中,这种刑事案件可能就有几百万起,大量的案件可能根本就没人去管。所以,轻微的刑事案件没有受到刑事追究,对整个社会的影响可能非常小。对于性质比较严重的犯罪,比如杀人、抢劫、抢奸等,只有刑罚的确定性程度达到一定的比例,才能保障刑罚的威慑力。

因此,在理解刑罚的严厉性的时候,更应该强调刑罚的确定性。只有提高刑罚的确定性,才能降低刑罚的严厉性。我国目前的问题是刑罚过于严厉,因此,我们需要通过提高刑罚的确定性来改变目前这种重刑化的倾向,这就是我们这里所讲的"严"。

接下来,我再讲一下"济"。前面我们所讲的"宽"和"严"正好是处于两个极端,而我们所说的宽严相济的刑事政策的重点既不在于"宽"也不在于"严",而是在于"济"。可以说,"济"是宽严相济的刑事政策精髓之所在。我认为,这里的"济"也有三层含义,即救济、协调和结合。

第一是救济。所谓救济是以宽济严、以严济宽。宽和严处于两个极端,但都有其片面性。只讲宽不讲严或是只讲严不讲宽,都是不科学的。正因为如此,才要用宽来济严,用严来济宽,从而克服片面讲宽或片面讲严所带来的弊端。

第二是协调,即宽严有度,宽和严之间要保持一定的比例关系。当然,这种度的拿捏是较为困难的,但是,宽和严之间应当保持一定的比例,这种比例还是可以确定的。在宽和严的协调中,我们尤其要看到宽和严的相对性。如果脱离了宽严之间的相对性原理,那么,宽和严就很难确定,分寸也就难以把握。比如说,对一个犯罪分子判了死缓,相对于判处死刑立即执行来讲,死缓是一种较为宽大的处理。但是,相对于无期徒刑来讲,死缓又是一种较为严厉的处理。宽和严之间的相对性,必须要在一定的语境中才能确定。并且,宽和严也是可以相互转换的。在日常生活中,我们一讲到宽就想到对犯罪分子判处较轻的刑罚,一讲到严就想到对犯罪分子判处较重的刑罚。但在实际上,宽和严可以通过另一种形式体现出来。也就是说,对一个犯罪分子体现宽大政策,不一定要对该犯罪分子判处较轻的刑罚,也可以通过对其他相关犯罪分子判处较重的刑罚来体现对他的宽大处理。同样,对一个犯罪分子体现严厉政策,也不一定要对该犯罪分子判处较重的刑罚,也可以通过对其他相关犯罪分子判处较轻的刑罚来体现对他的严厉处理。因此,宽和严的区分,是相对的而不是绝对的。

第三是结合,即有宽有严、该宽则宽、该严则严,宽和严是辩证统一的。这里的辩证统一并不意味着宽和严之间平分秋色,而是要轻重有别。究竟以宽为主,还是以严为主?我认为,应当坚持以下三个原则:因时制宜、因地制宜、因罪制宜。

第一个是因时制宜,根据某一个时期的治安状况和犯罪率来决定在这个时期是以宽为主还是以严为主。古人所谓的"刑罚世轻世重",就是这个道理。刑罚是世轻世重的,一个世代轻一个世代重。至于哪个世代该轻哪个世代该重,应当根据这个时期的治安状况和犯罪率高低来决定。

第二个是因地制宜,根据本地区的治安状况和犯罪率高低来决定是以宽为主还是以严为主,因为不同地区的社会发展程度不一样,治安状况和犯罪率高低也不一样。只有因地制宜,才能使刑事政策结合本地区的实际情况,进而收到最佳的社会效果。

第三个是因罪制宜,不是对所有的犯罪都要采取或宽或严的刑事政策,而要根据犯罪的不同类型区别对待。对于性质较为轻微的犯罪、青少年犯罪、初犯、偶犯,应当采取较为宽缓的刑事政策;而对于那些严重破坏社会治安的犯罪,尤其是黑社会性质犯罪等,应当采取较为严厉的刑事政策,这就是因罪制宜。

只有做到因时制宜、因地制宜、因罪制宜,我们才能把宽和严这两方面辩证统一起来,从而发挥它最佳的效果,这就是济的含义。

以上的分析可以使我们对于宽严相济的刑事政策有一个大致的了解。下面我再提出三个命题,使我们对宽严相济的刑事政策能有更深层次的把握。

第一个命题:宽严相济的刑事政策是轻罪政策与重罪政策的统一。宽严相济是一个整体,是一个基本的刑事政策。它既适用于轻罪,同时又适用于重罪,因此,它是轻罪政策与重罪政策的统一。这里主要涉及如何理解宽严相济的刑事政策和"严打"之间的关系。从1983年以来,"严打"成为我国的一项基本的刑事政策。现在我们开始讲宽严相济,那么,宽严相济与"严打"之间究竟是一种什么样的关系?

对此,我认为,存在以下两种错误的观点:第一种观点是把宽严相济看作对"严打"的否定和取代。这种观点认为,过去讲"严打",现在不讲"严打"而讲宽严相济。因此,宽严相济取代了"严打"、否定了"严打"。第二种观点是把"严打"和宽严相济看作两种刑事政策,把"严打"看作与宽严相济并列的、处于宽严相济刑事政策之外的另外一项刑事政策。这种观点认为,宽严相济是一种轻罪政策,对于轻罪应当适用宽严相济;而对于重罪仍然应当坚持"严打"。这种观点把宽严相济贬低为一种轻罪政策。这实际上没有看到宽和严这两个方面,仅仅是把宽严相济理解为是一项宽大政策。我认为,这两种理解都存在片面之处,都没有正确理解宽严相济和"严打"之间的关系。

从过去我们讲"严打"到现在我们讲宽严相济,确实意味着我国在刑事政策上的一种调整,这是不可否认的。但这种调整绝不意味着用宽严相济来否定或是取代"严打",因此第一种观点是错误的。就第二种观点而言,把宽严相济和"严打"割裂开并对立起来,把宽严相济理解为一种轻罪政策,把"严打"置于其外,我认为这种观点也是错误的。

对于宽严相济与"严打"之间的关系,时任中央政法委书记罗干同志曾讲过这样一段话,这段话对于我们正确理解宽严相济与"严打"之间的关系是有帮助的。罗干同志指出,贯彻宽严相济的刑事政策,一方面必须要坚持"严打"方针不动摇,对于严重刑事犯罪必须要依法严厉打击,什么犯罪突出就重点打击什么犯罪,在稳、准、狠和及时性上充分体现这一方针;另一方面要充分重视依法从宽的一面,对轻微违法犯罪行为、失足青少年,要继续坚持教育感化挽救的方针,有条件的话,可适当多判一些缓刑,积极稳妥地推进社会矫正工作。从罗干同志的这段话中可以看出,他是把"严打"作为一种方针纳入宽严相济的刑事政策框架,"严打"被看作体现宽严相济中严的一面。按照这样一种讲话精神,我认为宽严相济包含了宽和严两面,严的一面和以前所说的"严打"是存在一种传承关系的,应当把"严打"中的一些积极因素吸纳到宽严相济的刑事政策中,因此,宽严相济的刑事政策是我国的一项基本的刑事政策,既对轻罪适用,同时对重罪也适用。只有这样,才能正确理解宽严相济的刑事政策与"严打"之间的关系。

第二个命题:宽严相济的刑事政策是刑事立法政策和刑事司法政策的统一。也就是说,宽严相济的刑事政策既是刑事立法政策,又是刑事司法政策。在这一点上,本来是不应该存在分歧的,因为任何一个国家的刑事政策都应该既是刑事立法政策又是刑事司法政策。刑事政策首先应当体现在法律上,而这又需要立法来实现。所以,刑法是刑事政策的法律化和条文化。目前之所以存在一些不同的意见,主要是因为在中央的一些文件、"两高"的报告以及领导的讲话中,存在宽严相济的刑事司法政策这一提法。因此,有的学者就认为,宽严相济的刑事政策是一个刑事司法政策,而不是刑事立法政策。我认为,这样的认识显然是错误的。

任何一项刑事政策首先应当是一项刑事立法政策,它的政策精神应当首先体现在刑法中。只有这样,它才能为司法机关提供法律依据。任何一项刑事政策既不可能只是一种刑事立法政策而不是刑事司法政策,也不可能只是一种刑事司法政策而不是刑事立法政策,它必须同时是刑事立法政策和刑事司法政策。对于宽严相济的刑事政策来说,也是如此。

我们现在的刑法主要体现的是"严打"的政策精神,因为在1979年《刑法》颁布以后,我国从1983年就开始"严打"。因此,从1983年开始,我国的立法机关根据"严打"的刑事政策对我国刑法做了大量的修改。到1997年在《刑法》修订的时候,立法机关就把关于体现"严打"的政策精神的法律规定吸收到1997年《刑法》当中,而且1997年《刑法》修改的背景就是第二次"严打"。按照官方的说法,我国共有三次"严打":第一次是1983年,第二次是1996年,第三次是2001年。那么,在1997年《刑法》修订的时候,它的前一年正好是第二次"严打"。在这样的背景之下,我国的刑法是越改越重。在法律不修改的情况下,将宽严相济仅仅理解为刑事司法政策,在司法过程中贯彻宽严相济的刑事政策实际上会遇到法律障碍。另外,有些法律障碍是无法克服的,必须要通过立法的程序而对刑法进行修改,才能为司法机关贯彻宽严相济的刑事政策提供法律依据。因此,在宽严相济的刑事政策确定之后,就应当根据宽严相济的刑事政策的精神对刑法进行修改。我国刑法从体现"严打"的政策精神到体现宽严相济的刑事政策精神,是一个必然的趋势。不能因为中央的一些文件、"两高"的报告以及领导的讲话中有提到司法政策,就把宽严相济的刑事政策仅仅理解为司法政策。这些报告都是在特定场合、特定语境中讲的,我们对于宽严相济的刑事政策不能受报告或是讲话的限制,而应当从法理上对其性质作出科学的说明。宽严相济的刑事政策是一项刑事立法政策,当然它也是一项刑事司法政策。在这样一项立法刑事政策确定以后,司法刑事政策必然会受到重大的影响。诸如逮捕政策、公诉政策、死刑政策、监狱政策等基本的司法制度都要根据宽严相济的刑事政策进行调整。

当然,在立法没有修改的时候,贯彻宽严相济的刑事政策,在某种情况下可能会和法律产生抵触。这里就有一个问题,即如何理解宽严相济的刑事政策和罪刑法定原则之间的关系。这是一个不可回避的问题。对于这个问题的理解,首先要建立在对罪刑法定原则理解的基础上。当然,即使正确理解了罪刑法定原则,在实际的司法过程中,仍然可能会遇到其他的问题。

比如说,宽严相济中的宽是指宽缓、宽大,能不能法外开恩?能不能给予一种超越法律的宽大处理?这些尖锐的问题都会摆在司法工作者的面前。对于法外开恩的问题,刑法理论上存在着不同意见。有的学者认为,不能法外开恩,因为法外开恩是违反罪刑法定原则的,这里强调的是宽严有据,不能超越法律依据。另一种观点认为,法外开恩并不违反罪刑法定原则,严要有据,宽可以有弹性。

我认为,对于这些问题,要持一种谨慎的态度。我还是比较倾向于宽严有据,除非法律本身规定比较模糊,预留了自由裁量的空间,司法机关在这种情况下可以根据案件的实际情况进行宽大处理。比如说,《刑法》规定死刑适用于罪行极其严重的犯罪分子,死缓适用于罪该处死但不是必须立即执行的犯罪分子。在这种法律规定本身就具有弹性的情况下,可以根据案件的实际情况进行宽大处理。严格来讲,不能认为这样的做法是法外开恩。另外,在构成犯罪的条件上,有些规定是情节严重,但是没有规定什么是情节严重。在这种情况下,虽然行为人实施了刑法规定的某个犯罪行为,但是根据案件的实际情况,司法机关认为没有达到情节严重而从轻处理,这也不能认为是在法外开恩。但是,在某些情况下,如果刑法已经作出了明确规定,就应该按照法律规定进行处理。从这一点上来说,宽和严都要受到法律规定的限制。如果司法机关认为某一规定过于严苛,就必须要通过立法进行修改,而不得私自地作出与刑法规定不同的处理。

第三个命题:宽严相济的刑事政策是刑事策略思想和刑事科学思想的统一。在宽严相济的刑事政策包含着刑事策略的思想,但不能把宽严相济的刑事政策仅仅理解为一种刑事策略,必须要看到宽严相济的刑事政策背后的刑事科学思想,这主要表现在刑罚的人道主义、刑罚的谦抑性原则等。只有深刻地理解了这些,才能真正掌握宽严相济的刑事政策的基本思想。对我们正确理解宽严相济的刑事政策的基本精神而言,这一点是非常重要的。

二、为什么要实行宽严相济的刑事政策

我国的刑事政策有一个演变的过程。在 1979 年《刑法》制定之前,从 1949 年新中国成立到 1979 年第一部《刑法》的颁布,将近三十年里我国处于没有刑法的状态。虽然没有刑法,但我国的刑事司法活动一直在进行。当时的刑事司法活动主要根据刑事政策,惩办和宽大相结合的刑事政策在当时的刑事司法活动中发挥了重要的作用。因此,1979 年《刑法》第 1 条明确规定惩办与宽大相结合的刑事政策作为刑法制定的根据。可以说,从 1949 年到 1979 年我国用惩办和宽大相结合的刑事政策来统领刑事司法活动。

但从 1983 年起,我国开始进行"严打"。"严打"是在特定的历史条件下的产物,我国那时处在社会转型的初期,在这个时期出现一些治安问题,主要是严重破坏社会治安的犯罪造成了极为恶劣的社会影响。在这种情况下,中央决定在全国范围内开展"严打"。与其后的两次"严打"相比,第一次"严打"的影响最广泛,持续的时间最长,"严打"的效果相对来说也较好。应该说,"严打"对于维护社会稳定发挥了积极的作用。因此,"严打"在当时历史条件下具有正当性和合理性,这是不可否认的。

但是,我们也应当看到,"严打"自身也有不可克服的局限性。因为"严打"是一种军事斗争式的方法,这种方法和司法活动规律是相违背的,因此,"严打"只能收到一时的效果而不是长治久安之道。在"严打"初期,当时中央有关部门提出的"严打"目标是通过"严打"使社会

治安根本好转,但这种目的是不可能达到的。因此,在第二次"严打"时,中央有关部门提出了一个经过修正的目标,通过"严打"争取社会治安重大好转。但这一目标的实现也有困难。因为"严打"只是一种治标的方法,不能从根本上解决犯罪问题。因此,它只能取得一时的镇压犯罪的效果,而不能解决产生犯罪的社会矛盾。可以说,"严打"的作用是有限的。并且,随着我国民主与法治的进一步加强,公民的人权意识和法治观念都提高了。在这种情况下,"严打"和人权保障、法治建设之间的紧张关系也进一步凸显出来。"严打"刑事政策的局限性也越来越明显。因此,中央提出了宽严相济的刑事政策,对刑事政策作出调整是十分必要与非常及时的。

从"严打"到宽严相济,从刑事政策的发展过程来讲是一个非常重要的调整,它对我国的刑事立法活动和刑事司法活动必将产生重大的影响。那么,我国在刑事政策上为什么会做出这种调整?宽严相济的刑事政策为什么在当前应当作为我国的一项基本刑事政策?追问这个问题对于正确理解宽严相济刑事政策的理论依据具有重大意义。

我认为,在当前实行宽严相济的刑事政策,主要有以下三个根据:

第一,实行宽严相济的刑事政策,是基于建构和谐社会的政治理念,这是实行宽严相济的刑事政策的政治根据。

我们都知道,过去长期以来我国在政治意识形态中强调的是阶级斗争以及专政,这是一种建立在斗争基础之上的政治理念,是斗争哲学。斗争哲学强调矛盾的对立,并激化矛盾。这种斗争哲学贯彻到社会生活的各个方面,包括刑事活动在内,把打击犯罪看作一种阶级斗争的手段,一种专政的手段。这种建立在斗争哲学和阶级斗争理念之上的刑事政策,现在看来存在着重大的局限性,它具有破坏性且缺乏建设性。

如果说在夺取政权的时候,可以按照这种政治理论来指导革命运动;但在社会建设中如果仍坚持斗争哲学,它就必然会成为社会建设的重大障碍。在新中国成立后长期讲阶级斗争,给我国的经济建设造成了严重后果。1979年以后,我们逐渐重建民主与法治,逐渐摆脱了以阶级斗争为纲的政治意识形态。一直到最近这些年来,中央领导提出建构和谐社会这一治理理念。我认为,这时社会的治理理念才根本地转变过来。建构和谐社会的提出,表明我国建设理论的形成。

过去把犯罪看成敌对势力的破坏行为,因此,把和犯罪作斗争看作和敌人作斗争,把刑法看作专政工具,这一政治话语与意识形态在刑法中占据主导地位。但建构和谐社会理念被提出后,笼罩在刑法头上的专政工具的乌云就逐渐消散了。

我认为,这里的"和谐社会"不是指一个没有矛盾、没有纠纷、没有违法、没有犯罪的社会,而是说在一个社会里,矛盾、纠纷可以得到有效化解,违法、犯罪可以得到有效惩治。和谐社会不仅是我们的建设目标,也是我们在建设过程中应当坚持的理念。在这种情况下,我们需要对刑法的功能进行重新定位,应该如何来定义刑法在构建和谐社会中的功能,是值得思考的。

长期以来,我们在社会生活中强调的是权力的作用,是一种人为的秩序。现在我国正在进行经济改革,用市场经济来取代计划经济。前后两者之间最根本的区别在于,经济秩序的形成在计划经济下是人为的、是强制的,而在市场经济下则是自发的。

奥地利著名的经济学家哈耶克提出了自发的经济秩序。哈耶克是计划经济的坚定反对者,他对计划经济的抨击可谓一针见血。哈耶克认为,计划经济完全不能满足人对物质的需求,计划经济的背后存在人的绝对性和有效性的问题,而人的有效性建立在人的理性的绝对性基础之上。但是,人的理性恰恰不是绝对的,它是有限的。只有利用市场经济自发形成的秩序来进行资源的配置,才能最大限度满足社会的物质需求。

因此,国家要做的事情不是建构某种经济秩序而是维护市场自发形成的经济秩序,并使它健康发展。在计划经济下,国家无所不为,是一个权力的利维坦;在市场经济下,国家只要做一些辅助性的工作就可以了。过去在计划经济下国家绝对排斥自发的经济秩序,但这种自发的经济秩序是符合人性的,法律应该予以保护,国家应当顺应这种自发的经济秩序。因为这是一种经济规律,我们要顺应它而不应该抗拒它。

在社会生活中,同样存在自发的社会秩序。我们在社会治理中应当充分利用自发的社会秩序,而不应该人为地另外建构一套社会秩序,这是做不到的,也是不可行的。和谐社会的基础就是自发的秩序,社会处在自发秩序之中,法律应当保障社会的健康发展。刑法的保障范围及其强制性也发生了很大的改变,刑法对于社会生活和经济生活的干预范围和程度都会有限制。只有这样,刑法才有可能逐渐轻缓,而不是作为专政工具深度地介入社会生活和经济生活。因此,只有在建构和谐社会的背景下,人们才能提出宽严相济的刑事政策,尤其是为刑法的宽缓化提供某种可能性。

第二,实行宽严相济的刑事政策,是基于对转型时期犯罪规律的科学认识。

在任何一个社会中都存在着犯罪,因为它是社会生活的一个组成部分,在一个社会里要想消灭犯罪是不可能的,注定是乌托邦式的幻想。对犯罪的认识,我们过去也曾犯过错误,比如我们曾经把犯罪看作资本主义私有制社会中的特有现象,把私有制看作犯罪的总根源。所以我们曾经幻想,消灭私有制后在社会主义社会中就不再存在犯罪。在社会主义社会的初期,由于还存在着旧社会的痕迹,因此,还会存在犯罪。正如有的学者所称,资本主义社会中的犯罪是源发性的犯罪,因为它存在着犯罪的总根源。社会主义社会中的犯罪是流发性犯罪,是不存在根源的。随着旧社会的痕迹被逐渐清除,社会主义社会最终将消灭犯罪。

犯罪和一个社会实行公有制还是实行私有制并没有必然的联系,私有制社会有私有制社会的犯罪,公有制社会有公有制社会的犯罪,不能认为社会主义社会在消灭私有制后就不再存在犯罪。犯罪是与一定的政治形态和经济形态相联系的,社会形态的变化当然会带来犯罪现象的变化,所以任何一个社会的犯罪都会打上社会形态的烙印。我国当前正处于社会转型时期,在这个时期中,犯罪的发生有其特殊的规律,我们对此应当有一个科学的认识。这里所谓社会转型是一个社会现代化的过程,现代化是指从建立在农业基础之上的封闭性的传统社会向建立在工业化基础之上的现代社会的转变。犯罪学研究成果表明,社会转型时期是一个犯罪高发时期。在这个时期,各种社会矛盾突出尖锐,必然会导致犯罪的高发。只有完成社会转型,社会秩序才会逐渐稳定,社会结构也才会逐渐定型。我们将社会治理能力提高到一个较高的水平,就能将犯罪控制在一个较低的水平。

社会转型时期是一个较为危险的时期,这里的转型主要是指社会结构的转变,它主要是由经济结构所决定的。社会学家专门对社会结构做了研究,认为社会结构是由社会分层决定的。根据这个研究成果,正常的社会呈现出一种金字塔型的结构。在这个金字塔的底部是收入较低的人群,占较大的比例。在这个金字塔的顶部是收入较高的人群,在社会人群中所占的比重较小。在这个金字塔的中间是中等收入者,它占的比例越大,则底部越小,社会发达程度就越高。因此,这种金字塔型的社会是比较稳定的社会。

根据有关社会学家的研究,我国现在的社会是一个倒金字塔型的社会,它与金字塔型的社会之间的最大差别在于缺少中等收入阶层。

因此,这种社会的根本缺陷是贫富悬殊,虽然顶端的高收入人群少,但他们所占有的社会财富的比重非常之大。根据有关研究,从这个倒金字塔型的社会结构转变为金字塔型的社会结构,所需要的时间是70年。如果经济发展比较迅速,则至少需要40年的时间。这样的数字是通过实证资料计算出来的,因为我国前后相隔14年进行了两次全国性的人口普查,通过人口普查的资料得出了这个结论。40年到70年就是我国社会转型所需要的时间。在这样一个时期,我们面临着一个犯罪高潮。由于它的社会特点,社会中的犯罪也有其自身的特点。

现在人口的流动在加速,有些来自边远贫困地区的人员在他们所在的农村仅可以维持一般的生活。但是,随着打工潮的兴起,这些人离开了农村来到了城里,他们看到城市的繁华跟他们所在的农村的贫穷落后之间形成鲜明的对照。在这种情况下,他们中的少数人就会对社会产生仇视,心理会发生扭曲,他们的世界观会发生重大的改变。

在北京中关村街头曾发生一起小贩杀死城管副队长的案子,这个案子在媒体曝光之后引起了社会各界的广泛注意。在这个案件中,被告人叫崔英杰,曾经当过兵,退伍后在北京当保安。由于保安都是在晚上值班,白天就有大量的空闲时间,崔英杰就想利用这段时间来挣点钱。后来,他买了辆三轮车摆了个小摊卖烧烤。当然,他的行为是违法的,既没有去工商登记,也没有交税,还妨碍交通和污染环境。这种行为是要被城管查处的。虽然崔英杰偷偷摸摸地干,但是前后还是有两次被城管逮到,并被没收了烧烤工具,因此,他暂时歇业了。之后,崔英杰的父亲要到北京来看他,他就想挣点钱给父亲带回去。因此,崔英杰又萌生了重操旧业的念头。他又跟别人借了钱买了三轮车和工具准备再摆摊。但崔英杰刚上摊不久,城管分队的副队长李志强就带人来查抄,正好把他现场抓获,当然也要没收他的烧烤工具。这时崔英杰就求情,说三轮车是刚买的能不能还给他,其他的东西可以没收。但是,城管分队严格执法,而且称崔英杰多次被查处,属于屡教不改,因此双方发生争执。在争执过程中,崔英杰突然从衣服中掏出尖刀刺向李志强,正好刺中李志强的胸部。李志强经送医院抢救,不治身亡。

这样一起案件,从传统的角度来看,是无照小贩在街头公然杀死执法人员,属于暴力抗法,性质非常严重。但是,这起案件却引起了市民对崔英杰的同情。虽然李志强是一个严格执法的执法人员,在执法过程中也没有过错,而崔英杰犯了严重的罪行,但是,市民仍然对崔英杰表示同情。这个案件经过北京市第一中级人民法院的一审和高级人民法院的二审,最终对崔英杰判处死缓。这个判决受到了广大市民的普遍认同,对于这起恶性案件在过去一定会处以死刑,而现在则可以不杀,广大市民也表示赞同。

这个案例能够说明,当前在社会转型时期各种矛盾的突出激化导致了恶性案件的发生,以及对待这些恶性案件不能像过去那样简单地处以重刑。重要的是,发现恶性案件产生的条件和土壤,从而消灭这些条件来避免恶性案件的产生,这些才是我们所要做的工作。

近些年来,随着经济的快速发展,城市化越来越快。在城市化初期,城市是比较混乱的。当城市化发展到一定程度,市民对城市的市容市貌的要求就越来越高,因此,各个城市都有专门的城管队伍来对城市进行统一管理。对于城市管理,这是无可非议的,但是城市管理是否只满足生活在这个城市当中有钱人的利益和要求,以及如何对待那些在城市角落谋生的小商小贩,是一个在城市管理上的思路问题。显然,这些年来,我们在城市管理的思路上出现了某种偏差。城市管理与小商小贩的生存之间产生了激烈的冲突,城市管理甚至以剥夺小商小贩的生存权作为市容市貌管理的代价,这使得小商小贩陷入一种丧失生存权的境地,这是一个非常危险的状况。所以,城市的管理者和小商小贩之间的矛盾非常尖锐。近郊的农民在瓜熟的时期采摘瓜果到城市叫卖,在过去是非常正常的。可以说,这是他们的习惯权利、自然权利,但在现在的城市里面,这种自然权利被剥夺,城市管理者不让农民进城、不让马车进城,农民进城卖菜要东藏西躲。即使在这个城市里面有再多的工厂、企业,但还是有很多人仍然要靠做小商小贩才能生存。

当然,崔英杰应当对杀人承担责任,但是社会也有责任。我们的城市管理部门难道不应该反思自己的管理思路吗?城市如何对待小商小贩,体现了城市的文明程度和管理水平,而我们现在的城市对小商小贩进行驱赶、清剿的这种赶尽杀绝的做法恰恰体现了城市的傲慢。现在有越来越多的城市管理者看到这个问题的严重性。前段时间有媒体报道新疆乌鲁木齐的城市管理者颁布了一项政策,为小商小贩提供专门的交易场所,让他们在赚钱的同时也满足了社会需求,可谓一举两得。城市的市容市貌当然重要,但与小商小贩的生存相比,后者更为重要。我认为,市容市貌不能建立在剥夺小商小贩的生存空间上,城市要给小商小贩的生存留下空间。因此,崔英杰的案件就反映了这个矛盾。媒体对这个案件做了广泛的报导,其中法制日报有个记者在这个案件处理完了以后专门写了一篇深入的报道,它的题目是《北京小贩捅死城管案解密:死缓判决受普遍认可》。在这篇报道的开头,这个记者写了一段非常感人的话:沸沸扬扬的"小贩杀城管"案告一段落。但我们多么希望看到这样的场景——在很多年后的某一天,小贩崔英杰和城管副队长李志强在天堂里相遇,那是一片和谐乐土。车水马龙的中关村留给崔英杰这样的小商贩一块小小的热闹场地,城管副队长李志强不时帮助崔英杰维持秩序,而崔英杰快乐地拿出热乎乎的烤肠招待城管哥哥李志强。在那里,李志强和崔英杰成了最要好的朋友。在天堂的一个三轮车支起的烤肠小摊上,他们正在一起喝着小酒……那是多么和谐的一个场面啊,那时候,再也没有人把李志强当作"猫"了,崔英杰也不会把自己当作时刻逃跑的"老鼠"。记者的这段话富有想象色彩,但是,这确实值得我们思考。

从我们刚才所讲的情况来看,对于社会转型时期的犯罪原因,要重新进行思考;对刑事政策应当进行反思;对犯罪人不能简单从严打击,而应当仔细分析他们为什么会犯罪,从而消除犯罪产生的原因。对这些犯罪人能够宽缓处理的,一定不要赶尽杀绝,因为这些人本身就是社会成员中的一部分,而且是生活在社会底层的弱势群体。实际上,一个社会文明发展的主要标志就在于社会和法律如何对待犯罪人。对待犯罪人的态度,才是检验一个社会文明发展程度的最终标志。对于犯罪人,我们不能简单地在道德上谴责、痛恨、厌恶、排斥、打击、严惩,而要看到这些犯罪人的生存状态,了解他们干了什么以及他们为什么会这么干,并正确地对待他们。

第三,实行宽严相济刑事政策,是基于对刑法功能的科学认识。

过去我们用阶级斗争的观点来看待一切,因此把刑法当成专政工具,这就让刑法的功能政治化、意识形态化,由此也带来对刑法功能的错误界定。我认为,人们应当把刑法的功能还原成社会治理的手段,应当把刑法放到社会治理手段体系中去考虑。只有这样,才能正确地科学地认识刑法的功能。实际上,刑法只是一种社会治理手段,而且是代价最为昂贵、最后才使用的手段。在某种意义上,刑法是社会治理不善的一种补偿。一个国家的刑罚轻重和社会的治理能力有着直接关联。也就是说,社会治理能力越强,社会就可以减少对刑法的依赖,刑罚就可以较为轻缓;如果社会治理能力越弱,社会对刑法的依赖就越强,刑法就越严、刑罚就越重。因此,刑罚轻重是社会治理能力高低的标志。只有当社会的治理能力较强时,刑罚才有可能比较宽缓。也就是说,刑罚是社会治理的一种代价和成本,刑罚越重就说明社会的治理能力越差,治理成本越高。刑罚越轻则说明社会的治理能力越强,治理成本越小。从这样的角度来看待刑罚,就不会再认为刑罚越重越好。我们过去把刑法惩治看作和敌人作斗争,敌人消灭得越多越好,所以死刑的合理性在一定的政治话语中得到承认。但如果我们把刑罚看作社会治理的代价和成本,而不是跟敌人作斗争,在这种情况下,还能说杀人越多越好吗?杀的都是自己的人而不是敌人,因此,我们不能认为杀人越多越好。

从社会治理的角度来重新考察刑法的功能,我们就会有很多新的感悟。在古代,社会治理能力较差,刑法是治理社会的主要手段,解决各种矛盾和冲突都用刑法,所以刑罚必然重。现代社会刑法之所以轻,是因为社会治理能力不断提高,对刑法的依赖减少,可以在一定程度上摆脱刑法,因此刑罚必然轻。这是历史事实已经证明的规律,也是科学的规律。

在古代社会里,政治的问题、政权的问题主要靠刑法来解决,因为古代社会是专制的社会,是个别人、少数人对大多数人的统治,这种统治的合法性是得不到确认的,缺乏正当性,因此,它就要靠刑法来维持这种统治。所以,在古代专制制度下,将篡夺国家政权的行为规定为最严重的犯罪,并给予最严厉的刑罚。在这里,刑法作为政治斗争工具的性质体现得极为明显。威胁国家政权的行为受到最严厉的惩罚,可以说是古代刑法的共同特点。

但在现代社会,从过去的专制到现在的民主,社会性质发生了根本的变化。民主是通过选举来确定由谁行使国家的权力。在这种情况下,国家权力是通过选举的方式来获得的。在民主社会里,这种政治的反对派或是反对党的存在是合法的,他们可以合法地对政府进行监督。因此,刑法就从政治当中退出来,刑法当然也就会轻缓化。

在古代社会里,宗教信仰问题也依靠刑法来解决,曾经发生过国家用残酷的手段来镇压异教徒的历史悲剧。但在现代社会,政教分离,宗教问题成为个人的信仰自由问题。一个人有信教自由也有不信教自由,有信这个教的自由也有信那个教的自由,这方面是完全自由的。因此,刑法不再是推行宗教信仰的手段。

在古代社会,伦理道德也靠刑法来维持,特别是在古代中国,它所推行的是一种伦理法,所以有所谓的"出于礼而入于刑"。如果行为违反了伦理,也就意味着触犯了刑法,违反礼教的行为就是犯罪。但是,在现代社会,道德与法律是绝对分开的,道德只调整人的精神以及内心世界,法律才调整人的外部关系。正如马克思所说:法律只能约束我的行为,至于我心里如何想的,法律管不着。道德问题只能通过感化、挽救、自省这些方法而不能通过刑法来解决。这样的话,刑法当然就会轻缓化。

现代社会的刑法主要是用来解决社会治安问题以及一部分经济秩序问题。但是,就经济秩序而言,随着市场经济秩序的形成,法律主要对市场经济秩序起着维护作用而不是推行作用。刑法的资源是有限的,在市场经济秩序已经形成的前提下,刑法只需要维护它,使之健康发展就可以了,而不是去制定秩序。在市场经济条件下,经济秩序的法律化主要靠经济法来维护,刑法的介入程度是比较轻的;更不能随意对经济犯罪判重刑、判死刑,这在一个市场经济健康发展的社会是难以想象的。

另外,在维护社会治安的问题上,随着社会治安的管理手段越来越科学,犯罪也会渐渐地得到有效控制,因此,刑法也就越来越轻缓。所以,犯罪问题归根到底还是管理问题。管理方法健全,管理手段跟上去,就可以大幅度减少犯罪,就为刑法轻缓化创造了条件。

综上所言,可以得知,刑法的轻重是社会治理能力高低的表现和标尺。在我国,刑法之所以还较重,主要是因为我国的社会治理能力还较低,在社会治理上不得不依靠刑法。因此,我国的刑法之重确实有它的客观原因,在短时间内还不可能立马解决。这样一个客观原因,恰恰证明我国的社会治理能力有待提高,而不是本着"存在即合理"地认为我国的刑法目前比较重就表示我国的刑法目前应该重,毋宁说,我国现在做不到轻刑,做不到少杀人。我们不光要看到它具有合理的一面,也要看到它具有不合理的一面,要努力加强我国的社会治理手段。

从以上三点的认识可以看出,我国当前正处在社会的转型时期,应当实行宽严相济的刑事政策,对于应当重罚的行为就要重罚,绝不手软。但是,对于应当采取较轻的处罚的,就采取宽缓的处罚。这也就是所谓的"轻轻重重"——该轻就轻,该重就重。只有这样,才能使刑法在建构和谐社会过程中发挥它的作用。

三、如何实现宽严相济的刑事政策

宽严相济既是一个刑事立法政策,又是一个刑事司法政策。因此,宽严相济的刑事政策的实现涉及刑事立法与刑事司法的各个方面,它对刑事法治建设的影响是非常深远的。对此,我们必须要有一个深入的认识。关于宽严相济刑事政策的实现,我在这里只讲一个问题,就是刑法结构调整的问题。我认为,这是实行宽严相济的刑事政策首先需要解决的问题。从1979年《刑法》到1997年《刑法》之间,由于根据"严打"的刑事政策对刑法作了多次修改,我国的刑罚变得越来越重。我国现在的刑罚体系当中存在着一个结构性的缺陷,也就是死刑过重生刑过轻,一生一死差距过于悬殊。所以在实行宽严相济的刑事政策时,首先要对刑罚进行结构性调整,克服刑罚的结构性缺陷,捋顺刑法内部关系。

首先,我们先来看一下死刑过重。这主要体现在以下两方面:一方面是立法上死刑罪名过多,另一方面是司法上死刑执行过多。现在我国《刑法》中有68个死刑罪名,而我国的罪名总数在500个左右,死刑罪名占到了1/7左右。也就是说,七个罪名中就有一个是可以判死刑的罪名。死刑罪名在整个罪名当中所占的比重过大,是十分明显的。我国在1979年《刑法》中只规定了27个死刑罪名,到1997年增加到了68个,在不到17年的时间内增加了41个死刑罪名,说明死刑罪名增加速度过快。

相较于其他国家,我国的死刑罪名过多,也是较为明显的。因为现在国际上已经掀起了废除死刑、减少死刑的高潮。联合国过去两度通过决议,要求成员国废除死刑。最近联合国第三次通过决议,要求成员国废除死刑。这个决议受到了中国、美国等大国的反对。但是,废除死刑决议的通过表明了现在世界上存在这种趋势。根据大赦国际2001年的统计数据,在194个国家中有123个国家已经废除了死刑。这些国家废除死刑有两个模式:一种是在法律上废除死刑,另一种是在事实上废除死刑。在法律上废除死刑,是指在法律上取消死刑,不再有死刑的罪名;在事实上废除死刑,是指虽然法律上仍然保留死刑罪名,但在司法上不执行死刑。这两类国家加起来有123个。这是根据国家的数量来统计的。但是,国家有大有小,因此,我们不能仅看国家数量,也要看国家人口的数量。从保留死刑国家的人口数量来说,数值还是挺大的,美国、印度、中国和俄罗斯等国家都还保留死刑。如果从人口的比例来看,保留死刑的国家占到了70%左右,废除死刑的国家约占30%。所以,还要客观科学地看待这个问题。但从总体上来看,废除死刑是一个国际性的趋势。

第二个是从司法上来控制死刑的实际执行。即使是在保留死刑的国家,它实际执行死刑的数量也是受到严格控制的。在大部分国家,判决死刑和执行死刑是两个程序,死刑是由法院来判决的,而死刑是由司法行政部门而不是由法院执行。有些时候法院判了死刑,但是司法行政部门不执行死刑。死刑的判决权与执行权之间的分离在一定程度上限制了死刑的数量。

比如日本平均每年执行死刑是在 20 人左右,执行人数比较少,我以前看到材料说日本邪教组织奥姆真理教头目麻原彰晃因沙林毒气案杀死了 100 多人,到现在十几年过去了,还未执行死刑,日本最高裁判所刚判下来,但还不知道什么时候能执行。① 这个案件曾经开庭长达 257 天,当时日本媒体曾经报道,批评法院效率太低,老百姓很有意见,这么大的案子的主犯居然还杀不了。所以,有些国家走完死刑程序,平均下来要有十几年,死刑犯会被关押十几年,每个死刑犯所花的费用也比较高,美国大约在 200 万美元左右。费用高,程序复杂,即使判了,最后司法行政部门不签字,死刑还是不能执行。所以,在这些国家杀个人是很难的,花钱多,耗时长还杀不了。

再来看一下韩国,韩国在 1987 年到 1997 年执行了 101 个死刑,平均每年执行死刑才 10 个人左右。但韩国在 1997 年以后停止了死刑的执行,到今年年底已经十多年没有再执行过死刑。因此,韩国从明年开始成为废除死刑的国家。它也是东亚地区第一个在事实上废除死刑的大国。韩国在法律上还是保留死刑,甚至在前两年有人向韩国宪法法院提出诉讼,称要从法律上废除死刑,但是韩国宪法法院最后作出判决,称死刑罪名还是应当得到保留。因此,韩国要想在法律上废除死刑还很难,但是韩国已经在事实上废除死刑。韩国在近 20 年来经济和政治发展都非常快,在 1987 年时还发生过光州暴动,实施过军人镇压。但在 1988 年举行奥运会以后到现在近 20 年来经济腾飞,社

---

① 注:2018 年 7 月 6 日,日本奥姆真理教教主麻原彰晃被执行死刑。——作者注

会平稳发展,死刑执行也很少,这很了不起。韩国现在还有64个已经被判处死刑的犯人目前被关在监狱里,不知道怎么处理,这个问题还在研究当中。

美国曾在1975年前废除死刑,但在1975年以后又恢复了死刑,在2005年年底,媒体曾经报导美国执行了第1 000个人的死刑。30年来只执行了1 000个死刑,平均每年是33个,这个数字虽然不大,但是在美国的监狱里面被判死刑的人很多,有一两万人被判死刑。不过,真正执行起来比较难,每年慢慢执行几个。美国在死刑执行问题上比较缓慢。在西方大国中,美国是唯一保留死刑的国家,所以经常受到欧盟的抨击,因为欧盟废除死刑是最为彻底、最为坚决的。

印度每年被判决死刑的人只有30多个,被执行死刑的人数更少,这是我们很难想象的。印度的社会经济发展程度跟我国差不多,人口数量也跟我国差不多,印度的宗教问题、种族问题也比较严重,恐怖主义问题也比较突出。在印度经常会发生爆炸,爆炸所带来的后果也很严重。但这个国家每年才判决30多人死刑,这一点是很值得我们研究的。

俄罗斯在法律上有死刑,但实际上已经停止执行死刑,也在朝着废除死刑的方向努力。而且俄罗斯的社会治安也不好,恐怖犯罪时有发生。几年前,恐怖分子闯入小学,杀了300多个小学生。恐怖分子被抓获以后,民众要求对他们判处死刑。但是,俄罗斯政府坚决不判死刑。从中可以看出,俄罗斯在死刑问题上也在不断向前发展。

但我国不是这样的,法院判决了死刑,就必然会执行死刑,而且执行得很快,从现在看来没有一例死刑是不执行的。当然,要让死刑的数字降下来也很难,因为它的标准也很含糊。到底什么才算罪该处死呢?这个标准是很难把握的。因此,有学者说,控制死刑的数字是很难的,比较可行的办法就是定指标,比如给每个省下达每年最多的死刑指标,如果今年已经达到了指标,就不能再杀了。全国一年只能杀固定数量的人,就把这个数字按人口比例平均分到各个省,它们就会挑选性质最恶劣、最坏的人来杀。因为没有严格标准,难免说杀就杀。只有定了限额,它们才会去挑选最坏的人。这是一个限制死刑的思路。

另一限制死刑的思路是按照每年最高人民法院能够核准死刑的能力来确定死刑人数。根据最高人民法院每年最多只能复核的案件数量,控制每年的死刑人数。当然这些说法都是比较简单化的说法,真正做起来是很难的。它面对来自各方面的压力,有各种政治风险包含在里面,要考虑人大满不满意,地方政府满不满意,中央满不满意。

和"死刑过重"相对应的是"生刑过轻"。我们先来看一下死缓,死缓作为一个死刑的执行方法,它在法律上属于死刑的范畴,但是由于被判处死缓的犯罪人一般可能不再被执行死刑,所以从某种意义上讲,死缓可以归入生刑的范畴当中。在我国刑法中,根据相关减刑规定,死缓相当于14年以上24年以下有期徒刑,平均执行是18年,也就是说,被判处死缓的犯罪人的平均关押时间是18年。无期徒刑在法律上相当于12年以上22年下以下有期徒刑,平均关押时间是15年。有期徒刑最高可判处15年,但实际执行期间约10年,数罪并罚有期徒刑是20年,实际平均执行期间在13年左右。死缓的前提是罪该致死,它和死刑是同一个档次,但是由于死缓犯的平均关押时间才18年,以犯罪时平均年龄(30岁)计算,还不到50岁就可以出狱。如果行为人犯罪时的年龄是25岁,那么,他40岁出头就可以恢复正常。一个人犯有极其严重的罪行,除非执行死刑,否则,即使判处死缓,在50岁以前就能获得自由重归社会。这就是所谓的"生刑过轻"。

"生刑过轻"和"死刑过重"之间具有相关性。"生刑过轻"会导致对死刑的挤压,导致死刑的大量适用。对于严重的犯罪只判处死缓,被害人不答应,老百姓通常也不答应,而要求对其判处死刑立即执行。我国的死刑和国外相比显得很重,但是我国的生刑同外国的生刑相比则显得过轻。国外有不得假释的终生监禁,而我国被判处死缓的犯罪人有时候被关个十几年就出来了,无期徒刑更不用说了。美国也有它的"严打"政策,有一种做法叫作"三振出局",来自于橄榄球比赛的一种规则,犯过三次重罪就处以终身监禁不得假释。因此,面对我国"生刑过轻、死刑过重"这样一种刑罚结构,需要对其进行调整。调整的基本思路,我认为是限制死刑,加重生刑。

限制死刑首先是在立法上对死刑罪名进行限制,现在死刑罪名过多,共有68个。实际上,在68个死刑罪名中最常用的也就8个左右,把60个罪名砍掉,并不影响司法实践中的适用。有50个左右的死刑罪名在设立后基本没有用过,属于备而不用的类型。因此,在立法上减少死刑罪名的空间很大,但是做起来很难。我们更应该寄希望于从司法上对其限制,相比较而言,进退自如。要想少杀的话,就对死刑掌握严格一点;治安形势严峻的时候,可以多杀一点。从各国的经验来看,一般也是先从司法上减少死刑适用,逐渐停止死刑适用。等到条件具备,水到渠成,再从法律上废除死刑。因此,我国现在的主要努力方向是对死刑加以司法控制。最高人民法院收回死刑核准权后,对死刑的控制效果是比较明显的。

限制死刑的同时,也要加重生刑。加重生刑可以减少死刑中不可避免的错判。如果行为人罪大恶极,可以判处长期徒刑或终身监禁。这种思路得到大多数学者以及最高人民法院的赞同。最高人民法院正在研究,可能在将来提出《刑法》的修改建议,将暴力犯罪不得假释的规定修改为不得减刑。被判处死缓的犯罪人原则上应被终身关押,非经最高人民法院裁定核准不得假释。被判处无期徒刑的犯罪人大部分也应被关押终身,少数经裁定核准假释的,实际关押不得少于30年。除此之外,其他的举措也要配套进行,包括对轻罪实行非监禁化,扩大管制和缓刑的适用范围。现在缓刑的适用对象之一是被判处3年以下有期徒刑的罪犯,将来可以考虑扩大到被判处5年以下有期徒刑的罪犯。扩大缓刑所减少的监禁时间和加重生刑所增加的监禁时间,两者经统计后大致相当。因此,这样一个思路,我认为还是有一定可行性。也就是说,对生刑要做到重者更重、轻者更轻,实现刑事政策的轻重两极化。

刚才我所讲的刑罚结构性调整,只是对刑罚资源做了一个新分配,刑罚总的威慑力并没有降低,还是维持在一个相对较重的水平。如果将刑罚的威慑力用100分来表示,那么,我们现在的状况是80分来自于死刑,只有20分是由生刑贡献的,这是一个过度依赖死刑的刑罚结构;经过我上面所说的改革,死刑的威慑力贡献可以降低到20分,而生刑的贡献则提高到80分。这样一来,刑罚结构发生变化,但是,刑罚总的威慑力并没有降低。我们先做这种结构调整,然后随着社会治理水平的提高以及社会文明程度的提高,刑罚再逐步走向轻缓化。

因此,我认为现在首先要做的是刑罚结构的调整,然后再谈整个刑罚逐渐轻缓。刑罚的轻缓不是一蹴而就的,否则,社会也会承受不了。刑罚的轻缓必须有一个过程,其与我国的社会转型是同步的。我初步估计,至少要到50年之后,刑罚轻缓的条件才会成就。我国现在的刑罚严峻程度要远远高于世界普通水平。差不多50年之后,我国刑罚的轻缓程度大致可以达到当代文明所能接受的水平。这时,才能提出死刑废除的命题。至于真正的废除,也许还需要100年。因此,刑法改革任重而道远。但宽严相济的刑事政策的提出,至少表明我国的刑事政策在正确的道路上迈出了重要的一步。现在是道路正确了,只要大步往前走就可以了。如果人们还像过去一味"严打",那么道路可能是错误的。所以,我们现在是朝着正确的方向在努力。我觉得,道路是曲折的,但是前途是光明的。

今天的讲座到此为止,谢谢大家。

(本文整理自2009年1月在中国政法大学德恒程序法论坛的演讲稿)

专题五　转型社会的犯罪与刑罚

同学们,晚上好!

今天晚上是北京大学研究生院举办的讲座,这个讲座面向全校的研究生,所以在座的同学来自各个学科。我给大家做的是有关刑法前沿问题的讲座,主要内容是关于转型社会的犯罪与刑罚。

刑法是一个非常重要的部门法,涉及定罪和量刑问题,因此,刑法关系到对公民的生杀予夺。刑法本身是一门理论性和实践性非常强的学科,我们把专门研究刑法的理论称为刑法教义学。刑法教义学涉及很多专业的学术问题,考虑到今天来听讲座的同学中有相当一部分是非法律专业的,因此,我今天晚上将要讲的是刑法前沿问题,实际上就是刑法的热点问题,尤其是我想结合最近社会上引起广泛关注的一系列刑事案件的审理,就犯罪和刑罚中的一些重大的理论问题谈一些个人看法。

第一个问题:如何看待转型时期的犯罪现象?

刑法主要研究的是犯罪的现象。犯罪的问题是一个社会广泛关注的问题。在刚刚过去的9月份,一系列重大的热点案件引起了媒体的报道和社会公众的广泛关注,以至于有些媒体把9月称为"审判月",这里的"审判"主要是刑事审判。下面我简单罗列一下在9月份开庭审理或宣判的十三起重大案件:

第一起是9月5日,西安市中级人民法院对"表叔"杨达才受贿及巨额财产来源不明案作出了一审判决。第二起是9月10日,北京市第二中级人民法院开庭审理了原铁道部运输局局长张曙光受贿案。第三起是9月12日,广州市海珠区人民法院对"房叔"蔡彬受贿案作出了一审判决。第四起是 9 月 17 日,重庆市高级人民法院对雷政富受贿上诉案作出了二审判决。第五起是 9 月 17 日,北京市朝阳区人民法院开庭审理了首都机场爆炸案,被告人叫冀中星。第六起是 9 月 18 日,南京市江宁区人民法院开庭审理了饿死女童的被告人乐燕。乐燕有两个小女孩,她将两个没有生活自理能力的小女孩丢弃在家里面,自己离开,导致两个小孩被饿死。第七起是 9 月 22 日,济南市中级人民法院对薄熙来案作出了一审判决。第八起是 9 月 24 日,与铁道部部长刘志军案相关的丁羽心涉嫌行贿、非法经营案在北京市第二中级人民法院开庭。第九起是 9 月 24 日,"房姐"龚爱爱伪造、买卖国家证件案在陕西省靖边县人民法院开庭。第十起是 9 月 25 日,北京市大兴区韩磊摔死女童案在北京市第一中级人民法院开庭审理。第十一起是 9 月 25 日,最高人民法院核准了夏俊峰死刑,并于当日执行死刑。夏俊峰是一名商贩,在辽宁沈阳杀死两名城管队员。这个案件经过两年半的审理,最高人民法院最终核准了死刑。第十二起是 9 月 26 日,北京市海淀区人民法院对李天一轮奸案作出了一审判决。第十三起是 9 月 23 日,河北省高级人民法院对王书金故意杀人案作出了一审判决。

以上是简单的列举,这十三起案件都在媒体上被广泛报道,可以说大家都非常了解。这样集中的宣判吸引了社会公众的眼球,在某种程度上也是一种刑法的启蒙。新加坡《联合早报》的一个记者在评论中国 9 月份的审判活动的时候,说了这样一段话,我觉得是值得我们注意的。这位记者说:"无论如何,将这些案件拼凑起来,基本形成照出中国现状热点议题的一面镜子。上至中共政治局委员及其关系圈的权钱交易往来,下至底层摊贩杀死城管的悲情暴戾行为,中国社会的公与不公、罪与罚、法治与人情之间的各种灰色地带,通过一个个案件具体走进公众视野,并引发舆论深刻的思考,转型中的中国社会到底怎么了?"应该说,这些案件都反映了我国当前社会的实际状况,这些案件所折射的是我国当前社会的矛盾,反映了我国转型时期的犯罪的特殊现象。我们需要从这些案件的背后来观察这种现象,并对其成因进行分析。

任何一个社会都存在犯罪现象。可以说,犯罪现象是社会生活的一部分。过去曾经有一个口号叫作"消灭犯罪"。事实上,犯罪是不可能被消灭的,它是和社会生活紧密地联系在一起的。犯罪是一种个体的行为,但是,除了个人的原因以外,犯罪和社会的结构、制度、形态也是紧密相连的。意大利著名的犯罪学家菲利曾经提出过"犯罪饱和法则",这里的"饱和"指的是在任何一个社会中,由于个体因素和社会因素互相作用,犯罪会达到一种饱和的程度。"犯罪饱和法则"就像化学中对水的分析,水分子是由一个氧原子和两个氢原子构成的,一定量的氧原子和一定量的氢原子结合,就会产生一定量的水。犯罪对于一个社会来说也是如此。一定的个体条件和社会条件互相作用,必然会产生一定量的犯罪。在菲利看来,犯罪是一种恒定的现象,它会保持一定的数量水平。从某种意义上来说,犯罪是社会生活中存在的一个客观现象,犯罪的存在有它的客观性和必然性,同时也有它的规律性,这一点已经为犯罪学所证明。但是,相较于成熟社会中所发生的犯罪,在我国当前的社会转型时期所发生的犯罪又具有不同的特点。我们不能满足于从犯罪发生的一般规律上去认识我国当前的犯罪现象,而是要结合我国正处于社会转型时期这一特殊背景去理解我国当前社会中所存在的犯罪现象。下面我将从三个方面来对我国转型时期的犯罪现象进行分析:

第一,犯罪与社会结构具有某种关联性。

我们所讲的社会转型实际上是一种社会结构的调整和转变,而犯罪现象在很大程度上会受到社会结构的影响。在我国社会中,尤其是在社会底层,还有相当一部分人没有解决温饱问题。这些人主要来自偏远的农村,到城市打工,但是又缺乏谋生的手段,而这个社会也不能为他们提供一个正常的工作,使他们能够合法地获得收入,满足自己最基本的生活。在这种情况下,他们中的一部分人就会采取犯罪的手段来维持生活。这是在社会转型时期发生在社会底层的人的犯罪。这些人的犯罪主要是围绕着生存展开,主要表现为财产犯罪的形态,例如盗窃、抢劫等,这些犯罪所占的比重是相当大的。

与此同时,在我国社会上层中存在的是经济犯罪,比如金融犯罪、公司犯罪等较高级形态的犯罪。这些犯罪对于社会经济的正常发展起到了破坏作用。由此可见,在社会结构中有一定的分层,有底层、中层以及上层,犯罪分布于社会的各个层次。在不同层次的人犯罪的类型是不一样的。总体来看,当前生活在社会底层的人犯罪的数量所占的比重是相当大的。对这些人犯罪的现象,我们应当予以充分的关注,因为这些人本来就是社会中的弱势群体,他们犯罪当然有其主观的原因,在触犯刑律的情况下,应当受到法律制裁。但是,我们也必须看到,社会要对他们的犯罪承担相当一部分的责任。

社会生活中实际上存在着一种自发的秩序。奥地利著名的经济学家哈耶克曾经在研究市场经济的时候,提出了"自发的经济秩序"的概念。他认为,在市场经济中存在着一种自发的经济秩序,这种秩序具有自我修复的机能。实际上,不仅在经济生活中存在着自发的经济秩序,在社会生活中也存在着自发的社会秩序。这种自发的社会秩序,就是在人与人的交往中自然形成的一些社会规则。这些社会规则对于人的行为起到了调整的作用,对人的行为的影响可能要比具有国家强制性的法律的影响还要大。所以,一定的社会结构是由这种自发的秩序来塑造的,这些自发的秩序是社会存在的基础。法律只是要去维护这种自发的秩序,而不可能离开这些秩序来建立起一套人工的秩序。这种自发秩序的形成，是具有历史延续性的，是具有惯性的。中国在过去长达几千年的社会生活中，形成了一套自发的秩序。但是，在过去相当长的时间里，我们对这种自发的秩序，以革命的名义进行了某种程度的破坏。于是，我国社会中长期以来形成的这一套自发秩序已经被破坏掉了。在这种情况下，在我国社会生活中，这种自发的秩序或者社会规则对人的行为的约束力下降了，因此，就导致了各种犯罪的产生。事实上，犯罪是一种越轨行为，是违反一定的社会规则和法律规则的行为。当一个社会的自发的秩序非常完整，社会规则对人的行为起到约束作用时，犯罪就会比较少；但是，当一个社会的自发秩序生长机制遭到破坏，犯罪现象就会比较多。

以上是我从社会结构的角度，对我国当前转型时期的犯罪现象所做的一些说明，有助于我们更加深刻地了解当前犯罪的原因。

第二，社会管理体制和犯罪之间具有某种关联性。

任何社会都不完全是一个自发的社会，一个社会必须要有管理，而管理是由政府来承担的。这种社会管理的体制和犯罪是具有某种关联性的。比如，当前社会中存在着城管与小商小贩之间尖锐的矛盾和冲突。一方面，发生了小商小贩暴力抗法杀死城管队员的案件，前面提到的发生在辽宁沈阳的夏俊峰案就是一个典型；另一方面，又发生了城管队员暴力执法打死打伤小商小贩的案件。所以，城管和商贩之间就发展成了一种"你死我活"的矛盾。我认为，这个问题与我们的城市管理思路是有着密切联系的。随着经济和社会的发展，人们对于城市的居住环境要求越来越高，尤其是一些比较有钱的人，他们对交通秩序、卫生、环境等有着更高的要求，甚至对市容市貌都有很高的要求。城管主要是对城市进行日常的管理，但是，城管这种管理体制和遍布在城市各个角落的小商小贩的生存权之间发生了深刻的冲突。因为在城市中不仅有富人，同时还存在着大量的小商小贩，这些小商小贩是城市的下岗工人或者外来务工人员。他们可能已经有一份工作,但是收入比较微薄,为了补贴家用,往往在晚上或者休息日到马路上摆一个摊,获取一些额外的收入。但是这些商贩的经商行为,在客观上是对市容市貌的一种破坏,因此成为城管治理的对象,两者之间就发生了激烈的冲突。

前两年发生的小商贩杀死城管队员的案件,就是非常典型的例子。被告人名叫崔英杰,是来自山东农村的一个退伍军人,在北京找到了一份晚上值班的保安工作。由于保安工作收入非常少,而白天有比较多的休息时间,崔英杰就想利用白天休息的时间到街头摆一个摊,获取一份额外的收入。于是他去买了一辆三轮车和一些烧烤的工具,在中关村街头卖烤肠,但是,烧烤摊从多个方面来说都是违法的。崔英杰曾经被城管抓到过,并被没收烧烤工具,之后的一段时间他没有继续干。这一次,他的父亲要到北京看他,他就想挣一点钱,给他父亲带回去。于是,他跟别人借了钱,置办了一辆三轮车,又开始卖烧烤。烧烤摊刚摆出来不久,崔英杰又遇到了城管执法,被城管抓住了。城管说他是屡教不改,因此要没收他的烧烤工具。崔英杰就跟城管队员说,其他的东西你可以拿走,三轮车是他刚刚跟别人借钱买的,是新的,希望可以留给他。但是,城管队员坚决要没收他的烧烤工具。在这种情况下,双方发生了争执。在争执过程中,崔英杰从口袋里掏出随身携带的尖刀,向城管队员刺过去,刺中了一个叫李志强的城管中队的副队长。李志强被刺以后送到医院没有抢救过来,死亡了。

这样一起案件,按照过去的理解,应该说是暴力抗法,性质非常严重,死者李志强很快就被认定为革命烈士,因为他是因公殉职。但是,案件在媒体上披露后,社会公众却对被告人崔英杰给予了广泛的同情。案件经过北京市第一中级人民法院的一审和高级人民法院的二审,最终以故意杀人罪判处崔英杰死刑,缓期两年执行,这个判决结果也获得了社会的普遍认同。事实上,在崔英杰杀死城管队员这起犯罪案件中,并不仅仅是个人之间的矛盾和冲突。崔英杰和死者李志强素不相识,也无冤无仇。之所以发生这样一起案件,主要是因为城管和商贩之间的矛盾激发。在城市管理中,我们的工作思路在很大程度上没有顾及这些小商贩的生存权。在这样的管理体制下,商贩和城管之间的矛盾冲突就是不可避免的,在某些特定的或偶然的情况下,就会转化为犯罪案件。这样的犯罪现象应当引起我们对当前城市管理体制的思考:一个城市到底应该如何对待商贩?如何在保持市容市貌和商贩正当经营之间取得某种平衡,从而避免城管和商贩之间的矛盾激发?我想,这是值得我们思考的,不是简单地判处被告人死刑就能解决的。

在这里我还要谈一下贪腐的问题。国家公务员贪污贿赂犯罪,也就是所谓的腐败犯罪,可以说是很严重的。这种腐败说明我们的权力行使方式存在着重大缺陷,官员的权力缺乏应有的制约和监督,因此,他们才可能滥用权力进行权钱交易,以权谋私。前一段时间,媒体披露一些地方的基层官员之间送礼的现象,几乎达到了令人难以置信的程度。安徽一个比较贫穷的县,叫萧县,该县县委书记在任职的六七年间所收受的礼金达到了2 000多万元,其中交给单位用于公共支出的有1 800多万元,还有200多万元没有交也没有退。此外,他给送钱人退回去了1 300多万元。送礼的人几乎遍布了这个县的各个层级的官员,甚至副县长、公安局局长、法院院长都曾给他送礼。这种送礼的风气已经不是个人靠道德能完全抵抗的。事实上,送礼的并不仅仅是一个人,下面那些人都是公务人员,在贫穷地区工资收入是很微薄的,他们哪有这么多钱送给这些县委书记呢?他们的钱又是下面更低层的人送的。这种贪腐现象的存在,表明我们的管理体制出现了很大的问题。越是有权力、有资源的部门,它的管理人员越容易贪腐,所以,国家把钱撒到什么地方,什么地方就有贪腐。前几年,河南省四任交通厅长相继被抓并被判刑,就是因为当时我国在公路交通上投入了很多钱,管理高速公路建设的交通厅就出现了大量的腐败。所以,对于贪腐的犯罪现象,我们必须从管理体制、执政方式上去寻找原因。只有这样,才能彻底解决贪腐问题。对于那些受贿贪污数额巨大的犯罪分子,即使判再重的刑,如果不能从根源上解决贪腐的问题,也不可能遏制这种犯罪。

第三,犯罪与社会心理之间也具有某种关联性。

犯罪是在社会生活中发生的,犯罪现象反映了这个社会在一个特定时期的社会心理。在我们当前的社会中,贫富差距悬殊。在经济发达的地区,有钱人过着非常奢侈的生活;而在偏远的贫穷地区,人们连基本的温饱问题都还没有解决。如果这些富人的奢侈的生活和这些穷人的贫困的生活互相隔绝,你过你的富生活,我过我的穷日子,那么,这个社会还可以相安无事。但是,现在我们的社会有大量的人口流动,来自偏远农村的务工人员到了城市,接触到有钱人的奢侈生活,就很容易产生所谓的"相对被剥夺感",产生仇富的心理。这种仇富的心理具有广泛的市场,如果不能得到适当的调节,就很容易导致一部分穷人走上犯罪道路。这是贫富悬殊带来的一个副作用。

另外,当前社会上也存在仇官现象。这说明现在官员的管理体制是存在一定问题的,它和当前的社会生活是严重脱节的。仇官心理的产生是有多方面原因的。既可能是由于官员没有很好地行使人民赋予的权力,尤其是贪污腐化,激起了民众对官员的反感甚至痛恶,也可能是由于普通老百姓对官员的管理有某种抵触。这种仇官心理也会成为犯罪的催化剂。

最后,我还要说一下,在我们的社会中存在着一种暴戾之气。这种暴戾之气在社会中弥漫,很容易导致一部分人走上与社会为敌的犯罪道路。有些人由于个人利益没有得到满足，或者个人利益受到了损害，不是按照正常的渠道去维护自己的利益，而是采取了报复社会的极端手段。这种暴戾之气给社会带来的破坏非常之大。

以上所讲的仇富心理、仇官心理、暴戾之气都表明当前的社会心理是非常不正常的。社会心理和一个人的心理一样，一个人的心理是平和还是浮躁，是有很大区别的。这种不正常的社会心理，是犯罪产生的重要根源。

从以上三个方面，我们对中国转型时期的犯罪现象及其成因作了一些分析。我们认识到犯罪不仅仅是个人的一种行为，在犯罪现象背后所隐藏着的是我们的社会矛盾。因此，只有把犯罪还原到社会生活中去，才能够深刻地把握犯罪的本质，才能找到治理犯罪的有效手段。

第二个问题：对于当前我国转型时期的犯罪现象，应当采取什么样的刑事政策？

刑事政策指的是抗制犯罪的各种措施，由于犯罪现象客观存在，面对犯罪，我们要采取各种手段和措施来解决犯罪问题，这就是刑事政策。刑事政策建立在对犯罪成因的科学分析基础之上。理论上来说，刑事政策有狭义的刑事政策和广义的刑事政策之分。狭义的刑事政策指的是对犯罪如何进行惩罚，而广义的刑事政策除了对犯罪的惩罚以外，还包括其他有助于抗制和预防犯罪的措施。德国著名的刑法学家李斯特有一句名言："最好的社会政策就是最好的刑事政策。"这句话是非常科学的，因为就像我们所讲的，大量的犯罪问题都不是犯罪本身的问题，而是社会的问题。犯罪现象在一个社会中大量存在，这说明这个社会出了毛病，必须进行治理。因此，最好的社会政策就是最好的刑事政策，因为社会政策能够消除犯罪产生的条件和土壤。当然，我们在考虑社会政策的时候，不可能专门为抗制犯罪而设置某种政策，因为社会政策是建立在推进和改善社会发展的基础之上的。

但是,这些政策间接地有助于减少犯罪,所以,很多制度的进步、科技手段的进步,都有助于减少犯罪。

在20世纪80年代初,随着我国改革开放的开始,出现了严重破坏社会治安的刑事案件和破坏经济秩序的经济犯罪案件,在这种情况下就开始了"严打"。所谓"严打",就是依法从重从快地惩治犯罪。"严打"持续了近20年,应该说它在特定的历史条件下有效地控制了犯罪。但是,"严打"不能获得长治久安,"严打"本身有一些消极作用。在这种情况下,从2004年底、2005年初开始,我们对刑事政策做了很大的调整,从过去的"严打"政策调整为"宽严相济"的政策。"宽严相济"就是要根据犯罪的不同类型来区别对待,比如对黑社会性质的犯罪和严重破坏社会经济秩序的犯罪,就应当采取严厉打击的态度。但是,对未成年人犯罪和由于矛盾激化所产生的犯罪,就采取宽缓的刑事政策。我认为,这样的刑事政策调整是非常正确的。正如我前面所讲的,在当前社会上所存在的犯罪中,很大部分是生活在社会底层的弱势群体的犯罪。尽管分布在社会各个阶层的人都有各自不同的犯罪,但是,从比重上来说,这部分犯罪比重是最大的,他们受到的刑法处罚也是最严厉的,被判重刑、死刑的人95%左右都是生活在社会底层的弱势群体。在这种情况下,我们就要考虑到社会对于这些人的犯罪是有相当责任的。因此,应当尽可能采取轻缓的刑罚手段,使他们能够获得悔过自新、回归社会的机会。

同时,我们也必须看到,刑罚是社会治理中一种代价最为昂贵的治理方法。也就是说,要把刑罚纳入社会治理的手段和措施中去考虑。我们可以看到,刑罚有一个基本的演变规律——随着社会文明程度的提高,从残酷逐渐向轻缓发展。在古代,刑罚为什么残酷?主要是因为当时的社会治理能力比较差,社会治理手段单一,大量依赖刑罚、依赖重刑。比如在古代社会,政治基本上是专制统治,专制统治就是少数人对社会大多数人的一种统治。法国著名的启蒙学家孟德斯鸠在《论法的精神》一书中说过，专制社会的原则就是恐怖。也就是说，为了维持专制统治，必须要在社会中制造恐怖。这种恐怖主要是由刑罚来制造的，对政治上的异己分子采取极端的刑罚措施，制造鲜血淋淋的场面进行恐吓，以此维系专制政权。因此，在古代的专制社会中，政治的问题是用刑罚来解决的。但是，在现代的民主社会，政权的归属是靠选举来解决的，谁能获得更多的选票，谁就能够获得执政权。甚至是，在发生选举纠纷时，还需要到法院通过诉讼来解决。在这种民主的体制下，政权是靠选举而不是暴力取得的，所以刑罚不再是解决政治问题的一种手段，刑罚从政治领域退让出来。

在中世纪的西方，刑罚曾经是维护宗教信仰的一种工具。当时，西方国家设立了宗教裁判所，对所谓的异教徒采取火刑等一些极其残酷的刑罚。但是，在现代社会，法律明文规定了宗教信仰自由，这意味着你有信教的自由，也有不信教的自由，你有信仰这种宗教的自由，也有信仰另外一种宗教的自由，尤其是现代社会还实行"政教分离"。在这种情况下，宗教是基于公民个人内心的一种选择，是一种信仰，而不是暴力强制的结果。因此，宗教的信仰问题不再靠刑罚来推行，刑罚从宗教生活中退让出来。

在中国古代，虽然不像西方有普遍认同的宗教，但是中国古代有伦理道德，而刑罚曾经是推行伦理道德的一种工具。中国古代有一句话叫作"出于礼而入于刑"。一个人的行为违反了礼仪，就要构成犯罪，就要受到刑罚。这里的"礼仪"主要是指道德伦理规范，是以刑罚为工具强制推行的。但是，在现代社会，法律和道德是分开的。正如德国著名的哲学家康德所说，道德是主观的，法律是客观的，道德规范的是人的内心，而法律只规范人的外部行为。在这种情况下，道德和法律两者有了明确的分工，刑罚不再成为推行道德的工具。

现在的刑罚主要用于社会治安以及经济秩序的维护。即使是在社会治安和经济秩序领域,刑罚的作用也会越来越小,主要原因在于社会治理能力不断提高。只有不断提高社会治理能力,才有可能在社会治理中逐渐摆脱对刑罚的依赖。因此,我们可以得出这样一个判断,刑罚的轻重可以看作衡量国家的社会治理能力的一个标尺。刑罚越轻的国家,其社会治理能力越强;而刑罚越重的国家,其社会治理能力就越弱。所以,刑罚的轻重和社会治理能力之间存在着一种相关性。从世界范围来看,我国的刑罚是相当重的,尤其是死刑。这表明我国现在的社会治理能力是比较低下的,因此,社会治理不得不依靠刑罚,不得不依靠重刑。以死刑为例,在世界范围内,已经有 2/3 的国家从法律上或者在事实上废除了死刑;在我国,在《刑法修正案(八)》之前有 68 个死刑罪名,《刑法修正案(八)》取消了 13 个死刑罪名,现在还有 55 个。这 55 个死刑罪名分布在各种类型的犯罪中,其中包括危害国家安全犯罪、危害公共安全犯罪、扰乱经济秩序犯罪、人身犯罪、财产犯罪,几乎各种犯罪都有死刑。在这些死刑当中,只有一小部分是备而不用的,一大部分是经常使用的。我们不仅在法律上死刑罪名多,而且在司法实践中适用死刑的案件数量也很多。

我国死刑的立法与司法状况与国际上废除死刑和严格限制死刑的趋势形成了鲜明的对照。目前,世界上虽然还有一部分国家保留了死刑,但是,它们将死刑罪名严格地限制在谋杀犯罪,基本上是和人命有关的犯罪。在实践中,死刑适用的数量也是极其有限的。美国在过去 30 多年间,平均每年执行死刑的人数是 33 人,这个数字还算比较多的;日本在过去 20 年间,平均每年执行死刑的人数大概是 4 个左右;韩国从 1997 年到现在,已经有 10 多年没有执行过死刑,虽然韩国刑法典中仍然保留了死刑罪名,但是由于韩国已经连续 10 年以上没有执行死刑,所以成为事实上废除死刑的国家;俄罗斯也已经停止执行死刑,前几年俄罗斯发生了一起恐怖袭击案件,发生在一个小学,300多名小学生被杀害,有相当一部分恐怖分子被现场击毙了,被抓获的恐怖分子最后没有判死刑,虽然民众要求判死刑的呼声很高,但是最后仍然没有判死刑。

我们再来看印度,印度跟我们的社会、经济发展程度差不多,人口数量也比较接近。而且,印度的宗教矛盾、种姓制度、恐怖主义犯罪都非常严重。但是,据我们了解,印度在过去十多年间只在1994年执行了一个强奸罪的死刑。从最近媒体的披露来看,印度的强奸犯罪非常严重,前不久发生了强奸致死一名女大学生的案件,抓获罪犯以后民众坚决要判死刑。但是,在印度——不仅是在印度,在日本、美国都如此——法院判处死刑和执行死刑是两回事。法院可以判处死刑,但是执行死刑不是法院的权力,而是司法部门的权力,通常是由司法部长来决定死刑执行的。因此,它可能每年都有一些判处死刑的案件,但被执行死刑的人数却很少或者没有。因为要不要执行死刑取决于司法部长,所以,如果司法部长是一个废除死刑论者,他不签字,死刑就停止了。死刑的判决和死刑的执行是两种权力,即使判处了死刑也不一定执行,还有很多救济渠道,比如赦免等。

但在我国,死刑的判决和执行都是由法院来行使的,只要判决了就马上执行,这是一个很大的区别。我国每年执行死刑的人数也是不公开的。虽然最近几年,我国对死刑执行的数量进行了严格限制,尤其是最高人民法院收回了死刑核准权,对于严格限制死刑起到了很大作用,但我国目前执行死刑的数量还是很大的。

当然,我国有特殊的国情,我国有"杀人者死"这样一个传统,有"杀人偿命"这样一种公众心理。我们的公正的观念,还是建立在报应的基础上。杀死一个人的罪犯没有被执行死刑,被害人的亲朋好友会认为正义没有得到实现。但是,在俄罗斯有一个连环杀人犯杀死了66

个人,最后被判处了终身监禁,他们并不认为正义没有得到实现。正义观念在不同国家不同时期标准是不一样的,我们可能需要改变某些观念。只有这样,减少死刑乃至于将来在条件具备的情况下废除死刑,才能获得社会认同。

现在对死刑问题的分歧是比较大的。《法制日报》有一个记者写了一篇关于死刑的文章,文章标题非常形象,说在死刑问题上"民众向左,专家向右",民众和专家之间的分歧相当大。因此,在较短的时间内,在我国减少死刑、废除死刑是不太可能实现的。在1992年的时候,当时在中国人民大学读博士的胡云腾,现在是最高人民法院研究室的主任,他的论文就是死刑制度研究。他当时提出了一个中国废除死刑的百年梦想,计划分三步走,一步一步设计得很好。但是,转眼之间20年过去了,他所设计的第一步都没有实现。所以,死刑问题对我国来说是一个需要用很长时间来消化和解决的问题。

第三个问题:如何防范冤假错案的发生?

我在前面讲了,仅今年9月份就有13起社会广泛关注的刑事案件审判或者宣判。与此形成对照的是,今年上半年我们有好几起冤案被平反。我们不仅要关注目前正在审判的案件,还要关注过去判错的案件。冤案到底是如何发生的?这个问题值得我们思考。我在这里简单地跟大家介绍一下今年上半年被平反的三起比较典型的冤案。

第一起是发生在浙江萧山的5个青年抢劫杀害2个出租车司机的案件。这起案件发生在1995年,5个被告人被指控杀害了2个出租车司机,两起抢劫杀人案件相距2个多月,最后警方指控这两起案件都是这5个被告人所为,这5个青年当时是20岁左右。1997年7月,杭州市中级人民法院判处其中3个被告人死刑立即执行,1个被告人死缓,另外1个被告人无期徒刑。后经上诉,浙江省高级人民法院将3个被判处死刑立即执行的被告人改判为死缓,也就是本案5个被告人中有4个被判死缓,另外1个维持无期徒刑的判决。警方当时从出租车车体上提取了一枚指纹。这枚指纹经鉴定既不是死者的,也不是这5个犯罪嫌疑人的。但是,警方认为这枚指纹跟这起案件没有关系,没有将这枚指纹入卷交给检察院和法院,而是把它录入到指纹库里。2012年2月,浙江金华的一个警察在对指纹库的指纹进行比对的时候,发现这枚指纹是一个姓向的犯罪嫌疑人的,后来这个姓向的犯罪嫌疑人被抓获以后,他承认这两起抢劫杀人案中有一起是他做的,这才发现其中这起案件是一个冤案。

2013年4月,浙江有关部门请我们几个专家去"会诊"这个案件,看到了杭州市中级人民法院在1997年对本案所作的一审判决书。这是涉及两起抢劫杀人的案件,当时一审有3个被告人被判死刑立即执行、1个判死缓、1个判无期徒刑,如此重大的案件,这一份判决书一共只有9页,只罗列了9个证据,而这9个证据没有一个是客观证据,全部建立在口供的基础之上。只看这个判决书,不需要看其他的判决材料,就知道这个案件完全错误,因为没有任何客观证据,没有指纹、没有脚印、没有血迹,只有口供。其中,被告人被指控抢了出租车司机的财物,证据里说死者亲属提出有7件财物被抢,是哪些东西,然后说和被告人的交代是一致的。但是,这7件被抢的东西一件都没有到案。据他们反映,最初写的是9件物品,因为死者家属说死者身上带的9件东西丢了,过两天死者家属跑到公安局说有2件东西在家里找到了,来改口供,9件东西就变成了7件。这完全是靠口供建立联系,抢的东西一件也没有见到。在这个案件中就存在着严重的证据问题和程序问题,当然还有刑讯逼供,其中一个被告人在讯问中把舌头咬断了。

第二起冤案是发生在浙江的张氏叔侄强奸案。这起案件发生在2003年5月,两个被告人张辉、张高平是叔侄,他们是开货车的,从安徽到杭州运货物。这一次运货的时候,有一个同乡的小女孩要搭车到杭州去,到杭州的时候是凌晨5点,女孩下车后,他们就开车走了。后来,这个女孩被人强奸杀害,在一个水沟里被发现了。警方经过调查以后,指控是张辉、张高平叔侄实施的强奸杀人。在这个案件中,从死者的指甲缝里提取了人体组织,经过DNA鉴定,既不是死者本人的,也不是这两个犯罪嫌疑人的。但是警方认为这个人体组织和本案没有关系。张辉一审被判处死刑,张高平被判处无期徒刑。同年10月,浙江省高级人民法院对张辉改判死缓,对张高平由无期徒刑改判15年有期徒刑。这两人一直在新疆服刑,也一直在叫冤。到了2011年11月,从死者指甲缝里提取的人体组织,经过DNA比对,与在2005年被执行死刑的一个姓苟的强奸杀人犯的DNA吻合,说明此案是姓苟的犯罪分子所为,他的犯罪手段和前面这个一模一样,也是半夜三更杀死了一个女大学生进行强奸。姓苟的案件当时被媒体披露以后,张氏叔侄在监狱里看到这个消息,都怀疑是那个姓苟的人干的,后来果然证实是这个姓苟的人做的,所以张氏叔侄在今年获得了平反。在这个案件中,同样存在着刑讯逼供。

这两起案件中,一起是指纹突然跟一个犯罪嫌疑人比对上了,另一起是人体组织突然跟一个已经被执行死刑的犯罪分子比对上了,这种几率太小了,就像中大奖的概率一样。所以可以想象,这些冤案只是冰山一角,一个被平反的冤案的背后可能有上百起同样的案件。

第三起案件是发生在河南平顶山的李怀亮案件,这个案件也很有名。李怀亮被指控于2001年8月在河南省平顶山叶县强奸杀死了一个14岁的少女。2003年,叶县人民法院判处李怀亮15年有期徒刑。强奸杀人怎么能判15年?怎么能由一个县法院管辖?应该是中院管辖。这说明从一开始起,这个案件就是成立不了的。被告人上诉以后,案件被平顶山市中级人民法院发回重审,重审后一直拖到了2004

年8月,这个案件被移送平顶山市中级人民法院重新进行一审。平顶山市中级人民法院一审判处李怀亮死刑立即执行。2005年1月,河南省高级人民法院发回重审。2006年4月,平顶山市中级人民法院改判李怀亮死缓。9月,河南省高级人民法院再次发回重审。这个案件是2001年发生的,2002年被告人就被羁押了,大概是2009年的时候,这个案件被退到了叶县公安局,因为他们是最初的侦查机关。叶县的公安局长通过公安部找了我们几个专家咨询,他带来了所有的案卷,让我们看一看这个案件到底能不能定。我们看完他的案卷以后,得出一致的结论,就是这个案件只有女孩被强奸杀害的证据,而没有李怀亮强奸杀人的证据。之后,又一直拖到2013年4月25日,平顶山市中级人民法院正式宣告李怀亮无罪,但他已经被羁押了10年。

李怀亮案的平反意义要比前两个案件的平反意义大,因为前两个案件都已经证明被告人是被冤枉了。也就是说,发现新证据证明了犯罪行为不是被告人所为,因此是平反冤案。但是,李怀亮这起案件却不能说是一起冤案,因为现在没有证据证明是李怀亮实施了强奸杀人的行为,同样也没有证据证明不是李怀亮实施了强奸杀人的行为。现在只能说指控李怀亮强奸杀人的证据不足,所以判无罪,但是,还没有证据证明不是他做的。所以,这个案件的平反意义比较大,它体现了无罪推定原则。

以上三起冤假错案的平反给了我们很多启示,我认为,主要有以下四个方面:

第一,司法理念问题。

第一起案件发生在十多年前,在1996年《刑事诉讼法》修改之前,当时我国的司法理念还是强调"严打",没有重视对犯罪嫌疑人的人权保障。在5个男青年抢劫杀人案中,为什么二审法院把3人由死刑改判为死缓?因为他们已经发现证据有问题。如果证据没有问题,当时判处 3 人死刑立即执行,一点也不为过。高院发现了证据有问题,但是未能严格坚持罪疑从无原则,而是罪疑从轻,所以改轻。张辉、张高平案件也是一样,一审张辉被判处死刑立即执行,二审也发现证据有问题,改判为死缓。这都说明当时我们的司法理念是有问题的。我们经常讨论所谓"错放"和"错判"的关系,过去的观念是宁可错判也不能错放,是一种"宁枉勿纵"的思想。现在大家认为这种做法是错误的,应该是宁可错放也不能错判,宁纵勿枉。我们过去经常说的一句话是"不枉不纵",既不冤枉一个好人也不放过一个坏人。99%的案件是能够查清事实的,因此,能够做到"不枉不纵"。但是,有 1% 的案件的事实是查不清楚的,在这种情况下,不是放过了坏人,就是冤枉了好人,两者只能取其一,那么,到底如何看待这个问题?现在所讲的宁可错放也不能错判,这种观念本身也是有问题的,所谓"错放",在事实不清、证据不足的情况下是完全对的,不能说是"错"放。

因此,我们应当严格坚持无罪推定的原则。无罪推定和有罪推定是对应的。无罪推定的基本思想是不能证明有罪就是无罪,无罪不需要证明,需要证明的是有罪。基于这种思想,控方不能证明被告人有罪,也就是被告人的有罪证明没有达到事实清楚、证据确凿的程度,就应该认为其无罪。有罪推定的逻辑是不能证明无罪就是有罪,因此,在有罪推定的司法制度下,需要证明的是无罪。有罪不需要证明,你不能证明无罪就是有罪。在我们的司法实践中,一个案件有证据证明被告人无罪,我们就不会判断他有罪。但是,一个案件尽管证明被告人有罪的证据不够确实充分,存在着重大疑问,只要没有证据证明他无罪,我们就不敢判无罪,而往往判有罪。这都是有罪推定思想在作祟,需要在司法理念上彻底加以改变。

这里有一个客观真实和法律真实的问题。我们查清案件是对案件事实的认识。但是,这并不能够达到还原案件真相的程度。也就是说,在很多情况下,案件的真实情况是无法认识的。在能够查清案件真相的情况下,我们当然依照法律规定,有罪就是有罪,无罪就是无罪。但是,对于不能查明真相的案件,到底是按照无罪推定原则判无罪,还是按照有罪推定原则判有罪,就成为一个需要抉择的问题。在一个法治社会中,一个案件的事实是要靠证据来加以证明的,有证据才能成立犯罪事实,没有证据就没有犯罪事实。

在十多年前,我看到一份香港特别行政区的报纸刊登了这样一则消息,说香港警方在一次缉毒过程中现场抓获了一名毒品犯罪嫌疑人,从他身上搜出了5公斤毒品,数量很大,人赃俱获。但是,在这个案件移送法庭之前,由于工作上的疏失,这5公斤毒品被销毁了。因为警方有很多案件,每个案件都会有一些赃物,一些案件审结时间很久了,就会把赃物销毁。但是,这个案件是未结案件,而警方以为结案了,就把毒品销毁了。在这种情况下,香港警方就把现场抓获的犯罪分子给释放了。这个消息当时对我的震动特别大,我觉得难以理解,这不是放纵犯罪吗?警方现场抓获了一名犯罪分子,而且是人赃俱获,怎么能够放了呢?他们为什么会放?我们需要了解香港的刑事诉讼制度。

在一个案件中,警方指控被告人贩毒,但是,法官并没有看到他贩毒,他是根据什么来认定被告人贩毒而判他有罪呢?首先要把毒品拿到法庭上,说这个毒品就是他所贩卖的毒品。这还不够,抓获被告人的警察还要出庭作证这个毒品是从被告人身上搜出来的,来证明毒品和这个被告人之间的相关性。只有在这样的证据基础上,没有看到被告人贩毒的法官才能作出有罪判决。但是,现在这个案件还没有起诉到法院,毒品就被销毁了,如果警方把被告人押解到法院,说他贩毒了,法官问警察贩毒的毒品在哪儿,警察回答说没有,被销毁了,那么对不起,法院不能认定他犯了贩毒罪,这件事情就是这么简单。在这样一种制度下,我们可以看到,法院所认定的犯罪必须要有证据证明的,没有证据就不存在法律上的犯罪。这个人可能确实犯罪了,但是,必须要有合法的证据来证明。

我们可以对比一下在我们的诉讼制度下是如何办理此类案件的。在我们的案件中,贩毒的案件从来不把毒品移送给法庭。不要说贩毒,即使是杀人案件,也不把凶器移送给法庭。碰到这类案件时,办案人员会写一个办案说明,说明什么时间什么地点从犯罪嫌疑人身上搜出了多少毒品,毒品的含量是多少,然后将这份办案说明移送给检察院和法院。对于这样一份办案说明是无法进行指证的,而法官往往就要根据这份办案说明来认定被告人有罪,这样的制度很容易出问题。

前些年媒体就曾经披露,在甘肃某地,公安部门设立了对破获毒品案件的人员进行奖励的制度。其中,破获重大毒品案件的能够获得20万元奖励。一个公安局的缉毒大队队长就制造假案,弄了一个包裹,外面放一点毒品,里面是乱七八糟的东西,然后找一个出租车司机,让他带到某一个地方去,在那边等候的警察就把毒品截获了,指控他贩毒,然后写一个办案说明,说毒品的数量多少、含量多少,并移交给法院。一审法院对这个出租车司机判处了死刑立即执行,二审的时候才发现案件有问题,结果查出了是几个警察进行陷害,他们的动机就是为了骗取奖金,最后这几个警察被判刑。我们对物证不够重视。有这样一起案件,一个被告人持刀抢劫,当时警方搜到了这把刀,但是,由于保管不善把刀弄丢了。警方就问这个嫌疑人是在哪儿买的刀,他说是在某个小摊上买的,警方就派人去买一把差不多的刀,然后随案移送。他们没有意识到这是一个非常严重的伪造证据的问题。但是,在我们的制度下,这些问题都没有得到重视。因此,可以看到,在这种司法理念下,我们非常容易造成冤假错案。

第二，证明标准问题。

也就是说，证明犯罪要到什么程度，犯罪才能成立。这一标准的高低和人权保障、打击犯罪之间具有很强的关联性。证明标准越高，越容易判无罪，同时，也越可能放纵犯罪分子，但是有助于减少冤案；证明标准越低，越有助于打击犯罪，但是容易冤枉人。证明标准高低的设置，直接关系到是追求打击犯罪还是追求人权保障。目前来看，我国的证明标准要比其他法制发达国家低得多。就证明标准而言，德国、日本等大陆法系国家采用的是法官的内心确信这样一种标准，因为它们强调自由心证；英美国家的标准则是排除一切合理怀疑；我国《刑事诉讼法》规定的是事实清楚、证据确实充分。这些规定本身都没有问题，但是，通过具体的案件对比就可以发现，我国的证明标准和其他国家相比有很大差距。

最近有两个案件是很具有对比性的。一个是发生在美国的案件，一个类似于我国协警的美国白人齐默尔曼，杀死了一个17岁的黑人青年马丁。在这起案件中，齐默尔曼把马丁杀死的现场没有任何其他人，在这种情况下，控方指控被告人犯有谋杀罪，律师辩护说被告人是正当防卫，说他受到了来自马丁的致命的威胁，他在恐惧下把马丁杀死了。如果正当防卫的辩护成功，齐默尔曼就可以判无罪。在法庭陈述的时候，这个律师画了一张图表，列举了12种情况，包括是正当防卫、可能是正当防卫、可能不是正当防卫、不能排除正当防卫等。只要这12种情况中有一种成立，就要判无罪。只有一种情况才可以判有罪，这就是排除一切合理怀疑。辩方证明无罪的标准是比较低的，而有罪的标准很高，有罪的标准是排除一切合理怀疑，因此，辩方只要说明这个案件还有一点怀疑，法官和陪审团就要判无罪。最后，陪审团对案件作出无罪判决，结果引起了十几个城市的骚乱，因为美国老百姓不能接受这个判决结果,认为这里面有种族歧视的因素。从这个案件可以看出,控方认定犯罪的证明程度是非常高的,而辩方辩护的证明要求是比较低的。

我们可以与之对比的是夏俊峰案。夏俊峰是一个商贩,在城管执法过程中与城管产生了纠纷。两个城管队员把夏俊峰带到了办公室进行询问。在询问过程中,夏俊峰持刀把两个城管队员杀死了,夺门而出的时候碰到另外一个城管队的司机,又把这个司机刺成重伤,造成了两死一重伤的后果。这个案件发生在一间小屋子里,屋里除了死者就是被告人,没有第三者,在小屋子里到底发生了什么?夏俊峰供述,是因为自己被打了,所以才拔刀刺他们,这是正当防卫。律师除了提供夏俊峰的口供以外,还提供了一张夏俊峰的前臂有皮下出血的照片,说明了有被打的伤痕,证明夏俊峰说的"被打了"是真实的。

但是,控方对于律师的正当防卫的辩护提出了相反的意见。控方认为,在这个案件中,律师对于正当防卫的辩护除了被告人夏俊峰本人的口供之外,没有其他证据证明。控方认为,夏俊峰的伤痕不能证明是在办公室里形成的,因为在执法的过程中双方发生过扭打,伤痕有可能是在那个时候形成的,不能因为有伤痕就说明两个城管队员在办公室里打过夏俊峰。另外,控方还提出,扭打形成的伤应该是动态伤,但是,经过法医鉴定,两个死者的伤不是在动态中形成的,而是静态伤,伤痕的情况与夏俊峰的口供不一致,也说明夏俊峰的口供是不真实的。控方还提供了两个城管方面的证人,两个证人说,没有发现被害人殴打夏俊峰。其实这个证据是很有意思的,因为当时办公室没有第三人,这两个证人并不在现场,但是他们提供的证言是"没有发现被害人殴打夏俊峰"。他们所谓的"没有发现被害人殴打夏俊峰"和"发现(或者看到)被害人没有殴打夏俊峰"是两个概念。这个证据在法律上是没有意义的,没有发现不等于他没有打,你看到了他没有打才有证明效力,所以这个证据没有任何证明效力。但是,法院最后还是认定,正当防卫辩护不能成立。所以,夏俊峰以故意杀人罪被判处死刑立即执行,最高人民法院核准执行了死刑。

夏俊峰案并不能说在证据的采信和在刑法的适用上有特殊之处,而是反映了我们目前的司法状况。在我国司法实践中,像这种情况是不能被认定为正当防卫的,因杀死两个人重伤一个人而被判处死刑,在目前这种司法体制下是一个自然的后果。但是,将这个案件所反映出来的证明标准与前面所讲的美国的证明标准相比,我们会发现,我国对于辩护的证明标准很高,但是,对于指控有罪的证明标准却比较低。在9月审判的王书金案涉及一个叫聂树斌的人。聂树斌在1995年被指控强奸杀人而被判了死刑。后来,王书金强奸杀害了好几个人,他供述聂树斌那一起也是他干的,所以,法院拖了好几年都没有判他死刑。这一次开庭,王书金还是说那一起是他干的,但是,法院判决认为,没有其他证据证明是他做的,所以不是他做的。他还干了其他几起,所以根据其他几起就判了死刑立即执行。对于王书金是否实施了聂树斌案中的强奸杀人行为,法院说现有证据不能证明是他干的。但是,不能以此证明聂树斌那个案件的证据是正确的,采取同样的标准也不能证明是聂树斌干的,因为在聂树斌案中也没有客观的证据,没有指纹,没有脚印,什么都没有,只有口供。王书金判了死刑,在聂树斌案中如果根据现有的证据不能证明是他干的,同样应当平反。

从这些证明标准就可以看出,我们现在的证明标准相对来说是比较低的。按照比较高的证明标准来看,现有的案件中有相当多的不合格案件,很多判有罪的案件都应该判无罪。所以,我认为,证明标准上的差距,和我们其他的产品(比如汽车、飞机等),在产品质量标准上与工业发达国家的差距是一样的。这反映了我们的法治状态,因此,应当逐渐提高我们的证据证明标准。只有这样,才能有效防止错案的发生。

第三,刑讯逼供问题。

刑讯逼供是造成冤假错案的一个原因。几乎在每一起冤假错案的背后,都有刑讯逼供的阴影。但是,我们又不能简单地以造成冤假错案作为否定刑讯逼供的理由,因为99%的刑讯逼供并没有造成冤假错案,而是破获了案件,使犯罪分子受到了法律制裁。如果仅仅以刑讯逼供会造成冤假错案作为理由来批判否定刑讯逼供,是很不可靠的。我们不能说只有那些造成了冤假错案的刑讯逼供才是错的、应该否定的,而那些破获了案件、使犯罪分子受到应有惩罚的刑讯逼供就是对的、应该鼓励的。刑讯逼供是一种野蛮的、非人道的司法制度的残余,即使通过刑讯逼供获取了证据、证明了犯罪,它仍然是恶的。我们应当对通过刑讯逼供所取得的证据一概予以排除。这涉及非法证据的排除问题,过去我们只说刑讯逼供所取得的口供可以排除。但是,取得的物证、书证如果确实能够证明犯罪,就不能排除。我认为,这种观念是有问题的。在美国有"毒树之果"的理论,如果这棵树是有毒的,那么这棵树所结出来的果实也都是有毒的,所以,如果取得证据的手段是非法的,那么取得的一切证据都不能采用,要进行非法证据排除。只有这样,才能对刑讯逼供进行有效的遏制。

事实上,我国对于刑讯逼供已经做了非常明显的禁止性规定,甚至在《刑法》中将刑讯逼供行为规定为犯罪,如果刑讯逼供致人死亡,要按照故意杀人罪判处有期徒刑甚至死刑。照理说,刑罚已经很重了,但是,刑讯逼供还是屡禁不止,主要是因为没有从体制上解决刑讯逼供问题,这很值得我们注意。

第四，防范冤假错案问题。

最后我想讲一点，为了避免冤假错案，我们要建立一种程序正义。这里主要涉及控、辩、审的三者关系，控方和辩方是互相对立的，法官应当居中裁判。因此，一种程序正义的诉讼结构设置，必须要以法官的独立作为基础。在我国目前的司法体制下，法官的独立性是远远不够的，法院具有比较明显的地方化和行政化倾向，这不符合司法的规律。法官不敢居中裁判，使得公检法之间的配合大受制约，而律师的辩护在庭审中得不到应有的重视。我们回头去看那些获得平反的冤假错案，发现律师做出的辩护大多是无罪辩护，现在来看律师辩护的每一句话都有道理，但在当时就是不被法院所采纳。律师的辩护在司法审判中没有起到应有的作用。因此，我们应当对刑事诉讼的结构进行调整，真正赋予被告人和辩护人应有的辩护权，使法官处于一种超脱的地位来进行居中裁判。只有这样，才能从程序上尽可能地减少冤案的发生。

我曾经说，无冤是司法最高的境界，但事实上呢？无冤这一个最高境界只是一种理想，是不可能实现的。也就是说，在任何司法体制下都有冤案，冤案是不可避免的。即使美国采取这么高的证据证明标准，也是有冤案的。我们现在所能做的只是尽量减少冤案的发生，而减少冤案的发生，必须以在一定程度上放纵犯罪分子作为代价，"不枉不纵"是做不到的。不是"枉"就是"纵"。我们应该追求的是"不枉"而不是"不纵"，这个"不枉"必须以"纵"作为代价。因此，我们必须要转变司法理念，把人权保障放在最重要的位置上。

这就是我今天讲座的主要内容，谢谢大家！

（本文整理自2013年10月在北京大学研究生院才斋讲堂的演讲稿）

专题六　案例指导制度

各位老师，下午好！

今天下午很高兴为刑法教学高级师资研修班做讲座。我的题目是"案例指导制度"。应当指出，这里所讲的案例，并不是我们传统意义上所讲的案例，而是指案例指导制度，在某种意义上，也可说是判例。但是，在我国目前的法律语境下，一般不采用"判例"这个词，而是使用"案例"。案例和判例只是一个用词的问题，事实上，我国正在建立的案例指导制度，在某种程度上，就是一种判例制度。判例制度的建立，对于我国的法治建设以及刑法学和其他部门法学的研究和教学，都会带来重大影响。我认为，一个国家的法学研究水平和国家的法制建设状况是成正比的，法学研究的需求源于法制建设的客观推动力。只有不断发展法治需求，才能为法学研究提供强大的推动力。

案例指导制度在我国的建立，在某种意义上表明了，我国的法制建设进入了一个新的发展阶段。2010年，时任全国人大常委会委员长吴邦国宣告，社会主义法律体系已经建成。在这样一个背景下，开始着手建立我国的案例指导制度，表明了我国从以往的以立法为中心的法制建设阶段转变为以司法为中心的法治建设阶段。我认为，这种转变的意义是非常重大的，它也会对我们的整个法学研究带来重要影响。在过去，我国的法制建设是以立法为中心的，主要解决的是有法可依的问题。因此，相当多的部门法主要是围绕制度建设、立法完善来展开。相对来说，《刑法》在法治建设中走得快一点，在1979年第一批颁布的7部法律中，就有《刑法》。1997年，立法机关又对《刑法》进行一次大规模修订。之后，全国人大常委会又通过8个《刑法修正案》，对刑法的一些重要内容作了修订。目前，我国刑法（当然，也包括其他一些部门法）的立法问题已经解决了。在这种情况下，我国法治建设的着重点开始转移到司法上来，进入了以司法为中心的法治建设阶段。这种以司法为中心的法治建设，就会给我国法学研究带来影响。

我认为，在以司法为中心的法治建设背景之下，我国法学研究应当逐渐从过去的"社科法学"（这是北京大法学院朱苏力教授所用的一个词）或者"政法法学"向法教义学发展。最近几年来，我一直在提倡刑法教义学，这种法教义学就是为司法服务的。司法活动的主要职责是适用法律。对于司法者来说，法律是一种给定的条件，司法者在给定的条件下理解法律，正确地适用法律。当然，法教义学（包括刑法教义学在内）中的"教义"这个词还是存在一定的争议。有学者主张，应当翻译为"信条"，法教义学应当称为"法信条学"或者"刑法信条学"。比如，北京大学法学院的王世洲教授在翻译罗克辛的《德国刑法学（总论）》时，就采用了"法信条学"这个词。但是，目前在法理学界以及刑法学界，大部分学者还是主张称为"法教义学"或者"刑法教义学"。

那么，什么是刑法教义学？从某种意义上说，刑法教义学也是我们通常所说的刑法解释学——对刑法进行解释。但是，刑法教义学又包含了它本身所特有的含义。这种特有的含义是刑法解释学这个概念所不能包含的。刑法教义学意味着对刑法、法律规范的一种态度，这种态度也就是张明楷教授在《刑法格言的展开》一书中所说的"法律不是被嘲笑的对象"。对司法者来说，不能认为一个法律规定得好，就执行；一个法律规定得不好，就不执行。无论法律规定得好或者不好，司法者都必须依法办案。所以，对司法者来说，法律是一种给定的东西。在这种情况下，对法律规范进行教义学的阐述，在法律规定得不好的情况下，应当通过解释方法来消除法律规范中所存在的矛盾，使得法律能够更好地适用于个案。我认为,这种法教义学的方法,是在以司法为中心的法治建设背景之下刑法学研究的发展方向。

与此同时,在以司法为中心的背景之下,判例刑法学也是应当重点提倡的。关于刑法学的研究方向,北京大学法学院的储槐植教授曾经说过:"要在刑法之上研究刑法,在刑法之外研究刑法,在刑法之中研究刑法。"储槐植教授所讲的"在刑法之上研究刑法",也就是对刑法来进行法哲学、形而上的研究,由此而形成的就是刑法哲学。所谓"在刑法之外研究刑法",也就是采用社会学、经济学、伦理学、政治学等社会科学方法对刑法进行研究。在这种情况下,不仅把刑法看成是一种法律现象,还把刑法看成是一种社会现象,从不同角度对刑法加以研究,由此而形成的是刑法的社会学、刑法的政治学、刑法的经济学。所谓"在刑法之中研究刑法",就是我在前面所讲的"刑法教义学的研究",是指以刑法的法律规范作为主要研究的对象来加以展开。应当说,刑法教义学研究所形成的刑法知识是整个刑法学知识的主体部分,它会对司法活动产生重大的影响,甚至也会对立法活动产生重大的影响。所以,储槐植教授从以上三个方面对刑法研究的方法(也可以说,是刑法研究的面向)进行了描述,这对我们来说是具有启发意义的。

但与此同时,我还要指出刑法研究的第四个面向,我称之为"在刑法之下研究刑法"。所谓"在刑法之下研究刑法",就是判例刑法学。这里的判例,也就是我们通常所说的案例,它是司法活动的结果。因为司法活动的工作中心是办案,它就会形成一个个案例。在这些案例中,有一些是特别重要的,尤其是那些会形成规范的案例,也就是我们所说的判例或者指导性案例。指导性案例不仅是法律适用的结果,还包含了司法规则。这些司法规则对此后处理同类型的案件具有指导意义。从这个意义上说,这些案例和判例本身具有创制规则的功能,这个我在后面要特别加以强调。因此,这些案例或者判例也应当纳入我们刑法学研究的视野中。今天的讲座主要是围绕这一部分展开的。

我想讲三个方面的问题:第一个问题是案例指导制度,对案例指导制度的构造、价值、机理来做一些法理上的分析;第二个问题是案例刑法研究,也就是如何把案例纳入我们刑法学研究的视野之中;第三个问题是案例刑法教学,即如何在刑法教学中采用案例教学法。

第一个问题:案例指导制度。

对中国来说,案例指导制度还是一种制度创新,因为最高人民法院和最高人民检察院在2010年先后通过了关于案例指导工作的规定,这个规定标志着案例指导制度的正式确立。在案例指导制度确立之后,最高人民法院、最高人民检察院先后颁布了相关指导性案例。迄今为止,最高人民法院颁布了四批,最高人民检察院颁布了三批。随着指导性案例的逐渐公布,案例指导制度就进入到正常运行的进程当中。

案例指导制度的建立,引起了法学界的广泛关注,最近一两年来,召开了各种类型的关于案例指导制度的学术研讨会。我也承担了一项国家社会科学基金重大招标项目,题目就是"中国案例指导制度研究"。同时,也出现了大量以指导性案例作为研究对象的学术论文,其范围涵盖各个学科,既有民法学科,也有刑法学科。所以,案例指导制度的建立和指导性案例的颁布,为我国的法学研究提供了广泛的资源,对推动我国的法学研究和法律教育产生了重要的作用。通过对案例指导制度的研究,我提出这样一个命题:案例指导制度的建立,改变了中国法治建设的格局。这是我通过研究案例指导制度所得出的核心命题。围绕这一命题,我想讲以下三个方面的内容:

第一,案例指导制度提供了一种规则创制方式。

这是对案例指导制度功能的一种认识。从某种意义上讲,各个国家的法律体系是一个国家的法律规范体系或者法律规则体系。法律规范或者法律规则,有广义和狭义之分。其中,狭义上的法律规范和法律规则是由立法机关制定的。尤其是在传统的三权分立的国家模式之下,立法权、司法权和行政权相互分立、相互制衡,三权分立被认为是法治国家政治制度的基础。在立法和司法分立的国家模式之下,只有立法机关才能制定法律,而司法机关只是适用法律,无权制定法律。同样,行政机关也只是一个行政执法机关,行政机关只是在行使行政的执法权,它本身也没有立法权。随着社会的发展,立法权、司法权、行政权严格界分的局面,事实上已经开始走向破灭。我们都知道,行政机关现在可以制定行政法规,而行政法规在一个国家的法律体系中占有非常重要的地位。与此同时,在我国,司法机关事实上也在创制法律规则,例如我国的司法解释制度在事实上就是司法机关造法。在其他国家,司法机关虽然不像我国那样具有创制规范的权力,但是,它是通过判例制度来创制规则的。在这种情况下,广义上的法律体系是由法律、行政法规以及司法机关创制的司法规则来构成的。这样的规则体系为法治建设的发展提供了一种规范的需求,满足了司法活动对规范的需求,这是法治发展的必然现象。

这里涉及一个创制规则的问题。从世界范围来看,创制规则主要有两种方法或者途径。一种是通过立法来创制规则,这种通过立法来创制规则,我称之为一种类似于计划经济式的规则提供方式。因为立法机关是专门机关,它通过一定的程序来提供规则。尤其是,立法机关会通过一种集约化的方式——以法典的形式,来向社会提供规则。通过立法活动来提供规则,具有明显的优越性。就如我刚刚所说的,它是一种法典化的、集约化的规则提供,能够在最广泛的意义上满足社会对规则的需求。而且,立法机关创制的规则是以一种比较抽象的方式来提供的,能够在更大范围内涵括社会生活的各个方面,从而提供一个国家法治的基本框架。因此,通过立法机关创制规则,是规则来源的重要部分。

与此同时,我们也要看到,通过立法机关创制规则虽然具有优越性,但它也有局限性。这种局限性正如计划经济的局限性一样。通过立法机关创制规则,具有对社会生活的滞后性,不能及时反映社会生活对规则的需求。而且,立法机关创制的规则是抽象的、概括的,而我们所面对的案件是个别的、具体的。在抽象的、概括的法律规定和个别的、具体的案件事实之间,存在着一定的空隙。将这些抽象的、概括的法律规范适用于个别的、具体的案件时,可能会面临某种障碍。中国古人曾经说过"法有限而情无穷",这句话生动揭示了法律的有限性和情的无穷性之间的矛盾。这种矛盾,就是成文法自身所包含的无法克服的矛盾,同时,它也是通过立法来制定规则的体制所具有的内在矛盾。

与这种通过立法机关来制定规则相对应的是,通过司法活动自身产生规则,这是一种类似于市场经济的规则提供方式。因为司法活动本身是一种规则的消费活动,因此,它给人感觉是司法活动只是在消费规则,它本身并不创设规则。这是对司法活动的一种误解。事实上,司法活动不仅仅是在消费规则,它同时也在创设规则。司法活动所创设的规则不同于立法机关创设的规则。司法活动在解决一些案件的过程中会自动地创设一些规则。因此,司法活动不仅仅是在解决一个具体的纠纷。在具体纠纷的解决过程中,它会形成一些规则。这些规则对此后处理同类的案件,具有指导作用。因此,司法活动不仅仅是在消费规则,同时也在产生规则。判例制度就是通过司法活动产生规则的一个主要途径。

我认为,判例产生规则与市场经济是极为相似的。奥地利著名思想家哈耶克曾经提出过一个观点——在市场经济中,存在着一种自发的经济秩序。哈耶克是计划经济的坚定反对者,也是市场经济的坚定倡导者。他认为,在市场经济中存在一种自发的经济秩序,而这种自发的经济秩序恰恰是法治的基础。哈耶克不仅仅是一个经济学家,同时也是一个法学家,甚至是一个法哲学家,其法学思想的基本切入点就是从自发的经济秩序中为法治提供社会基础。社会中的法律并不是人为创造出来的一套秩序,而是建立在自发的秩序基础之上的。法律只要维护好这套自发秩序,就可以了。事实上,不仅在经济生活中存在这种自发的秩序,在社会生活中同样也存在着这样一种自发的秩序。不仅在社会中存在着自发的秩序,在司法活动中同样也存在着自发的规则秩序。这些秩序是自发产生的,因此,它有很强的生命力,是生生不息的。它具有自我复制、自我发展、自我纠错的功能。所以,这种自发的秩序才真正是法治的基础。对此我们需要有深刻的认识。

我们过去对判例产生规则存在着很深的误解,这种误解正如我们对市场经济的误解。我们过去认为,市场经济不如计划经济那样有一个中央集权的组织机构来统一考虑、统筹安排;计划经济才是最节约的、最有效的,而市场经济是数以千万、数以亿万的市场活动参加者通过互相博弈来分配资源、发展经济;市场经济是自发的、缺乏计划的,因此,它在资源配置上是浪费的、分散的。现在看来,这样一种理解是错误的。恰恰相反,通过市场经济配置资源才是最节约且最有效率的方式,而通过计划经济配置资源是最缺乏效率的。通过判例产生规则,也是一样。

我们过去总是认为,通过立法来制定一个法典,把所有的规范都集中到一个法典中,法典摆在面前,我们很容易看到,也很容易操作。而判例是分散的,这些判例是由不同的法院、不同的法官在不同的时期、针对不同的案件所作出的判决。在这些判决中所包含的规则可能是互相矛盾的,是极为分散、不易查找的。这也是我们对判例制度的一个误解。事实上,判例制度本身受到审级制度的主导,因此,虽然判例是不同级别的法院、不同的法官在不同的时期针对不同的案件所作出的,但是,它会自发地形成秩序。因为在各级法院之间存在审级关系,如果下级法院判例所创设的规则与上级法院判例所创设的规则之间存在矛盾,下级法院当然要服从上级法院,上级法院又要服从最高级别的法院。而且,判例是处于生生不息的发展过程之中的,它会自发地形成规则,这些规则会及时地、不断地满足司法活动对规则的需求,因此,判例制度本身是具有合理性的。

从世界范围内来看,存在着两大法系的两种制度,这就是大陆法系的成文法制度和英美法系的判例法制度。我们总是认为,在大陆法系国家主要实行法典法、成文法,在英美国家主要实行判例法、普通法。事实上,两大法系在规则的创制上并不单纯地采取某一种方式,而是同时采取两种不同的方式。在法典法之外,大陆法系国家都有判例制度,判例在这些国家的司法活动中都起着重要的作用。比如,在德国、法国、日本都有判例制度,离开判例,司法活动是无从开展的,判例在司法活动中起着十分重要的作用。而在英美法国家,除了普通法之外,还有大量的制定法,也就是成文法。比如,在美国刑法领域占主导地位的,还是成文法。我们知道,美国法学会制定了《美国模范刑法典》,美国各州或根据《美国模范刑法典》,或以《美国模范刑法典》为蓝本,来制定了各州的刑法典。因此,美国在刑法领域的成文化程度是相当之高的。美国的一个州,比如加利福尼亚州,它的刑事法典的篇幅要比我们的刑法典的篇幅要大得多,可能有几百万字,而我们国家可能只有几十万字。英国虽然不像美国那样各个州都有刑法典,但英国有所谓单行刑法典,比如《性犯罪法》《杀人罪法》《盗窃罪法》等。这些成文的单行刑法在英国的司法活动中是有重要作用的。因此,如果仅仅是从形式上来看,我们是很难把大陆法系国家和英美法系国家区分开来的。这也就是我们现在所说的两大法系相互融合的趋势。尽管两大法系在形式上是接近的,但是,在法律思维以及法律适用方法上,两大法系还是存在重大差异的。也就是说,判例制度下的法律思维方法与成文法下的这种法律思维方法是截然不同的。对此,我们要有充分的认识。

在中国,中华法系延续了几千年。中国历来就是一个成文法相当发达的国家。几千年来,中国的成文法一脉相承,公元7世纪的《唐律》发展到登峰造极。在当时,《唐律》在世界范围内可以说是夺目一时。欧洲的法律制度是到了十七八世纪才发展起来的,在十七八世纪之前,他们的法律是分散的。但中国从7世纪开始,成文法就发展到了巅峰。中国的成文法背后有一个政治基础——中央集权,皇帝通过行使立法权来对整个国家进行法律控制,从这个意义上来说,中国古代的法治就是成文法。从我们所耳熟能详的《唐律》,到后来的《宋刑统》《明律》《大清律》,都是一个互相沿袭的法律体系,在《大清律》中,它可能有百分之七十的内容是照抄《明律》的,所以"律"的变动是很小的。在这种情况下,如何满足发展的社会对规则的需求?

事实上,在古代中国,除了"律"这样一个法律系统之外,还有一个极具中国特色的法律系统,这就是"例"。我们过去学习中国法制史,只关注"律",过去的中国法制史是以"律"为中心的。近年来,我国法制史学者不断把研究重点从"律"转向"例"。事实上,更多对实际社会生活产生效果的还是"例"。一些学者尤其对中国古代的律例关系做了很深刻的研究。当然,在法制史学界,"例"到底是怎样的一种法律形式,是存在争议的。有学者认为,中国古代的"例",就是判例。因此,武树臣教授——一位对法律思想史、中国法律思想史研究卓有贡献的学者,也是我的大学同学——就提出一个概念,叫作混合法,即成文法与判例法的混合。武树臣教授认为,中国古代既有成文法,也有判例法,而这个"例",就是判例法。因此,"律"和"例"的关系就是成文法与判例法的关系。武树臣教授用这样一种观点来揭示中国古代不仅仅有成文法,还有大量的判例法,以此使我们来重新认识中国古代的法律现状。但是,武树臣教授所持的"'例'就是判例"的观点,引起了许多学者的批评,他们认为中国古代的"例"并不是判例。事实上中国古代的"例"是一种比较低层次的成文法,或者说是判例向成文法过渡的一个中间状态。正如我们之前所讲的,各个朝代"律"的变化是很小的。因此,"律"代表法律体系中稳定的那一部分内容。但是,社会生活是发展的,"律"很难完全满足社会生活对规则的需求。在这种情况下,就产生了"例"这种法律形态——"例"大多数都是从具体判例中延伸出来的。所谓"因案设例","例"来自于案,但是,我们不把"例"等同于判例,"例"从案例中分离出来,就和原来的案没有关系,而成为一种独立的规则。所以,"例"形成以后,判例就死了。从个别的案例中抽象出"例",表明中国古代有一种强烈的成文化的冲动,而"例"最终的目的是入律。所以,后来就有律例合编。比如说,在清代,就是律例合编,把律例编在一起。所以,"例"还是一种成文法,而不是判例法。在古代中国,是禁止官吏引用判例的,判例必须要经过一定的程序提炼出一定的规则,才具有法律效果。从这个意义上来说,中国古代的法治形态还是成文法。这是沈家本在100年前的清末进行法律改革的时候,选择引入大陆法系的成文法制度而没有引入英美法系制度的历史根源。古代中国的法律形态还是和大陆法系的成文法制度更为接近,和英美法系的判例法制度间隔比较大。

我国在过去30年的法治重建过程中,最初关注的也是成文法。我国的法律体系也是以法典、法律、法规为核心的,是一个成文法的体系。在过去相当长的时间内,我们没有充分地关注判例制度。因此我认为,在2010年建立案例指导制度,也就是具有中国特色的判例制度,是我国法治建设历史上的一个重大事件。这表明,我国具有一种崭新的、不同于立法的规则提供方式。在过去的司法实践中,存在同案不同判的现象。这种同案不同判的现象影响到了司法工作。所以,从目前的情况来看,颁布指导性案例,主要就是要解决同案不同判的问题,逐渐达到同案同判,实现法治的统一。这样一种观点也被部分研究案例指导制度的学者所赞同。

但是,我认为,案例制度能够在一定程度上解决同案同判的问题,同案同判只是实行案例指导制度的一个后果。当然,案例指导制度并不能完全解决同案不同判的问题,因为有些同案不同判并不是由于法律不统一或者没有法律,而是由于制度外的干预因素造成的——案外因素的干预,是有法不依的问题,这就不是案例指导制度所能解决的。因此,我认为,如果把指导性案例的功能仅仅局限在同案同判,这是远远不够的。事实上,案例指导制度是一种规则制定活动,它提供司法规则。无论是在效力等级上,还是在规则内容上,这种规则和立法的法律规则都是不一样的:从效力等级上来说,通过案例指导制度所创设的规则,在等级上是比较低的,但也不能因此而否认它对司法活动具有参照性和事实拘束性;从规则内容来看,通过指导性案例所创设的规则是更加个别的、细则化的,这种细则化的规则对于解决一些疑难复杂的案件是更加有效的。

第二,案例指导制度建立以后,它会部分取代司法解释功能,主要是取代个案性的司法解释功能。

这里主要涉及案例指导制度和司法解释制度两者之间的关系。所谓司法解释,就是最高司法机关所创制的一种规则,其在过去30年来对于我国法治的发展起到了重要的作用。尤其是在过去,由于立法不完善,司法解释满足了司法活动对规则的需求,对此应当充分予以肯定。但是,我们也应当看到,司法解释本身是存在缺陷的,由于司法解释相当于司法机关创制规则,司法解释在条文形态上与立法机关制定的规则有一定的相似性,都是抽象的、概括的规则。将这种司法解释适用到个案中去,同样需要对司法解释再做进一步的解释。而且,司法解释也要有一定的程序。司法解释同样不能及时、有效地满足司法活动对规则的需求,它具有对社会生活的滞后性。因此,有学者认为,司法解释制度应当逐渐向判例制度转化。按照他们的观点,司法解释是一种对法律的解释,而判例在某种程度上也具有对法律的解释功能,因此,主张用判例制度取代司法解释制度。

对于这样一种观点,我认为,在短时间内无法达到,司法解释制度还是有其一定的合理性。但我认为,在指导性案例建立之后,案例指导制度能够部分地取代司法解释功能,尤其是能够取代个案性的司法解释功能。因为司法解释的表现形态是多种多样,主要有两大类:

一类是一般性的司法解释,主要是对某一方面的问题做一个比较抽象的、全面的司法解释。这种司法解释的功能相当于法律的细则化,比如说,全国人民代表大会通过了刑事诉讼法,最高人民法院就制定一个人民法院执行刑事诉讼法的实施细则,最高人民检察院也颁布一个人民检察院执行刑事诉讼法的实施细则。各个部门的各自细化,会导致各个部门所制定的规范之间的冲突,由此会给司法实践带来消极影响。这种对一般问题作出解释的功能,是不可能被案例指导制度所替代的。

另一类是个案性司法解释——对具体问题、甚至是具体案例所做的批复、电话答复等,这种个案性司法解释在整个司法解释中也占有一定的比例。在此,我们认为,案例指导制度完全可以取代这种个案性的司法解释。比如在2003年,最高人民法院曾经有过一个《关于行为人不明知是不满十四周岁的幼女双方自愿发生性关系是否构成强奸罪问题的批复》,这是针对辽宁省高级人民法院关于一个具体案例处理请示的一个批示,这个批示就是个案性的司法解释。因为在辽宁鞍山所辖的基层法院,审理了一起奸淫幼女的案件。在这个案件中,幼女姓徐,年龄为13岁,但是,她发育比较早,身高1米68,有一百多斤重。徐女自称19岁,先后与七个男青年发生性关系。案发以后,这七个男青年分别以强奸罪被起诉到不同法院,这个案件涉及的法律问题是:如果不知幼女不满14周岁,是否构成强奸罪?辽宁鞍山的基层法院对这个法律问题拿不准,就向辽宁省高级人民法院请示,辽宁省高级人民法院又向最高人民法院请示。最高人民法院经过研究之后,就下达这个批复。根据这个批复,如果不知对方是不满14周岁的幼女,就不能定强奸罪。这个批复下达以后,下级法院根据这个批复精神再对关押的七个男青年进行审理,哪些人知道,哪些人不知道,知道的定罪,不知道就不定罪。我们可以看出,在这里,首先要有一个层层的请示——从基层法院,到中级法院,再到高级法院,最后到最高人民法院,从开始请示到最高人民法院批复之间有一个很长的时间,但是,案件还在等,所以,这种做法容易导致超期羁押,案件久拖不结。另外,这种请示使得批复的做出(即司法解释的创制)和案件的审理是互相脱离的,是两个过程,这存在着很大的弊端。

如果用指导性案例来取代这种个案性的司法解释,基层法院在案件中发现存在着重大的法律问题,就应当主动地将案件移交到上级法院、最高人民法院,或由上级法院、最高人民法院提审,最高人民法院之后对案件直接作判决,并在裁判理由里把批复的精神表达进去,那么,就把案件的处理和规则的创制两者合二为一。这样一个案件作为指导性案例颁布之后,就具有极高的权威性,它是由最高人民法院判决的。同时,它又创制了规则,是节省司法资源的一项很好的工作。我认为,案例指导制度建立以后,应当以案例指导制度取代个案性的司法解释,个案性的司法解释就不要再做了。如果通过个案发现某些法律问题,就可以采用颁布指导性案例的方法来解决,从而为基层司法机关处理此类案件提供资源。所以,要正确地处理案例指导制度与司法解释制度之间的关系,使两者能够互相协调,互相配合,发挥出更好的作用。

第三,案例指导制度建立之后,会对我们的法律思维,尤其是司法思维带来重大的影响。

所谓司法思维,是指在司法活动中,以法官为主体的司法者的思维活动。应当说,在不同的法律体制下,法官的思维习惯和思维方法是有所不同的。在成文法的制度下,所采取的思维方式,也就是贝卡里亚所创制的司法三段论:大前提——法律规定;小前提——案件事实;结论——有罪或无罪。司法三段论是一种演绎的思维方法。根据司法三段论,首先要确定法律是否存在,也就是所谓的找法。在确定法律的存在之后,再来看案件的事实,即案件事实是否查清。然后,对案件事实和法律规定之间进行同一性的比对。在刑法中,法律规定主要是指构成要件,案件事实主要是指犯罪事实,现有案件事实如果符合某一法律的构成要件,就有罪;如果不符合,就无罪。这样一个演绎的思维方法是从一般到个别的思维过程,因为法律规定是一般的、普遍性的规则,案例是个别的。在法律适用中,其主要解决的问题是案件能否为法律规定所涵摄。通过这种司法三段论,将法律规定落实到具体的司法案件,把这个案件纳入法律规定的效力范围之内,这就是一个法律适用的过程。

但是,在判例法的制度下,法律思维方法是完全不一样的,存在区分技术。具体来说,判例法是一种先例制度,这里的先例就相当于成文法的法律规定。在判例法的制度下,不是把先例当作规则、法律规定进行演绎,而是有一个重要的技术——区分技术。什么区分技术?区分技术或者说识别技术,就是要把所处理的案件和先例的案件进行比对,看两者是否相同。如果两者相同,就可以适用先例;如果两者不同,就不能适用先例。所以,比对技术、区分技术、识别技术,就相当于成文法中的找法活动,这是特别有意思的。为什么有意思呢?因为在成文法制度下,法律规定往往是抽象的。如果要把抽象的法律规定适用到个案中,就需要对抽象的法律规定进行解释,要寻找法律——找法。在判例制度下,判例的规则是具体的,不像法律规定得那么抽象,因此,对规则本身不需要加以解释,它已经很具体了。因此,能不能适用到这个案件,关键在于两个案件的事实是否相同或者相似。如果相同,就能适用,能适用的话,也就不需要解释了,因为它已经足够具体了。如果不同,就不能适用。

因此,我们就会发现一个很有意思的现象——在成文法中,控辩双方争议的、法官关注的是法律规定的内容和法律的解释。控方可能认为法律定义的是这个内容,辩方可能持不同的观点,法官从中进行判断——它主要是围绕法律规定的内容为何而展开的。但在判例法的制度下,主要围绕的是两个案件的事实是否一样来展开的,这就存在很大的区别。因此,这就是我们前面所讲的,尽管英美法系和大陆法系,或者说判例法制度与成文法制度之间有相互融合的趋势,但在适用方法上,两者还是有很大的区别。

因此,在案例指导制度建立之后,案例指导制度中包含着某些规则,我们在适用这些规则的过程中,就不能像成文法一样地去适用,不能把规则和具体案例区别开来——有规则就可以了,案例就不要了,这样就完全抛弃了判例制度的适用方法,而那正是中国古代"例"的命运。中国古代"例"之所以没有发展成为判例,正是由其适用方法所决定的,它把"例"从具体案件中抽象出来之后,就把案件抛掉了。所以,"例"的产生规则和成文法的规则是一样的,采取同样的适用方法去适用。

但是,判例制度建立以后,在适用方法上一定要和对待成文法不一样。我觉得,这个影响是特别大的,甚至会对庭审的活动、庭审的重点带来很大的影响。在成文法制度下,我们拿到一个案件后会先去看有没有法律规定;如果没有法律规定,我们再来看有没有司法解释;如果没有司法解释,法律有权解释的资源就枯竭了。此时,就去看学者有没有对这个问题进行讨论,到学者理论著作中区寻找解决问题的资源。在案例指导制度出现之后,如果没有司法解释,还需要考虑有没有指导案例。所以,指导案例就成为法律规则资源中的重要部分之一,我们的司法工作者要善于利用这种资源。

事实上,在现实中,律师对案例的利用是最好的。律师辩护一个案件,他往往就会去找过去处理过的、与案件相同或者相似的判决。如果那个判决对他有利,他就会把那个案例找来给法官,说那个案例和这个案例一样,从而希望法官对这个案件也要像那个案件这样判。所以,他把案例作为说服法官的一种资源和工具来使用。到法庭之后,我们过去可能主要是围绕法律解释问题和案件事实问题来展开控辩的攻防,将来则可能会围绕案例是否具有独立性。当律师提出这个案件和指导性案例是一样的,而希望法官适用指导性案例的规则时,由于这个规则对律师和当事人是有利的,控方可能就不会同意适用这个规则。但是,不同意适用规则,并不是围绕着如何解释规则,不是说这个规则和律师的理解有什么不同,而是说这两个判例不同。所以,产生规则的判例和我们处理的这个案件是不一样的,这是围绕案例的比对来展开攻防的,庭审的格局会发生很大的变化。我认为,这个影响是非常大的。

从现在已经发布的指导性案例来看,应当说,大部分指导性案例的规则创制有所不足,有很多案例事实上只是在重复司法解释。也就是说,指导性案例的裁判要点是过去司法解释的已有规定。在这种情况下,这种指导性案例就没有公布的效果,因为司法解释规范效力明显要高于指导性案例,在有司法解释的情况下,当然要直接应用司法解释,不可能参照引用指导性案例。不过,虽然它重复了某一个司法解释的规定,但是,对这个指导性案例,我们不仅要把眼睛盯在规则上,还要盯在具体的案情上。

比如说,最高人民法院发布的潘玉梅、陈宁受贿案。在这个案件中,它提炼出了受贿罪的四个规则,这四个规则事实上在过去的司法解释中都有,基本上是重复的。但是,如果我们再仔细研究案情,还是会发现一些问题。比如说,它所确立的规则中有这样一条:针对受贿罪,要存在具有为他人谋取利益的要件。关于这一点,最高人民法院在2003年颁布的《全国法院审理经济犯罪案件工作座谈会纪要》中已经有了明确规定。根据该纪要,为他人谋取利益的认定,有以下四种情形:第一,他人已经获取利益;第二,已经实施为他人谋取利益的行为;第三,承诺为他人谋取利益;第四,明知他人有具体请求事由,而收受他人财物,视为承诺为他人谋取利益。以上四种情况都被认为具备了为他人谋取利益这个要件。关键在于第四种情况,如果行为人根本没有为他人谋取利益的行为,也没有答应为他人谋取利益,但是,明知他人有具体请求事由而收受财物的,就认定成立为他人谋取利益。这个司法解释应该是很具体的。然而,在这个规定出来以后,具体的案件中的处理还是存在问题的,比如说,这里的具体请求事由需要具体到什么程度。事实上,目前在司法活动中,对这里的具体请求事由并没有充分地予以关注。甚至是在最高人民法院公报的案件中,我经过研究后发现这样一个案件,请托人与收受财物的国家工作人员两者之间只是有一种公务上的关系,收受财物的是一个建委的领导,送钱的是一个开发商,他们在公务上有联系,开发商就给领导送了钱,领导收了。不过,开发商并不是因为有一个具体的工程、具体的事件而给领导送钱,而是一般性的送钱。但是,这个案件仍然按照明知他人有具体请求的事由而收受财物,视为为他人谋取利益,从而认为在本案中国家工作人员有为他人谋取利益。

在潘玉梅、陈宁受贿案中,它的规则虽然还是这个规则,但从具体的案情来看,行为人想减免工程的税费,就给被告人送钱,被告人明知请托人的意图而收钱。这个案件中存在一个具体的请求事由。在这种情况下,假如说我是律师,我碰到这样一个案件,送钱人没有像指导性案例里面一样有一个具体的工程税费减免的请托事由,仅仅是因为行政相对人、管理相对人的关系给他送钱,那么,在这种情况下,律师能不能按照潘玉梅、陈宁受贿案而提出辩护,不是针对它的规则,而是针对它的案情,进而要求这个案件不能适用这个规则,因为在指导性案例中,有一个具体的请求事由,但在我这个案件里面没有,这个案件和指导性案例的事实不一样,所以不能适用这个规则。因此,我觉得,如果根据这个思路进行辩护,或者我们在理论上根据这个思路进行研究,可能会有很多的启发。虽然是在重复司法解释的规定,但是由于和具体的案件结合在一起,我们在研究的时候,就不能将规则与具体的案件相剥离,而是要对案情予以充分的关注,通过识别技术、区分技术来适用指导性案例,这一点我觉得是特别重要的。

所以,指导性案例制度建立之后,不仅会使我们的规则资源更加丰富,还会给我们的法律思维方法带来重大改变。我们在适用指导性案例时,就不能再使用适用成文法的那种逻辑演绎方法,而是要吸收判例制度下的司法技术,如识别技术、区别技术,要更多地采取一种类比的思维方法。在这一方面,我认为,指导性案例制度也会对我们的法律思维方法带来重大的影响。

第二个问题:案例刑法研究。

在成文法的制度下,刑法研究是以法律规范为中心,因此,这种研究主要是法律解释学或者刑法教义学的研究。但是,在对刑法进行解释的时候,我们可能也会引用案例,这些案例主要起到以案说法的作用。也就是说,我们过去在刑法理论研究中,会引用一些案例来说明观点或者解释法律。并且,我们过去也有刑法案例分析的书籍,甚至有专门的刑法案例分析文章。但是,这种研究说到底还是一种案例研究,而不是一种判例研究。那么,案例研究和判例研究之间到底有什么差别?

我认为,这里的案例研究,也就是案例分析,是指案例分析者把自己当作法官来解决案例中的疑难法律问题的法律研究。但是,判例研究和这种案例研究是不一样的,判例研究是一种规范研究。在判例研究中,研究对象并不是案件本身,也不是案件中的被告人应当怎样被定罪、怎样被量刑的,而是在案例中所包含的裁判理由。因为裁判理由实际上是一种司法性的规则,对指导性案例中所包含的司法性规则进行研究,这种研究就具有法律研究的性质,所以说这种规范研究就是法律研究。对指导性案例中所包含的规则采取法律研究的方式,甚至采取一种教义学的方法进行研究,这是一种法的研究,也是一种规范的研究。在这个意义上,案例指导制度研究和案例分析是完全不一样的。

近年来,随着案例指导制度的建立,判例研究的方法逐渐在我国法学界开始得到推广。在指导性案例颁布之后,以某一个指导案例作为研究对象来展开的论文,已经形成了一种法学研究的新文体。我国的法学研究,尤其是刑法学研究的思路,由此而得以拓展。过去在和外国学者交往的过程中,我们发现,在他们的作品中,包括著作、论文、教科书,都会引用大量的判例。这些判例是法学研究的重要资源,使他们的研究更加贴近司法活动,内容更加丰富。但在过去,我国的法学研究对象除了法律之外,还包括大量的司法解释,就是很少有判例,因为在过去还没有建立案例指导制度。因此,在我国的法学作品中,司法解释所占的位置就相当于判例在其他学者的著作中所占的位置。

但司法解释在条文的外在形态上和法律是一样,所以,我们的论文都是比较抽象和枯燥的,和现实的司法活动之间存在某种隔阂,不够贴近司法实践。这一点,也表明了我一开始所讲的道理,我们法学研究的状况和我们法治建设的状况两者是高度契合的。只有法治建设发展了,才能带动我们的法学研究进一步发展。因此,案例指导制度建立之后,它会给我们的法学研究带来重要影响。

首先,大量增加了法学研究资源和资料。案例指导制度现在才刚刚建立,最高人民法院、最高人民检察院在颁布指导性案例上可能还是相对比较保守,步子比较慢,每年才颁布几个案例。但是,随着经验的不断积累,指导性案例的颁布工作可能会越来越快。再过几年,指导性案例可能就会有几十个、上百个,甚至几百个。这些指导性案例包含了大量的司法规则,它们都是我们的研究对象,我们需要去充分关注它们。我认为,这一点对于从事法学研究的学者,是非常重要的。

其次,我们也必须看到,由于案例指导制度刚刚起步,指导性案例颁布的数量也比较有限。在这种情况下,我们要对过去最高人民法院在审判实践中所总结出的权威案例或者指导性案例进行总结。事实上,案例指导制度虽然是从2010年开始正式建立的,但是,至少往前追溯10年,最高人民法院就已经开始注重利用案例来指导各级法院的审判工作。其中的一个标志就是,1999年最高人民法院的刑一庭在法律出版社出版了《刑事审判参考(第一辑)》,到现在已经出版了数十辑。《刑事审判参考》中的案例虽然是在案例指导制度建立之前的案例,但是这些案例和一般的案例还是不太一样的,它对我国的司法活动具有指导性。除了在刑法领域,在民商法、行政法、海商法、知识产权领域同样积累了一大批这样的案例。我认为,这些案例是以往司法活动的经验总结。我们需要充分利用这些资源,进行刑法领域的研究。我过去曾经主持过一个国家社会科学基金项目,是关于判例刑法学的,出版了《判例刑法学》上下两卷,上卷是总论,下卷是分论,主要内容就是尝试对刊登在《刑事审判参考》上的重要案例进行研究。我认为,这种研究是刑法研究的新面向,开拓了理论研究的视野。

前几年,我主持了"中国案例指导制度研究"这个国家社会科学基金重大招标项目。在北京大学出版社蒋浩老师的支持和帮助下,我们出版了《人民法院刑事指导案例裁判要旨通纂》,这套书中收录的案例大概有几百个,主要来自于《最高人民法院公报》《刑事审判参考》和《人民法院案例选》。其中,《刑事审判参考》和《人民法院案例选》都不是简单地把案例刊登出来,而是经过最高人民法院有关业务部门的初步整理。比如说,在《刑事审判参考》中,除了案情、诉讼过程之外,还有裁判理由。裁判理由并不是原始判决书中所包含的,而是案例的编纂者在对案件整理的时候加上去的。在裁判理由中,有相当部分是说理的内容。我们在编书的时候,又从裁判理由中提炼出裁判要旨。裁判要旨相当于判例中的规则,也就是所谓的先例。然后,再把裁判理由和裁判要旨结合起来,用裁判理由来论证裁判规则。在这个基础上,我们把裁判要旨编到法条的下面。比如说,在抢劫罪的刑法条文下,就有20多个案例的裁判要旨。所以,这本书就相当于我们前面所讲的律例合编:刑法典是"律",裁判要旨是"例"。因此,我们将来在从事相关研究的时候,比如关于抢劫罪的研究,就不能光看条文和司法解释,还必须看条文下的裁判要旨。因为裁判要旨都是比较具体的,背后都有一个案件作为支撑,它解决了在抢劫罪的司法审理中不同方面的疑难问题,因此而形成的具体规则对《刑法》中关于抢劫罪的规定起到了一些补充作用,它也是我们在研究抢劫罪的过程中必须要研究的内容。我认为,这样一个研究是非常重要的,因此,我希望大家将来无论是在刑法研究中,还是在刑法教学中,都必须要关注案例,必须关注指导性案例,把它们纳入研究视野和教学范围之内。这也是我下午课程的基本出发点之一。

利用案例资源能做很多的研究,它本身不是一个教材,甚至也不是一个参考资料,它是一个资料库。为此,我现在提出一个命题:要阅读案例。过去我们阅读著作、论文,现在我们要去看案例,要对案例掌握得很熟悉,对主要的、有影响的案例要一说就知道。在你的头脑中,至少要装有几十个、几百个案例,只有这样才能真正掌握这门学科的知识。

以下我想介绍一下,我是如何利用这本书里的案例来进行研究的,正好我这里有一个研究样板。在今年上半年,我做了一个研究,写了一篇论文,论文的题目是《故意杀人罪的手段残忍及其死刑裁量——以刑事指导案例为对象的研究》,这篇文章发表在《法学研究》2013年第4期。这篇文章就是我利用这个资料做的。在阅读这些案例,尤其是故意杀人罪的案例时,我发现这本书中故意杀人罪的案例有四五十个,里面有相当一部分是判死刑的。在阅读的时候,我发现很多故意杀人的判决中都提到"手段残忍"这个词,故意杀人罪的手段残忍对故意杀人罪的死刑适用是有影响的。我就想研究一下,故意杀人罪的"手段残忍"以及"手段特别残忍",是如何认定的。我从这本书中找出十个认定故意杀人罪手段残忍的案例,其中包括了两个由最高人民法院颁布的指导性案例:一个是王志才故意杀人案,另一个是李飞故意杀人案。那么,我是怎么来进行研究的呢?

如果我们光是对故意杀人罪的手段残忍进行教义学的研究或者解释学的研究,可能会从概念到概念,什么是手段,什么叫残忍,这种理论的分析以及逻辑的推演,就会显得很枯燥。因此,我的一个基本出发点就是,我国司法实践中到底有哪些杀人被认定为手段残忍的杀人?这些认定标准是否统一?这些被认定为手段残忍的杀人,对死刑裁量到底有什么影响?

首先,对十个案例进行描述。每个案例有一两千字,当然不可能全部纳入其中,所以,我对内容做了一个描述,每个案例分成三个部分。第一个部分是手段描述——在这个案件中,被告人采取的是什么杀人手段,比如有个案件叫"孙习军等故意杀人案",当中描述的就是被告人孙习军用菜刀切割被害人的颈部,致被害人失血性休克死亡,后被告人又割下被害人的头颅,抛掷到该市的一条河流中。这就是他的故意杀人手段。第二部分是法院的认定,比如孙习军等故意杀人案,法院就认定,被告人孙习军等人以非法占有为目的,入户施暴,掠人钱财,后又杀人灭口,其行为均已分别构成抢劫罪和故意杀人罪,系共同犯罪,且故意杀人罪的手段残忍、情节恶劣,依法应予严惩。这是法院的判词和认定。第三部分是判决结果,在孙习军这个案件中,判决结果是死刑立即执行。我对这十个案例都按照这三部分予以归纳,尤其第一部分,将判决书所认定的杀人手段呈现出来。主要的资料就是来自于这十个案件。做研究的时候,我们可以想到不同的题目,也都可以从这里找到资料,这本书就像一个仓库一样,你要用什么,就从里面去找,完全可以从不同角度针对不同的题目来做不同的研究,它是一个资料库。

其次,我对故意杀人的手段特征来进行归纳,因为十个案件中的手段是不一样的。比如说,在孙习军等故意杀人案中,他是用军用刀割人家脖子而杀人,但是,有的案件是用木棒把人打死了,有的案件是用手把人家掐死了,也认定为是手段残忍。那么,手段残忍到底有什么含义?非常巧合的是,在十个案件中有一个案件,也就是我刚刚讲的孙习军案,它的裁判理由专门讨论了故意杀人罪的手段残忍为何。通过讨论,可以归纳出一个规则,就是以一般人难以接受的方法杀人的,就是故意杀人罪的手段特别残忍。这个裁判要旨告诉我们,在司法实践中认定手段残忍是按照这种方法来认定的,当然它也做了一些分析和论证。在这个裁判要旨中,什么叫作一般人难以接受？手段残忍到底是采用客观标准,还是采用主观标准？是被害人的标准,还是社会一般人的标准？一般人难以接受,是指社会一般人的标准,难以接受又是一种主观标准,它并不是说采用"用刀杀人"作为手段残忍的客观标准,而是用"难以接受"这样一个主观标准。围绕这样一个手段残忍,就存在一些很有意思的值得研究的问题。我在研究这个裁判要旨时,又要结合前面的十个案例,就像孙习军这个案例——行为人的手段就是用军用菜刀在被害人颈部割了几刀。被害人死了以后,把头颅切下来扔到河里。实际上,孙习军案之所以被认定为手段特别残忍,主要就是因为杀人以后分尸了——把头颅割下来,扔到河里面。其中,就他用刀在颈部切割的行为,谈不上残忍,残忍主要是指把头颅割下来扔到河里面,是一般人难以接受的。那么,在这种情况下,又存在一个问题——什么是"杀人手段残忍"中的手段？人死了以后把他头颅割下来,后面的分尸、弃尸行为是不是杀人手段？事实上,我们所讲的杀人手段是把人杀死的手段,人死了以后对尸体的处置并不是杀人的手段,而在这个案件的分析中,显然是把杀死后的行为作为认定手段残忍的根据,这是有问题的。

我们看到,在好几个案件中,之所以被认定为手段残忍,都是因为不严格把握杀人手段的要件。比如说,在李昌奎的案件中也讨论过的,所谓的先奸后杀和先杀后奸,实际上是犯有数罪,但也作为手段残忍。比如,先奸后杀构成两个罪,奸构成强奸,杀构成杀人,但是,他把强奸作为杀人的手段残忍来讨论。那么先杀后奸,这个奸是侮辱尸体,我国虽然有侮辱尸体罪,但是,这种侮辱尸体行为被认为是不可罚的事后行为,并不单独定罪。但是,这个因素也仅应认为是故意杀人量刑时应当考虑的情节,而不应该被纳入杀人手段中,不能据此而认为故意杀人手段残忍。在刘兵故意杀人案中,被告人刘兵强奸被害人韩某(14岁)后,担心事情败露,产生了杀人灭口的念头。刘兵用双手将被害人韩某扼掐致死,并将尸体藏匿于路边菜地后逃离现场。这个案件也被认定为是故意杀人手段残忍。但行为人只是用手把他人掐死,如果这种杀人手段是残忍的,那么,哪个杀人手段不残忍?最后的结果就是只要把人杀死了,都属于手段残忍。那么,这个案件为什么认为是手段残忍呢?就是因为行为人先奸后杀。

通过这种分析,我们就可以看出,法官在处理具体问题的时候,他的逻辑是有点混乱的,把不同的东西混淆在一起。事实上,杀人的手段残忍,只是杀人罪中影响故意杀人的量刑和死刑裁量的因素之一,还有很多其他的因素。手段残忍应当有它的特定内容。还有些案件把杀死两个人说成是手段残忍,杀死两个人是两个行为,可以说是后果严重。相反的,有的案例把杀死一个人说成后果严重。如此,所有的杀人都是后果严重的。只有杀死3人以上,才可以说是后果严重。但是,后果严重又并不等同于手段残忍。所以,我们在案例分析时发现,他把这些因素都混在一起了。最后,我得出一个关于故意杀人手段残忍的规则——故意杀人中的手段残忍是指在故意杀人中故意折磨被害人,致使被害人在临死之前处于肉体和精神的痛苦状态的情形。我的意思是指,杀人肯定会使被害人痛苦,但是,只要是追求把人杀死的手段,因手段本身所产生的痛苦都被故意杀人本身所包含。只有杀人行为不仅要使他死,还要使他临死之前遭受精神、肉体上痛苦,才是手段残忍。这种杀人,也就是我们所谓的"虐杀"。也就是说,我不是一刀杀死,而是在临死前要加以折磨被害人,这种杀人才是手段残忍的杀人。捅十刀八刀,这可能都不是手段残忍,而只能算情节严重;杀死两个三个,也不是手段残忍,而是后果严重,这都是不同的东西。

在这十个案例中,只有一个案例符合我讲的情况,就是蔡超故意杀人案。被告人性情残暴,交了本案的被害人做女朋友。但是,由于被告人性情残暴,本案的被害人就要与其分手,结果被告人蔡超把女友骗出来,关在屋子里,采取非常残酷的方法,把她衣服脱光,手捆起来,用刀在她胸上划,用烟烫,用开水浇,采取了残酷的方法,最后才打算杀死她,用刀捅她,捅了好几刀。但被害人命很大,最后还没有死,受了重伤。当然,被告人杀她以后,也要自杀,但也没死成。这个案件就是我讲的手段特别残忍的故意杀人。因为被告人追求致人死亡以外的、对被害人追加的精神肉体痛苦。这是我们从具体案例里引申出来的、对故意杀人手段残忍的具体分析。

再次,我们再进一步研究,会发现有很多值得探讨的问题。在司法实践中,手段残忍或者手段特别残忍,几乎就成了一个判词。判词说难听点就是套话。手段残忍和特别残忍本来是需要用证据来证明的,但是,在我们的判决中,手段残忍成为随便可用的判词。手段残忍在某些情况下是判死刑用的——比如,被告人手段特别残忍,所以应该判死刑立即执行;也有的时候是一种修饰词,不想判死刑立即执行时用来转折的——手段特别残忍,但是怎么怎么。比如,刚刚颁布的两个指导性案例,即王志才故意杀人案和李飞故意杀人案,都是因为婚姻纠纷而引起的故意杀人,一、二审都判死刑。但是,案件到最高人民法院,都没有得到核准,没有核准后,就发回高级人民法院重新审判。高级人民法院在判死缓的过程中,就说"虽然手段特别残忍,但是怎么怎么",所以判死缓。从中可以看出,在司法文书中,手段残忍就成为一个空洞的判词,不需要具体内容。但是,手段残忍会对死刑产生积极影响。仅仅将其当作一个判词来使用,而不是针对手段是否残忍、手段是否特别残忍进行控辩的攻防,就使得我们的判决缺乏坚实的事实和法律基础。这是一个很大的问题。

最近,通过这种研究,我们可以提出一个问题:手段残忍对死刑的裁量有什么影响。故意杀人罪在整个犯罪中是比较重要的一个罪,也是判死刑较多的一个罪。在这样的情况下,对故意杀人罪的量刑情节应当要类型化。对于故意杀人罪的手段残忍、后果严重、情节严重、情节恶劣的具体含义,都应该要类型化,然后再针对这些内容进行教义学的分析。我们需要很准确地界定所谓的手段残忍为何,尽管个别要素对于死刑裁量确实有影响,但是,它不属于手段残忍的内容,不能把它归入到手段残忍中(它可能属于后果严重的内容)。因此,从这十个故意杀人的案例中,从故意杀人的手段认定中,我们就可以逐渐引申出很多内容,引申到法教义学角度,建立起一种个案或者个罪的法教义学。

通过这种对指导性案例的法教义学研究,我们可以发现,在司法裁量过程中,存在着各种问题。如果用过去的方法,即从法条到法条、从概念到概念,是不能发现这些问题的。通过具体的判例、具体的判词,就会发现存在一种什么样的问题。所以,这种研究就会使我们的理论研究成果更加地契合司法实践,和司法活动紧密地联系在一起。并且,这种研究也会使我们选题本身来自于实践。这样的选题并不是主观拍脑袋想出来的,而是在阅读案件中发现的。比如说,通过阅读案卷后发现,这个问题特别有意思——这么多案件都认定为故意杀人手段残忍,但是,这些手段残忍之间有没有共性?它是根据什么标准来认定的?另外,我们还可以看到,死刑案件往往是中级人民法院一审、高级人民法院二审、最高人民法院复核,但是,有的案件最高人民法院没有复核又发回高级人民法院进行再次审判。同时,我们还可以看到一审的判词、二审的判词和最高人民法院的判词之间的对话,比如高级人民法院认定为判死刑立即执行,而最高人民法院认为不应该判死刑立即执行,他们之间是存在对话的。这里面也可以发现一些很有意思的问题,这样的判例就不是被当作死的东西来看待,而是司法活动中活生生的素材。从这些具体的案例中，我们可以观察到司法活动的动态内容，把握司法活动脉络，我们挖掘出很多有趣的素材。

随着我们案例制度的逐渐发展和健全，以及指导性案例的积累，法学研究的知识形态也会发生某种转变。过去抽象的理论阐述变成需要去关注这些案例，对于这一点，我个人也是有切实的体会。在过去，我们指导很多法律硕士研究生写刑法论文，有些学生本科不学法律，研究生时期只学了一两年的法律，刑法学知识掌握得不太多。在这种情况下，你要让他找一个理论问题来写，那就只能是抄，因为他没有能力来把握理论问题，他只能用大量的资料来做梳理和综述，很难提出独特的个人观点。在这种情况下，我都建议他们研究案例，结合案例来做实证的、具体的研究，这种研究可能会有具体的帮助。

有些法律硕士过去本身就来自于司法机关，比如我曾指导过一个驻监所检察官，我就让他写监所里的减刑是怎么操作的，让他回去调查，把所有减刑的资料和素材搜集起来，做一个描述然后做一些分析。还有一个法官，是做刑事审判的，我就说你把你们法院五年来所有判缓刑的案件都搜集好，再做归类和分析。还有一个是在中级人民法院的法官，因为涉及死刑案件，我就要求他把所在中级人民法院所有判死刑的案件都搜集好，首先是描述、呈现出来，然后再做一个分析，比如说，法院判了多少死刑，罪名是什么，被判死刑的人年龄是什么，他的知识背景、家庭状况等，然后法院判死刑和死缓的标准是如何掌握的，死刑到二审有多少被核准了，多少被改判了，把这些资料搜集好，然后来做一些分析，这样才有价值。还有一个学生并不来自于司法机关。前两年，我正好对侵犯商业秘密中的"造成严重后果"很感兴趣。"造成严重后果"在理论上分歧很大，司法实践中也比较混乱，我就要求他把能够找到的、关于侵犯知识产权的案件找来，他找了20多个案件，然后将这些案件中的严重后果的类型及认定归纳出来，最后再做一些分析。

虽然他们法律知识与研究能力不是很强,但是,这种研究做出来以后,效果会很好,对于我们从事更深入的理论研究,都会有帮助,能够起到事半功倍的效果,而且能够充分利用作者的资源。因为他本来就是在司法机关工作,这样的论文对他的工作是一个总结,对他将来的工作也会有帮助和指导。所以,研究一定要联系实际。刚开始进入到刑法学术领域做研究,不要去搞很高深的理论,因为这很难把握。应该从具体案例去寻找资源、发现问题,这样的论文就容易写好,容易区别于其他论文。由此而进入刑法的研究,我认为是一个比较好的入口。将来研究能力提高了,可以写一些比较高深的理论论文。因此,我认为,案例指导制度建立以后,将会给我们刑法研究带来新的面貌,将会提供很多的案例资源,会提供很多新的选题,会改变刑法的知识形态,这点我觉得非常重要。

第三个问题:案例刑法教学。

案例刑法教学是指在法学教育中采用案例或者判例教学的方法。十年前,我曾经做过一个课题,是关于在中国是否有实行案例教学法的可能。不同的法系有不同的法律教学方法。通常来说,由于大陆法系实行成文法制度,它的法律教学方法基本上是以法典为中心的理论阐述。因此,这种教学方法的体系性和逻辑性都比较强,主要是提供一种法律的解释方法。但在英美法系国家,由于它们实行的是判例法制度,所以,它们的教学法主要是案例教学法。所谓的案例教学,也就是判例教学。

那么,在我国实行成文法的情况下,有没有可能在教学中实行案例教学法?我的研究结论是这样的,法律的教学方法和一定的法系和法律体制是相联系的。在大陆法系国家,由于实行成文法,法典是法的载体,也就是法存在于法典之中,因此,我们是通过法典来学习法的。因此,在成文法制度下,法律教学必须是以法典为中心的教学法。而在英美法系国家,之所以采用案例教学法或者判例教学法,主要是因为在判例法的制度下,法存在于判例之中。因此,必须要通过判例来学习法,在法律教学之中也必须采用判例教学法。所以,采用何种教学法,是由它的法系决定的。当然,在大陆法系国家,虽然通过法典进行讲授,但是,又可以将案例教学作为补充。所以,我认为,在实行成文法的体制下,不可能完全采用案例教学法。因为我们的法律就存在于法典之中,完全通过判例去学习法,这是不可能的。但是,随着最高人民法院指导性案例的逐渐颁布,在我国实行案例指导制度情况下,可以把这些指导性案例作为教学资料引入到法学教育中。

我本人从1985年开始当老师,至今已经有28年的刑法教学经历。在比较早的时候,我就注重案例教学。记得十五六年前在中国人民大学任教的时候,我就为研究生开设了刑法案例分析课。当时,还是以案例分析为主,也就是讲疑难案件——关于这个疑难案件有哪几种观点,应当采纳哪一种观点。因此,这是一个案例分析的课。但后来逐渐开设了刑法案例研究的课,也就是所谓的判例课。我现在给北京大学的法学硕士、法律硕士开设的是案例刑法研究,这不是过去所讲的案例分析课,而是判例研究。这个课程是以我出版的上下两卷的《判例刑法学》和之后出版的教学版作为教材的。因为北京大学一学期讲15次课,所以我总论15个案例,分论15个案例,总论、分论轮换讲,这一学期讲总论的内容,下一个学期就讲分论的内容。基本上,这是研究判例中的规范和规则的课程。这个课程的教学效果是比较好的,因为研究生在本科阶段学了刑法课程,在研究生阶段又学完了刑法总论和分论,然后再来听案例研究课。实际上,这个课程是结合案例专题性地讲一些更加抽象、更加重要的理论问题,并且结合具体案例和结合司法实践。这样就可以增加学生对刑法专业知识的广度和深度。

与此同时,北京大学最近几年以来进行了教学方法的改革。其中包括开设案例研习课,这个课主要是给本科生开的,我们有一个刑法案例研习,还有一个民法案例研习,将来还要开行政法的案例研习课以及诉讼法的案例研习课,共有四门研习课。刑法案例研习课已经开了两年了,主要是车浩老师承担的。案例研习课和案例研究课完全是不一样的,它主要是一种方法论的训练,课程的主要内容是每次事先要发一个案例,这种案例主要是教学案例,教学案例和真实是不一样的,有些是根据教学的需要编出来的,有些则是对真实的案例进行改编后出来的,有很多教学案例是非常有名的。比如说,我这里有一本德国罗克辛教授编的《德国最高法院判例(刑法总论)》,这是他的教学用书,该书对案件进行改写,案情都很简单,通过这本书大家可以了解德国运用判例进行教学的情况。通过这本书我们可以看出,这些案例是用来教学的,他并不在于研究这些案例的裁判理由,而是通过案例说明一个法律问题,德国联邦最高法院是什么态度。所以这个案情改编后都十分简单,这是比较好的教学案例。除了教学案例,通过教学案例来讲授课程,案例起着辅助性的作用,主要内容还是讲授刑法方法论本身,对学生进行刑法思维方法的训练,让他学习如何从案例着手,对案例进行分析来进行讲授。我六月份去复旦大学参加案例指导制度的会议。复旦大学的章武生教授送了我一本他编的《模拟法律诊所实验教程》,他们在开设这样一门课程:他把这种教学方法叫作全案例教学方法,其特点是采用真实的案例,不限于刑法、民法,各个部门法都有,每个法都选了一些真实的案例,将真实的案例整理加工后,包括把判决书、裁定、辩护词都收进来。因此,每一章相当于一个案例的原始资料,他教学的目的就是让法学院的学生比较早地通过课堂来接触这些案件,通过真实资料去看这些案件,从中看出了什么问题,然后再进行归纳讨论,所以这也是一种特别有意思的教学模式。所以,针对不同的学生,完全可以采取不同的教学方法,学生通过这种学习会有很多收获。

我在上个学期给硕士研究生开设案例刑法研究的课程,最后考试的时候,我就给同学们布置了一个作业,由中国人民大学冯军教授主编、中国人民大学出版社出版的《比较刑法研究》里面收录了一份由冯军翻译的德国波恩法院的判决书,因为冯军教授去旁听了这个案件的开庭,临走前,他请求法官给他寄这个案件的判决书,法官就寄过来了。我看了以后,觉得特别有意思,这个判决书信息量很大,涉及很多方面的问题。后来我就要求我的学生从这个刑事判决书中选择一个问题来写一篇论文,作为期末考试的作业。在这些学生中,有的是学刑法的,有的是学刑事诉讼法的,还有的是学其他部门法的。他们选择从不同的角度来写,大概有 20 多篇的论文,每篇有 20 000 字,甚至有 25 000 字,我觉得写得都很好。因为这个判例中涉及很多问题,比如说证据问题,刑事诉讼法的同学就专门研究证据在这个案件中是如何被认定的;这里还涉及精神病的问题,可以写精神病是如何判断的;案例涉及判决书的写法和风格;还涉及个罪与竞合问题;判决书是按照三阶层来论述的,所以又会涉及犯罪论体系。我让学生修改后,准备把它们编到下一卷的《刑事法评论》,你们可以看一下第 33 卷,特别有意思。把德国判决书放在前面,后面有 20 多篇的论文从不同角度来研究判决书中的不同问题。我觉得,他们都写得特别好,学生的研究也很有意思。德国的判决书反映了中国的什么问题,以此进行比对和研究。这样一种教学法对学生而言,是更有启发性的。

在中国目前的情况下,刑法教学当然还是以讲授刑法的基本内容为主。但是,我认为,在讲授基本理论的过程中,应当把指导性案例的有关内容穿插进去,甚至可以专门编写一些以案例为中心的刑法教程。比如说前年,最高人民法院曾经主持一个项目,要编一套共 30 多本案例教程,包括刑法案例教程、民法案例教程等。其中,刑法案例教程就分为总论、分论。这套书是由一部分学者和一部分法官共同编写的,我是刑法各论这本书的主编。这套书将对法官裁判产生影响,同时它还会影响我们的教学,因为它是最高人民法院组织编写的,具有相当的权威性。在大学的法学教育中,也可以把它作为一种参考,这是个很好的创意。由此可见,案例进入我们的法学院和教学内容,是迟早的事情。所以,大家在教学中应当把理论知识的传授和案例的分析、判例的研究结合起来,在传授给学生一般性知识的同时,也要使学生更多地接触案件。

我认为,刑法以及其他部门法,是理论性和实用性都很强的学科,一方面,刑法可以做刑法哲学研究,因为刑法本身包含了体系性和逻辑性。正如耶塞克教授所讲的,刑法是人类精神生活的一个点,通过刑法可以观察到整个人类的精神生活,可以上升到这样一个哲学高度。犯罪是社会生态的组成部分,通过犯罪可以来研究和把握社会。刑罚也是这样的,比如说死刑,它也是社会精神面貌的一个侧面。因此,可以很深入地研究,把刑法当作一种知识和学术来进行深入研究。另一方面,刑法又是一门专业性、技术性、实用性很强的学科,所以,要职业化地把握刑法,刑法的关键问题还是定罪量刑的问题。在实践中,可以说85%甚至90%的案件的定罪量刑,是不学法律就可以处理的,就像医生处理发烧、感冒、头疼、咳嗽这种病,解决这些案件的问题不需要法律知识,干几年就会了。但是,有5%~8%的案件是比较疑难的,这些疑难的案件背后就包含了复杂的问题,法律关系错综复杂,没有专业知识,甚至没有多学科的专业知识都是不行的,比如说刑民交叉的案件,光有刑法知识不够,需要有民法知识才能把法律关系搞明白,还有证据的认定等,这就像疑难杂症一样。对于疑难案件,需要有很丰富的知识,也需要有很丰富的经验,才能解决这些案件。

我刚刚和北京大学出版社的蒋浩老师说,我最近写了一部作品就是关于一个发生在安徽淮南的案件,被告人高尚7年前挪用资金被起诉到法院,一审判了无罪,检察院抗诉。无罪的判决书写得非常详细,论理非常好。但是,抗诉书没有一句是讲道理的。我说,我看过不讲道理的司法文书,但还是第一次看到这么不讲道理的司法文书。抗诉得讲明白为什么一审判决错了,但一句话都没有,二审法院改判为有罪。二审法院一共26页,25页照抄复制了一审法院的判决,最后一页一点道理没讲,给高尚改判有罪。定罪以后,高尚就申诉,两次申诉,均被中级人民法院驳回;向安徽省高级人民法院申诉,又被高级人民法院驳回。高尚就找了全国人大代表向最高人民法院申诉,后被最高人民法院驳回,这个案件的申诉程序就走了7年。这个案件很有意思,它的司法文书很全,包括了公安局最初的提请批准逮捕书、起诉意见书、检察院的起诉书、一审法院的判决书、抗诉书、二审法院的判决书、驳回申诉通知书、最高人民法院的驳回申诉通知书。针对这个案件,曾经开了一个专家论证会。与会专家认为,这显然是一个错案,不应该定罪。但这个案件中的法律关系很复杂,所以我最近就把这个案件全部写出来,把所有的案件文书罗列进去,然后一点点地展开。对每一个司法文书进行评论,然后在最后一部分对这个案件为什么办成这个样子的背景做一个理论的分析,大概写了十万字。题目是《立此存照:高尚挪用资金案侧记》,刊登在我主编的《刑事法评论》第33卷,以后还想写成一本书。这样的案件也许翻不过来了,最高人民法院都驳回了,除非最高人民检察院向最高人民法院提出抗诉。

我的核心观点是,我们要培养对案件的兴趣和敏感性。我们不能光看法条。我们对法条当然要敏感,但还要对案件敏感。案件中包含了大量的信息和知识,我们要去掌握和阅读。要阅读案例,并且要鼓励学生阅读案例。要去看很多案例书,接触实际的案例。有的案例资料很多,但怎么才能在很短的时间内找到案例的关键点,这绝对是一个技术、经验和诀窍。所以,必须大量地阅读案件,大量地接触案件。只有这样,才能够拿到一个案件后,一看就知道问题在什么地方。要有很强的案例把握能力和分析问题能力,这也是我们刑法技能的一部分。这正如德国著名的法学家考夫曼说过的一句话:"法学者,应当是实践着的语言学家,同时也应当是实践着的逻辑学家。"所以,法学者要有很强的语言分析能力和逻辑分析能力。并且,法学者实际上应当是一个社会思想家,他不是一个墨守法条的人。当然,法条对法学者的知识是有影响的,法学尤其是法教义学会受到规范的限制。法学者在研究法的时候,就相当于戴着脚镣在跳舞。但是,法学者在精神上又要突破法条的束缚,要上升到一个更高的层次,这样才能真正地把握法律。这样的话,不仅能成为一个法学者,同时也是一个社会思想家。这才是我们真正通过努力需要达到的境界。

(本文整理自2013年7月在北京师范大学刑事法律科学研究院与北京大学出版社联合主办的"2013年全国高校刑法教学高级师资研修班"的讲授稿)

专题七　犯罪特殊形态的司法认定

在刑法理论中有一个基本的命题——刑法分则是以一人犯一个既遂罪为标本来规定犯罪的。也就是说,在一般情况下,刑法分则所规定的犯罪是指一个人所犯的一个既遂罪,这是一种典型的犯罪。对于这种情况,可以直接按照刑法分则条文定罪处罚。但是,在现实生活中,除了这种一人犯一个既遂罪的典型犯罪以外,还存在一种比较特殊的犯罪形态。比如说,相对于一人犯罪而言,就有二人以上的共同犯罪;相对于犯一个罪而言,就有犯数罪;相对于犯一个既遂罪而言,又有犯罪的预备、未遂和中止等犯罪未完成形态。共同犯罪、数罪和未完成罪都是犯罪的特殊形态。刑法总则对于犯罪的特殊形态都作了专门的规定。我认为,在理论上正确理解这些犯罪特殊形态,对于整个刑法总论掌握是非常重要的。因此,我主要围绕犯罪的特殊形态给大家做一个说明。

一、犯罪的未完成形态

根据犯罪是否完成,可以把犯罪分为两种形态:一种是完成的犯罪,也就是犯罪的既遂;另一种是未完成的犯罪,包括犯罪的预备、未遂和中止。对于既遂的犯罪,可以直接依照刑法分则的条文来定罪。对于未完成的犯罪,刑法总则有专门规定。在理解犯罪的未完成形态的时候,我们首先要正确地理解犯罪的发展过程。因此,我首先提出以下三个不同层次的概念:

第一个概念是犯罪过程。有些犯罪是在非常短暂的时间内发生的,并且造成一定的后果。这些犯罪在时间上很短暂,因此不存在一个延续的过程。除此之外,大部分的犯罪都有一个过程,犯罪过程就反映了这些犯罪在时间上的一种延续性。应该说,犯罪过程的概念是法律上有规定的概念,在《刑法》第 24 条关于犯罪中止的规定中就有"犯罪过程"这个概念。

第二个概念是犯罪阶段。犯罪过程又可以分为若干个不同的犯罪阶段,因此,犯罪阶段是犯罪过程的一个下位概念。对于犯罪阶段的区分,理论上存在不同看法。我认为,对于犯罪阶段可以作以下划分:

我们可以从犯罪过程中分出两个大的犯罪阶段:第一个阶段是犯罪的预备阶段,第二个阶段是犯罪的实行阶段。在这两个阶段中,行为人分别实施的是预备行为和实行行为,发生在预备阶段的是预备行为,发生在实行阶段的是实行行为。需要注意的是,我国刑法分则规定的构成要件行为是犯罪的实行行为,而犯罪的实行行为和犯罪的预备行为是有所不同的。犯罪的预备行为是指为了犯罪而准备工具、制造条件。严格来说,这种预备行为本身并不是一个犯罪行为,而只是一种为犯罪做准备的行为。而刑法分则中所规定的犯罪行为是犯罪的实行行为。因此,对于犯罪的实行行为,可以直接按照刑法分则条文定罪。对犯罪的预备行为,应当按照刑法总则规定来定罪。

除了这两个大的阶段以外,还可以再分出两个小的阶段:预备后阶段以及实行后阶段。在一般情况下,预备行为和实行行为之间是紧密衔接的。但在某些情况下,行为人实施完预备行为后,并没有马上着手犯罪。在这种情况下,在预备行为和实行行为之间就有一个时间上的间距,我们把它叫作预备后阶段。

预备后阶段的划分,对于解决司法实践中的某些问题来说是有帮助的。比如说,在实践当中经常出现这样一些问题:一些犯罪的守候行为或尾随行为,到底是预备还是未遂?如果行为人准备杀人,已经做完了犯罪预备行为,然后在某个地方等候,打算等被害人出现时杀了他,但是,行为人在守候的过程中被抓获了。另外,如果行为人为了杀人已经准备了工具,然后再尾随被害人,打算走到一个合适的地点再动手杀人,但是,行为人在尾随的过程中被抓获了。犯罪的守候行为或尾随行为到底是预备还是未遂,理论上是有争议的。有些人认为,犯罪的守候行为和犯罪的尾随行为应认定为犯罪未遂,而不是犯罪预备。

我认为,这种理解是错误的,这种行为应当视为犯罪预备而不是犯罪未遂。因为守候行为和尾随行为都是着手实施犯罪以前的行为,而犯罪未遂发生在着手实行犯罪以后,因此,这种行为只能是犯罪预备而不是犯罪未遂。之所以会把它看作犯罪未遂而不是犯罪预备,主要是因为有这样的错觉,即在这种情况下,行为人已经实施完预备行为,因此,不能再把它称为犯罪预备,但我认为这种理解有误。实际上,犯罪的守候行为或尾随行为和一般的犯罪预备行为是有所不同的,这种不同主要在于它并不是发生在预备阶段,而是发生在预备后阶段。也就是说,在这种情况下预备行为已经实施完成,但行为人又没有着手实行犯罪,这就是这种犯罪行为和普通预备行为之间的不同。但由于犯罪未遂发生在着手实行犯罪以后,行为人还没有着手进行犯罪,因此,仍应当将守候行为及尾随行为认定为犯罪预备。

如果我们在犯罪预备阶段和犯罪实行阶段之间划出一个预备后阶段,那我们就能正确地理解守候行为及尾随行为的犯罪性质,这对于很多案件的处理都有帮助。比如说,在实践中经常发生抢劫出租车的案件。行为人准备好犯罪工具后,并且物色好了一辆出租车,要抢劫这辆出租车,也上了这辆出租车,打算等到一个合适的时间、地点再下手进行抢劫,但是,在这个过程中被发现了。这种情况到底是预备还是未遂？有人认为，这种情况是犯罪未遂，但我认为，不能将这种情况理解为犯罪未遂。因为行为人虽然已经准备好了，也实行了抢劫的预备行为，并且上了出租车，但坐上出租车并不等于着手实行犯罪，抢劫罪的着手实行犯罪应该是开始实施暴力、胁迫或者其他手段，而在这种情况下行为人并没有着手实行，因此，仍应认定为抢劫预备而不是抢劫未遂。这是一个预备后阶段，发生在预备后阶段的行为仍然应当视作犯罪预备而不是犯罪未遂。

和预备后阶段相对应的是实行后阶段。在一般情况下，实行行为终了，犯罪结果就随之发生，因此，实行阶段的终点就是犯罪既遂，在这种犯罪中不存在实行后阶段。但是，在某些犯罪中，犯罪分子做完实行行为以后，犯罪结果并没有随之发生，距离犯罪结果的发生还存在一个时间上的间距，我把这个时间上的间距称作实行后阶段。以投毒杀人为例，犯罪分子把毒药放到被害人的食物中，犯罪的实行行为就实施完毕了，犯罪的实行阶段也就结束了。但是，在这种情况下，被害人死亡的结果并没有马上发生，被害人死亡结果的发生还有待于被害人把有毒的食物吃下去、毒性发作、经抢救无效死亡。在实行后阶段，如果犯罪分子想要中止犯罪，也就是有效地防止结果发生，还是可以成立犯罪中止的。在实行后阶段，被害人吃了有毒的食物以后，经抢救没有发生死亡结果，同样也可以成立犯罪未遂，这是一种实行终了的未遂。由此可见，实行后阶段对于某些犯罪形态的认定也是有帮助的。

第三个概念是犯罪形态。这里的犯罪形态是指犯罪的未完成形态。根据我国《刑法》规定，在预备阶段和预备后阶段，有可能存在两种犯罪的未完成形态：一种是犯罪预备，另外一种是犯罪中止。应当指出，《刑法》第22条第1款是关于犯罪预备的规定："为了犯罪，准备工具、制造条件的，是犯罪预备。"我们过去往往把这个概念看作作为犯罪的未完成形态的犯罪预备的概念,我认为这种理解是不对的。实际上,这是一个关于预备行为的概念,它和犯罪预备的概念是不同的。作为一种犯罪的未完成形态,犯罪预备的概念应当是指行为人已经开始实施预备行为,但由于意志以外的原因而未能着手实行犯罪。在犯罪的实行阶段和实行后阶段,同样有可能发生两种犯罪的未完成形态:

一种是犯罪未遂,在实行阶段发生的是未实行终了的未遂。在实行中也同样会发生犯罪中止。对于实行阶段的中止,只要行为人消极地放弃犯罪就可以了,因为犯罪行为还没有实行完毕。

另外一种是发生在实行后阶段的中止,在这种情况下,犯罪行为已经实行完毕,要想成立犯罪中止,就必须采取积极有效的措施来防止犯罪结果发生。由此可见,犯罪的未完成形态,是发生在犯罪过程中不同犯罪阶段的一些犯罪的特殊形态。这些犯罪的特殊形态和典型的既遂犯罪是有所不同的。因此,刑法专门对这些犯罪形态的定罪和处罚问题作了规定。

在犯罪预备、犯罪未遂和犯罪中止这三种犯罪的未完成形态中,我认为最主要的一种是犯罪未遂。正确地理解犯罪未遂就能够正确区分犯罪未遂、犯罪预备和犯罪中止。根据我国《刑法》的规定,犯罪未遂是指已经着手实行犯罪,由于犯罪分子意志以外原因而未得逞的情形。由此可见,犯罪未遂具有以下三个特征:

第一个特征是已经着手实行犯罪。已经着手实行犯罪的特征是犯罪未遂和犯罪预备相区分的一个重要特征。已经着手实行犯罪表明了犯罪未遂只能发生在着手实行犯罪以后,而不可能发生在着手实行犯罪以前。如何理解这里的着手实行犯罪?前面已经讲了,我国刑法中的犯罪实行行为是指刑法分则中规定的犯罪构成要件的行为,因此,着手的确认应当根据刑法分则对具体犯罪的规定,也就是说,判断一个行为是否着手,要看刑法分则对这个犯罪是如何规定的,要结合刑法分则关于某一犯罪的构成要件来认定。比如用枪杀人,那么,找枪、买子弹、装子弹等行为都只是杀人的预备。如果行为人装完子弹以后,瞄准被害人并扣动扳机,那么,他在扣动扳机那一刻就着手杀人了。因为扣动扳机以后,子弹射出去就会把被害人打死。如果是用刀杀人,买刀、磨刀都是预备行为。行为人找到被害人以后,举起刀砍过去,在刀落下来的那一刻,就算着手实行行为。由此可见,着手行为是刑法分则所规定的构成要件行为。在一般情况下,这种行为是指有可能造成刑法分则所规定的某一种犯罪结果的行为。因为扣动扳机就有可能把人打死,将刀砍下来就有可能把人砍死,因此,必须遵照刑法分则的规定具体判断某一行为是否构成着手。从这一规定来说,是否着手和对某一具体犯罪行为的理解密切相关。

刑法分则中规定了几百种犯罪,这几百种犯罪的实行行为都是不一样的,有些行为的规定是比较具体的,是比较好理解的,比如杀人,我们都知道什么叫杀人,因此,对于杀人的着手的判断,一般来说是比较容易的。

但是,有些犯罪行为的规定是比较抽象的,在这种情况下,判断这种犯罪行为的着手,首先要把实行行为的内容搞清楚,比如盗窃。盗窃是一种常见的犯罪行为,但是,盗窃的实行行为到底是什么?我们可能会举出一些具体的盗窃例子,比如说扒窃,把手伸到别人口袋里把钱包拿出来,或者跑到别人家里把东西偷走。但是,盗窃的行为在理论上的特征是什么,我们可能很难把它讲清楚。

理论上,盗窃指的是秘密窃取,对"秘密"这两个字,一般来说还比较好理解,也就是背着财产所有人或者财产保管人。正是这种秘密的性质,才能使盗窃和公然的抢夺、抢劫得以区别。什么叫窃取呢?所谓的窃取,我认为指的是一种财产所有权的非法转移。也就是说,某个财产原本是处于财产所有人或者财产保管人的合法控制之下,行为人通过某种窃取的手段,使财产处于行为人的控制之下。我们可以看到,盗窃的行为是多种多样的,在某些情况下财产所有人或者财产保管人对财产没有采取严密的控制手段,比如说我把水杯放这儿,我没有用手抓住,这种情况下的窃取就表现为乘人不备把东西拿走,他只要拿走就构成盗窃,这是一种最简单的盗窃,也就是通常所说的顺手牵羊。但在有些情况下,财产所有人或财产保管人对财产采取了某种物理性的控制措施,比如将财产锁在家里,或者将财产固定在某一个地方,在这种情况下,要实施盗窃,行为人首先必须要破坏财产所有人、财产保管人对财产的物理控制状态。比如说入室盗窃,行为人首先就要把门撬开;如果财物被固定在某个物体上,行为人首先就要把财物从某个固定的位置上弄下来。我认为,对财产的控制状态的破坏本身就是盗窃行为的一个重要组成部分。尽管在某些盗窃中不需要这种破坏,但是在一般情况下,盗窃行为人都要实施这种破坏控制的行为。

因此,盗窃行为实际上是个复合的行为,首先是破坏财产所有人或保管人对财产的合法控制,破坏以后使财产脱离财产所有人、财产保管人的合法控制,再转为自己控制,这一过程就是盗窃。如果理解了这一点,我们就能明确,行为人只要开始破坏财产所有人或者财产保管人对财产的控制,就应当视为已经着手。因此,在入室盗窃的情况下,只要行为人撬门,就算着手盗窃了,破门本身就是入室盗窃的一种着手行为。

但是,同样是破门这个动作,对于强奸罪来说,却不是强奸罪的着手。按照刑法规定,强奸罪是使用暴力、胁迫或者其他手段,违背妇女意志而强行与之发生性行为的犯罪。强奸有不同地点的强奸,当然包括入室强奸。入室强奸首先要破门,但是,对强奸罪来说,破门这个动作并不是强奸罪的着手,因为强奸罪的构成要件行为是使用暴力或胁迫,而在破门情况下行为人还没有开始使用暴力或胁迫。只有行为人破门以后进入室内对被害妇女实施暴力或胁迫,才算着手实施强奸。

由此可见,由于构成要件的行为不同,虽然行为人实施了同一个行为,但在不同犯罪中,是否着手具有不同的判断。某一行为是否着手,以及从什么时间开始着手,对于判断是一个行为还是两个行为也是具有重要意义的。比如,司法实践中经常有这样的案件,行为人盗割通信线路,主观上是为了进行盗窃,但由于他把通信线路给剪断了,所以同时也破坏了通信设施,对于这种行为到底要怎么来定罪?有的人认为,这是一种想象竞合犯,也就是一个行为既触犯了盗窃罪,又触犯了破坏通信设施罪。另外一种观点认为,这是一种牵连犯,认为剪断电线是一个破坏通信设施的行为,把剪断以后的电线偷回家是一个盗窃行为,这是两个行为,构成两个犯罪,但两个犯罪之间存在一种手段和目的的牵连关系。

对于这个问题的处理,我认为,关键是看行为人在开始剪电线的时候,盗窃行为有没有着手。如果在剪电线的时候,盗窃行为已经着手,那么这就是一个盗窃。如果这个盗窃行为同时破坏了通信线路,就应当视为想象竞合犯。如果把它看成牵连犯,需有两个行为,必然就把剪电线的行为看作一个独立的破坏通信设施行为,且行为人在剪电线的时候还没有着手盗窃,只有剪完以后、把剪断的电线背回家,这个时候盗窃才算着手。只有作这样的理解,才能有两个行为,构成两个犯罪,按照牵连犯来处理。但是,按照我前面讲的关于盗窃行为的理解,我认为,盗窃行为包括了破坏财产所有人和财产保管人对财产的合法控制状态。从这种破坏合法控制状态开始,盗窃就已经着手。在这个案件中,当行为人开始剪电线,实际上盗窃就已经着手,而不能说剪完电线以后,把电线背回家,盗窃才着手。因此,对于这种情况,我认为,应该是想象竞合犯。也就是说,这里有一个行为,这个行为同时触犯两个罪名,是想象竞合犯。

犯罪未遂的第二个特征是犯罪未得逞。所谓的犯罪未得逞,指的是行为人所实施的行为还没有完全具备犯罪构成的要件。这个特征是犯罪未遂和犯罪既遂相区分的一个重要特征。犯罪既遂指的是刑法分则所规定的某一犯罪构成要件全部具备,而犯罪未遂是指刑法分则所规定的某一犯罪构成要件没有完全具备。是否完全具备刑法分则规定的某一犯罪构成要件,关键是看刑法分则对犯罪构成要件的规定。这个问题比较复杂,因为我国刑法分则对于犯罪构成要件的规定,有时候不是那么明确,尤其是在采取简单罪状的情况下。因此我们首先要正确判断一个犯罪的构成要件到底有哪些,然后再来判断哪些情况下构成要件全部具备,哪些情况下构成要件没有全部具备。如果对刑法分则所规定的构成要件作了错误理解,那么在判断是否完全具备犯罪构成要件这个问题上也就会作出错误的判断。刑法分则关于某一具体犯罪的构成要件的规定有不同的类型。一般来说,可以分为以下几种情况:

第一种犯罪类型是阴谋犯。也就是以阴谋、策划作为构成要件的犯罪。在这种犯罪中,行为人只要实施阴谋、策划,就可以构成犯罪。因此,这种阴谋犯的构成要件是否齐备,它的判断是要看行为人是不是进行了阴谋、策划,只要进行了阴谋、策划,构成要件就都具备了。所以,阴谋犯不存在犯罪的预备,同样也不存在犯罪的未遂。立法者通常把严重危害国家安全的犯罪规定为阴谋犯。

第二种犯罪类型是行为犯。即刑法分则规定以实施一定的犯罪行为作为构成要件的犯罪。对于行为犯来说,不要求发生一定的犯罪结果,只要行为人实施一定的犯罪行为,构成要件就具备了。只有当犯罪行为没有实施完毕,才能视为犯罪构成要件没有完全具备。所以,对于行为犯来说,就不能以某一个犯罪结果是否出现作为判断犯罪构成要件是否具备的标准。但是,哪些犯罪是行为犯,哪些犯罪不是行为犯,理论上有很大争议。比如,关于绑架罪,以勒索财物为目的进行绑架,有些人认为,它是行为犯,只要行为人以勒索财物为目的绑架了他人,就构成犯罪既遂,至于行为人是否取得了被勒索的财物,在所不问。但另外一种观点认为,绑架罪是结果犯,取得被勒索的财物是绑架罪既遂的一个条件,因此,行为人以勒索财物为目的实施绑架行为,如果没有获得被勒索财物的,应当视为绑架罪未遂,而不是绑架罪既遂。同样的问题还发生在敲诈勒索罪上。有人认为,敲诈勒索罪是行为犯,只要实施了敲诈勒索行为,无论是否获得财物,都应当定既遂。但另外一种观点认为,敲诈勒索罪是结果犯,只有取得了财物才能定既遂,如果没有获得财物就应当视为未遂。在这里,完全是由于对某一个犯罪的不同认识才造成既遂与未遂理解上的混乱。我认为,在理论上还是应当将这两种犯罪理解为结果犯。也就是说,不仅要求行为人实施了这个行为,还要求他实现了某种犯罪结果,构成要件才具备。如果结果没有发生,仍然应当视为犯罪构成要件不具备。

第三种犯罪类型是结果犯。对于结果犯来说,不仅要求实施一定的构成要件行为,而且要求产生一定的犯罪结果。因此,如果犯罪结果没有发生,那么,构成要件不具备,应当视为犯罪未遂。除了结果犯以外,还有结果加重犯。对于结果加重犯来说,不仅要有一定的本罪的结果,而且要有一个加重结果。

这些犯罪类型不一样,所以,判断这些犯罪的既遂、未遂的标准也是有所不同的。因此,在实践中,在判断某一具体犯罪既遂、未遂的时候,首先要具体判断这种犯罪到底属于哪一种犯罪类型。是行为犯,还是结果犯?只有正确判断了它属于哪一种犯罪类型,才能对犯罪的构成要件是否具备这一问题作出正确的解答。

犯罪未遂的第三个特征,是意志以外的原因。也就是说犯罪未得逞是由于犯罪分子意志以外的原因。其中,意志以外的原因,包括了犯罪人主观上的原因,比如犯罪能力上的限制,行为人开枪杀人,但由于枪法不准,未能把被害人打死,或者撬保险柜进行盗窃,但由于撬不开保险柜而使盗窃未能得逞,这都是犯罪人主观能力上的限制。另外一种原因是客观上的原因。比如放火,由于下雨而把大火给浇灭了,或者在杀人过程中被第三人制止。无论是主观上的原因还是客观上的原因,对犯罪分子来说,都应当是意志以外的原因。也就是说,犯罪未完成并非行为人所愿。从行为人本意来说,他是想完成犯罪,只是由于出现了出乎行为人意料以外的原因而使得犯罪未能完成。由此可见,犯罪未遂和犯罪中止是有区别的。犯罪中止是行为人在犯罪过程中自动地放弃犯罪,或者在犯罪以后、犯罪结果发生以前有效地防止犯罪结果发生。因此,尽管在犯罪未遂和犯罪中止情况下,犯罪结果没有发生或者犯罪行为没有实施完毕,但是,在中止情况下,犯罪结果没有发生或者犯罪行为没有实施完毕是由行为人主观意志所决定的;而在未遂情况下,则是由于犯罪分子意志以外的原因,所以,这两者是有所不同的。

二、共同犯罪

第二种犯罪的特殊形态是共同犯罪。共同犯罪也是司法实践中相当复杂的一种犯罪形态,是指二人以上共同犯罪。我认为,在处理共同犯罪案件时,首先应当正确地区分正犯与共犯的概念。由于我国刑法把共同犯罪人分为主犯、从犯、胁从犯和教唆犯,主要是根据共同犯罪人在共同犯罪中所起的作用进行分类的,因而,它有助于对共同犯罪人的量刑。但是,共同犯罪的案件处理首先需要解决的是共同犯罪的定罪问题,而共同犯罪的定罪问题不能通过主犯、从犯的分类来解决,而应当按照共同犯罪人在共同犯罪中所作的分工来解决。根据共同犯罪人在共同犯罪中所作的分工,我们就可以把共同犯罪人分为共犯和正犯。因此,共犯和正犯的区分,我认为是非常重要的。

我们先来讲一下什么是正犯。这里所谓的正犯,是指实行犯,也就是实行了刑法分则所规定的构成要件的行为的人。显然正犯所实施的是一种实行行为,因此,正犯的行为完全符合刑法分则所规定的构成要件,可以直接按照刑法分则的规定来解决定罪根据的问题。与正犯相对应的是共犯,过去在理论上,共犯这个概念被用得比较混乱,人们至少在以下三种意义上使用共犯这个概念。

第一种意义是把共犯当作共同犯罪的简称。我们往往把共同犯罪简称为共犯。第二种意义是把共犯当作共同犯罪人的简称,把共同犯罪人简称为共犯。第三种意义是把共犯当作和正犯相对应意义上的一种共同犯罪人,也就是教唆犯、帮助犯和组织犯。

我认为,正确意义上的共犯,应当是指和正犯相对应意义上的共犯。关于这个意义上的共犯,实际上在现行刑法分则中有一些规定,这种规定我认为是符合共犯特征的。比如说《刑法》第382条第3款规定:"与前两款所列人员勾结,伙同贪污的,以共犯论处。"这里的共犯指的就是帮助犯、教唆犯和组织犯,它们是和正犯相对应的。因为贪污罪是国家工作人员的职务犯罪,贪污罪的主体只能由国家工作人员来构成,不具有国家工作人员身份的人不能成为贪污罪的正犯,因为他没有职务便利。但是,非国家工作人员可以和国家工作人员相勾结,来构成贪污罪的共犯,也就是可以构成贪污罪的教唆犯和贪污罪的帮助犯,在这个意义上来说,也就是我们所说的共犯。

由此可见,共犯是一种非实行犯,共犯的行为在刑法分则中是没有明文规定的。刑法分则中只规定了正犯,如果没有刑法总则关于共同犯罪的规定,对于共犯就不能追究他的刑事责任。比如刑法分则所规定的杀人罪只规定了杀人的实行行为。直接实施的杀人行为完全符合刑法分则关于杀人罪的规定,可以追究行为人的刑事责任。但是,刑法分则所规定的杀人罪并不包括杀人的教唆、杀人的帮助,因此,如果刑法总则没有关于共犯的规定,对于杀人的教唆、杀人的帮助,是不能按照刑法分则规定来定罪处罚的。从这个意义上来说,刑法总则关于共犯的规定实际上为追究组织犯、帮助犯、教唆犯的法律责任提供了法律根据。因此,在刑法理论上往往把刑法总则关于共犯的规定理解为一种刑罚扩张事由。也就是说,把原来只适用于正犯的法律规定扩大适用于共犯,即帮助犯、教唆犯、组织犯。我认为,这样的理解是完全正确的。

因此,我们在处理共同犯罪案件的时候,首先需要解决共同犯罪人的定罪问题。而要解决共同犯罪人的定罪问题,需要看他在共同犯罪中到底是实行犯还是教唆犯或者帮助犯,以此来解决定罪根据的问题。

根据刑法理论,共犯可以分为三种:第一种是组织犯;第二种是教唆犯;第三种是帮助犯。

第一种共犯是组织犯,这里的组织犯是指在犯罪集团中起组织、指挥、策划作用的犯罪分子,这种组织犯的特征是行为人本人并没有直接去实行刑法分则规定中的犯罪行为,但在某一犯罪集团中起到了组织、指挥、策划的作用。比如盗窃集团中的组织犯本身并不去盗窃,而是指使、指派集团成员去盗窃。在这种情况下,组织犯的盗窃组织行为并不直接符合刑法分则关于盗窃罪的规定,因为他没有直接实行盗窃行为。但是,集团成员的盗窃行为都是在他的组织、指挥、策划下实施的。因此,我们把他的行为认定为组织行为,是共犯,然后按照共犯的原理来解决他的定罪根据问题。应当指出,在刑法分则中,某些犯罪的实行行为就是以组织为特征的,因此,要把这种以组织为特征的犯罪的实行行为和作为共犯行为的组织行为区分开。刑法分则规定中以组织为特征的犯罪的实行行为有两种情况:

一种是犯罪的组织行为,即刑法分则把某种组织行为规定为一种犯罪。比如说刑法分则中有两个罪名,一个是《刑法》第120条组织、领导、参加恐怖组织罪,另一个是《刑法》第294条规定的组织、领导、参加黑社会性质组织罪,这种组织行为本来是某种犯罪的组织行为,应当按照这个集团所实施的犯罪的共犯来处理。比如说,行为人组织了一个恐怖组织,如果这个恐怖组织去爆炸了,那么,行为人应为爆炸罪的组织犯;如果这个组织去杀人了,就按杀人罪的组织犯来处理。就像盗窃集团一样,如果盗窃集团实施盗窃行为,那么,主犯就以盗窃罪处理。但是,立法者考虑到组织恐怖组织、组织黑社会性质组织是一种严重的犯罪,因此,把这种组织行为规定为一种犯罪,如果这种组织又去实施其他犯罪的,法律规定应当实行数罪并罚。这样就把某种犯罪的组织行为规定为一种犯罪的实行行为,在这种情况下不能按照共犯的原理处理,而要直接按照实行行为来处理。

另外一种是非犯罪的组织行为,立法者将它规定为一种犯罪的实行行为。因为我们讲共同犯罪中的组织行为是犯罪的组织行为,也就是说被组织的行为是犯罪,因此组织行为才是一种共犯行为。不过在刑法分则中存在着某一些犯罪,它是以组织为特征的,但是被组织的行为不是犯罪。本来这种组织行为是不能作为犯罪来处理的,但是,考虑到这种组织行为具有较大的社会危害性,因此,立法者将它规定为一个独立的犯罪。比如说,组织他人卖淫罪,卖淫本身不是犯罪,但立法者考虑到组织卖淫的行为性质比较严重,因此,把它规定为犯罪。因此,我们在认定组织犯的组织行为时,要把它和刑法分则规定中某些以组织为特征的犯罪的实行行为正确地区分开。

第二种共犯是教唆犯。教唆犯是唆使他人犯罪的人。教唆犯的特点也是教唆人本人并不去实行犯罪，而是教唆他人实行犯罪。他人在教唆犯的教唆下实施犯罪实行行为，教唆犯的教唆行为和被教唆人的犯罪行为之间存在着因果关系。因此，教唆犯应当对他人在自己教唆下所实施的犯罪行为承担刑事责任。在认定教唆行为的时候，我们同样也应当把它和刑法分则规定中某些以教唆为特征的犯罪区分开。刑法分则规定中的某些犯罪是以教唆为特征的，这种教唆也有两种情况：一种是犯罪的教唆行为，犯罪的教唆行为本来就是共犯行为，可以按照共犯来处理。但立法者认为，这种教唆具有某种单独定罪的理由，所以就把它单独定为一个犯罪。另外一种是非犯罪的教唆行为。作为共同犯罪的教唆，指的是教唆他人去犯罪。如果被教唆的行为不是一个犯罪行为，那么，对于这种教唆是不能按照犯罪来处理的。不过，在某些情况下，考虑到教唆的行为具有较大的社会危害性，因此，立法者把这种教唆的行为规定为犯罪。比如说，诱骗他人吸毒的，吸毒行为虽然不是犯罪，但教唆他人吸毒却可以构成犯罪。我们在认定共犯的教唆行为时，要把教唆行为和以教唆为特征的犯罪的实行行为正确地区分开。

第三种共犯是帮助犯。帮助犯是为他人实行犯罪提供便利条件的人，因此，帮助是指对犯罪的一种帮助，帮助犯本身并没有实施刑法分则所规定的犯罪的实行行为。但是，由于帮助犯的行为为他人完成犯罪提供了便利条件，因此，帮助犯也应该对他人的犯罪行为承担刑事责任。帮助行为也是一种具有社会危害性的行为。在我国刑法中，帮助犯包含在从犯当中。从犯里面有两种：一种是在共同犯罪中起次要作用的犯罪分子，另外一种是在共同犯罪中起辅助作用的犯罪分子。

我认为，帮助犯指的就是在共同犯罪中起辅助作用的犯罪分子。

我们在认定帮助行为时,也同样应当将其与刑法分则规定中某种以帮助为特征的犯罪的实行行为区分开。比如说,刑法分则中有组织他人卖淫罪,同时又规定了协助组织他人卖淫罪,这里的协助实际上就是帮助,按照共同犯罪原理,协助组织他人卖淫的,是组织他人卖淫的帮助犯,可以按照组织他人卖淫罪的帮助犯来处理。但立法者考虑到协助组织他人卖淫的行为有它的独立性,又另外设立了协助组织他人卖淫罪,因此对于这种帮助犯不再按照共同犯罪处理,而是直接按照这个罪名处理。另外,像刑法里面的容留妇女卖淫、容留他人吸毒,这里的容留都是为他人卖淫、吸毒提供便利条件,本来是对卖淫和吸毒的帮助。吸毒和卖淫本身不是犯罪,因此,吸毒和卖淫的帮助行为也不是犯罪。不过,立法者考虑到吸毒和卖淫的帮助行为具有一定的社会危害性,因此,在刑法中专门规定了容留他人卖淫罪、容留他人吸毒罪。

从以上的论述可以看出,共犯行为的表现形式和正犯行为是有所不同的。正犯行为在刑法分则中是有明确规定的,而共犯行为和正犯行为之间存在一定的依附性,但共犯行为又具有相对的独立性。那么,在认定共犯行为时,不能离开正犯行为,但也不能把它和正犯行为混淆在一起。

我们在处理共同犯罪案件的时候,首先需要解决的问题是,被告人在共同犯罪中到底实施了哪一种行为。是实施了实行行为,还是教唆行为、帮助行为或者组织行为？然后,才来认定他能不能构成共犯。在认定他的行为构成共犯的基础上,再来考察他在共同犯罪中起到了什么样的作用。如果起到主要作用,就认定为主犯;如果起到次要作用,就认定为从犯;如果是被胁迫参加犯罪的,就认定为胁从犯。因此,在处理共同犯罪案件时,要在逻辑上把共同犯罪的定罪和共同犯罪的量刑给区分开来。

过去，我们往往把两者混同起来。之所以发生这种混同，我认为主要是因为我国刑法关于共同犯罪的规定存在着缺陷，由此而导致个别司法人员在面对共同犯罪案件时，一上来就是主犯、从犯。实际上，主犯、从犯是解决量刑问题，而量刑问题是在解决了定罪问题以后才有的。这个人能不能成立共同犯罪都没解决，怎么可以一上来就是主犯、从犯呢？所以，我一再强调，一定要把共同犯罪的定罪和共同犯罪的量刑严格区分开来。对于共同犯罪的定罪，要严格按照共同犯罪人在共同犯罪中的分工，也就是实行犯、帮助犯、教唆犯、组织犯来正确地认定。在认定构成共同犯罪的基础上，我们才来考察他在共同犯罪中所起的作用，来正确区分主犯、从犯以及胁从犯，最后再根据刑法规定的有关量刑原则来解决刑事责任问题。这是关于共同犯罪的定罪和量刑的一般问题。

一般来说，共同犯罪的案件都是比较复杂的案件，因此，在共同犯罪案件中，还有一些疑难的问题需要我们加以研究。比如说，共同犯罪当中的实行过限的问题，这里的过限指的是超过限度。这个问题主要和共同犯罪故意有关。构成共同犯罪是指，行为人不仅在客观上要有共同犯罪行为，而且在主观上要有共同犯罪故意，只有在共同犯罪故意的范围之内，才能来追究刑事责任。所谓的实行过限指的是在共同犯罪中，某些或者某个共同犯罪人实施了超出共同犯罪故意的犯罪行为。对于实行过限的行为，刑法理论上一般的处理原则是——对于实行过限行为，应当由实行者本人来承担刑事责任；由于其他共同犯罪人对此在主观上没有共同犯罪故意，因此不承担刑事责任。应该说，这个处理原则是明确的。但关键的问题是，在司法实践中，如何正确地判断行为人到底有没有超过共同犯罪的限度。这种判断有时候是比较难的。

在这里，我们先来考察一下在共同实行过程中的实行过限。共同实行也被称为共同正犯,在这种情况下,两个或者两个以上的犯罪人共同实行了刑法分则所规定的构成要件行为。比如说,两个人共同去杀人,他们都实施杀人行为,或者共同抢劫,他们都实施抢劫行为。我们把实施共同犯罪的行为人称为共同正犯,每个人都是正犯,都是实行犯。在共同犯罪案件中,有很大一部分是以这种共同正犯的形式来构成的,这种共同正犯的犯罪形态当然是比较复杂的,有些是事先有通谋的,有些是事先没有通谋的。在事先有通谋的情况下,判断一个犯罪分子是否实行了超出共同犯罪故意的行为,以及是否实施了过限的犯罪行为,是比较好理解的。

比如说,甲、乙两人共谋进行盗窃,虽然他们的盗窃故意很明确,两人的共同犯罪就是围绕盗窃来进行的,但是,两人到某一户人家以后,就各自到不同的房间里翻箱倒柜、窃取财物。其中,甲到了卧室,看见女主人正在睡觉,临时产生强奸的故意,把女主人给强奸了,而乙则在其他房间盗窃,事后才知道甲在盗窃中又强奸他人。在这种情况下,强奸犯罪是一种实行过限,超出了共同故意的范围,强奸行为是甲一人所为,应当由甲一人对此承担刑事责任,这一点是比较明显的。

在有些案件中,这种事先的预谋虽然也比较明显,但是,能不能看作实行过限,就比较复杂了。比如说,甲、乙两人共谋到某机关办公室进行盗窃。盗窃后,甲看到办公室里有个电炉,就临时产生了把电炉点上,把现场烧毁的念头。但是,甲当时并没有和同伙乙商量,就直接把电炉插上,然后在电炉上放上纸等易燃物。电炉着火以后,就可能会烧毁房屋。他们盗窃完后就出来了。等到了门口,甲就对乙说:"我刚才在盗窃时把电炉点上了,等大火烧起来时,就会把办公室给烧了,这样别人就不会发现我们盗窃的痕迹。"在这种情况下,乙并没有回去制止,而是默许了这个事实,最后大火果然把这个办公楼给烧毁了。对于接上电源的甲,除了盗窃罪之外,还要另外定一个放火罪,这是没有分歧的。但是,对于乙,要不要另外对他定放火罪?换句话说,这个放火的行为是不是一个实行过限的行为?乙要不要对放火也承担刑事责任?

对此,存在两种不同的意见:一种意见认为,当时在点电炉的时候,乙并不知道,点电炉的行为是甲单独所为,甲只是在犯罪完成后才告诉乙,因此,乙对放火在主观上既没有故意,在客观上也没有行为,不应当承担刑事责任;另外一种观点认为,乙在当时确实不知道,在主观上没有故意,在客观上也没有行为。如果出来以后,大火已经点着了,甲这时再告诉乙,乙当然不应该对放火承担责任。但是,在这个案件中,甲告诉乙的时候,火还没有点着,也就是说,乙回去制止结果发生是来得及的,而且两人是共同犯罪,乙也有义务来制止大火发生,但是,乙却没有采取制止的手段,因此,乙对于大火发生应当承担刑事责任。

这两种观点很不一样,哪一种观点更有道理一些,确实是一个值得研究的问题。事实上,哪个绝对对、哪个绝对错,都很难讲出道理来完全说服对方。但我个人还是倾向于第二种观点。也就是说,甲、乙是一起盗窃的,而且这个放火行为对于乙来说也是有利的,因为能够销毁罪证。在甲告诉乙后,乙是否有义务制止?如果乙没制止,能否视为对犯罪的默认?在默认情况下,乙是不是应当对此承担刑事责任?我认为,还是应当考虑乙对这个犯罪后果负有一定的刑事责任。但这个问题确实还是一个值得研究的问题,因为我们还是要把某一个犯罪人的单独行为和共同犯罪行为区分开来,不能作简单的联系。在判断实行过限的时候,要根据主观故意、客观行为,结合整个案情进行判断。比如说,在聚众斗殴、寻衅滋事案件中,由于一个人突然捅刀子导致发生死亡结果,对捅刀子的人可以转化为故意杀人或者故意伤害致死,其他人要不要对此也负刑事责任?是不是也随之转化为故意杀人或故意伤害,关键是要看他们事先是怎么商量的,其他人是否知道携带刀子,动刀子当时情况如何,其他人是否知道,等等。要对这种情况进行综合判断,只有这样,才能正确区分实行过限及共同行为。

在教唆犯的情况下,被教唆人的实行过限相对来说会比较复杂,主要是因为在教唆的情况下,共同的犯罪故意主要是通过语言来确立的。教唆犯主要通过一种语言把某种犯罪意图告诉他人,使他人去实施犯罪。在用语言进行教唆的时候,语言有时候是比较明确的,比如教唆他人去杀人,他就去杀人。但是,语言有时候是比较模糊的,甚至是非常模糊的。在很多情况下,这种教唆可能是一种辗转教唆,也就是他告诉甲教唆乙,乙又去教唆丙,丙又去教唆丁。现在很多的雇佣杀人,往往会有这种情况——甲对乙说,乙再去找丙,丙再找丁,这里面就有个教唆的故意如何确立的问题。因此,在确定被教唆人行为是否实行过限时,要根据他教唆的内容来加以判断。在教唆的内容很不确定的情况下,由此而引起的一切犯罪行为都应该由教唆犯来承担。虽然教唆的内容很不确定,但由于这种教唆行为而引发了某种犯罪,无论是何种犯罪,教唆犯都要承担刑事责任。在某些情况下,如果教唆犯的教唆内容是固定的、确定的,但被教唆的人实施了被教唆以外的行为,应该由被教唆的人来承担刑事责任。

但在实践中,有些问题还是值得研究的,比如说,教唆他人去伤害,被教唆人伤害他人致死。对于教唆犯来说,是定故意伤害罪的教唆犯,还是定伤害致死的教唆犯?也就是说,教唆犯要不要对致死的后果承担刑事责任?对此,也有两种不同看法:第一种观点认为,教唆犯教唆的是伤害,被教唆人在伤害中致他人死亡,致他人死亡的后果应该由被教唆人本人承担,教唆犯只能承担故意伤害的教唆责任;第二种观点则认为,教唆他人伤害,这种伤害有可能造成他人死亡结果,教唆犯主观上应当预见这一点,因此,教唆犯对伤害致死在主观上也是有过失的,同样应当承担伤害致死的教唆的责任。目前,在我国的司法实践中,都是按照第二种做法进行的。也就是说,被教唆人伤害致死,教唆犯都是按照伤害致死定罪。这种做法当然有它的一定道理,但是在某些案件中可能就会有一些特殊性。

在这里,我们讲两个案例。一个案例是这个犯罪人教唆手下两个人去伤害一个人,这两个人就买了刀跑到被害人所在厂里面找这个被害人进行伤害。但是,被害人当天恰好不在厂里。这两个人没有找到人,就从厂里撤出来。在这个过程中,两人被厂里有关人员发现。厂里有七八个人出来追他们两个,在追的过程中双方就扭打起来。在扭打的过程中,其中有一个人用刀把厂里一个人捅死了。对于捅死人的行为人定伤害致死,当然没有问题。现在的问题是,对于教唆者应当怎么定。对于教唆者,有关法院也定了伤害致死。但是,定伤害致死在理论上是否有根据,可能是值得研究的,因为教唆者教唆他人去伤害某一个人,这人刚好不在,因此他所要教唆的犯罪没有发生。但是,在这个过程中,被教唆的人又捅死另外一个人,这是不是一种实行过限?是不是教唆故意以外的犯罪行为?如果认为是教唆故意以外的犯罪行为,教唆者对此就不应该承担刑事责任,而只能对其论以教唆伤害罪未遂。当然也有人不同意这个观点,他们认为,这是在实行当中的错误,就像教唆一个人去杀张三,但被教唆人把李四当作张三给杀害了,那么,按照认识错误的一般原理,无论是李四还是张三,他们的生命都应当受到保护。因此,即使被教唆人把李四当作张三杀害了,对被教唆人仍然应当定故意杀人罪。对于教唆人要怎么定?他教唆杀害的张三没有死,因而只应当对杀害张三未遂承担刑事责任,不能对杀害李四承担刑事责任?不能这样说。在这种情况下,教唆犯也应当对李四的死亡承担刑事责任。也有人认为这是一个认识错误,不管被教唆者杀死谁,教唆者都应当承担教唆的刑事责任。但是,我认为,这和认识错误还不太一样,因为这不是认识错误的问题。如果是认识错误,教唆者应当承担刑事责任。但这是被教唆者在实施被教唆行为中引发的另外一个犯罪行为,这个犯罪行为在客观上当然和教唆者是有联系的,但是让教唆者对这样一个行为承担刑事责任,可能会有一些不太公平。

另外一个案例,也是教唆他人去伤害,但是在伤害当中,被教唆人不仅伤害了教唆者要求伤害的人,而且把其他人也给伤害了,如河南省平顶山市政法委书记李长河雇凶杀人案件。教唆者教唆他人去伤害一个叫吕敬一的被害人。凶手进去以后,不仅把吕敬一给伤害了,而且把他的老婆给杀死了。在这种情况下,教唆者对于指定的被害人吕敬一当然应该承担教唆的刑事责任,但对杀害吕敬一老婆的行为要不要承担教唆的刑事责任,在理论上值得考虑。我认为,这里面还是一个实行过限问题。也就是说,被教唆人在实行被教唆犯罪行为中超出了教唆犯罪内容,实施了其他犯罪,虽然实施其他犯罪行为在客观上和教唆犯是有联系的,但是在主观上来说,教唆人对于这样一种犯罪行为并没有共同犯罪的故意,因此,让教唆者来承担刑事责任可能有一点客观归罪的嫌疑。由此可见,在共同犯罪中如何解决定罪和量刑问题,尤其是对于一些比较复杂的案件,是一个值得研究的问题。

在共同犯罪中,还存在另一个问题,也就是共同犯罪中的未完成形态。在共同犯罪中,如何认定犯罪未遂、犯罪中止?在过去,刑法理论一般都认为,共同犯罪中止和未遂的认定不同于单独犯罪。单独犯罪是以自身行为中止而中止,以自身的未遂而未遂,但在共同犯罪中,它的中止和未遂不能以个人行为而定。因此,一般认为,在共同犯罪中,只要有一个人的犯罪是既遂,那么整个共同犯罪都视为既遂。共同犯罪的中止也不能光是一个人中止,而应当制止整个共同犯罪,使犯罪停止,只有这样,才能成立中止。

我认为,这种观点在大部分共同犯罪案件中是正确的。因为共同犯罪是在共同犯罪故意支配下而实施的一种共同行为。在共同犯罪中认定犯罪中止、犯罪未遂时,确实不应当把它和单独犯罪等同看待。但是,在共同犯罪中,我们要把犯罪行为分为两种:

一种是犯罪行为具有可替代性。也就是说,在杀人这样一些犯罪中,两个人共同去杀人,共同目的都是要把被害人杀死,这种杀人的行为是具有可替代性的。无论是你杀死还是我杀死都无所谓,只要把人杀死了,我们的目的就都实现了。如果两个人用枪去杀人,同时开枪,一个人打中要害把人打死了,另一个人没有打中,在这种情况下,我们不能说没打中的人是杀人未遂,把人打死的人是杀人既遂,而应认为两个人都是杀人既遂,因为杀人这个行为具有可替代性,反正两个人都要杀这个人,无论是谁杀死的,目的都已经实现了,因此应当定杀人既遂。在绝大多数的犯罪案件中,我们认为,这种犯罪行为都具有可替代性,因此,一人既遂即应视为全体既遂。

另一种是犯罪行为具有不可替代性,比如脱逃,在监狱里几个人共同勾结起来要逃跑,脱逃行为和杀人、盗窃不一样,你逃走了不等于我也逃走了,每个人自身的状态决定每个人犯罪行为所处的阶段。如果三个人共同脱逃,两个人逃走了,一个人被抓了,另外一个人在脱逃过程中自动中止了,在这种情况下,就不能认为有一个人逃走了,因此其他两个人都按脱逃既遂处理,还是应当分别按照他们自身行为所处的性质处理,也就是逃走的,按既遂处理,没逃走的按未遂或中止处理。因为这种犯罪行为具有不可替代性。在具有不可替代性情况下,应当按照自身的行为来考虑,而不能按照他人的行为来决定。在理论上一般认为,这种具有不可替代性的犯罪的实行行为,除了脱逃以外,还有强奸。在轮奸中,我们认为,也应当以自身行为的既遂为既遂,而不能因为有人既遂了就认为,对于其他没有实施强奸行为的人也应当按轮奸既遂处理。

三、罪数形态

刑法分则中所规定的犯罪,通常情况下所指的是一罪。基于一罪一罚、数罪并罚的原则,被告人犯有数罪的,应该按照刑法总则关于数罪并罚的规定来加以处理。在一罪和数罪的区分中,主要有一些容易混淆的概念,如想象竞合犯、牵连犯等。我们前面已经讲过,要将想象竞合犯和牵连犯区分开,想象竞合犯和牵连犯的区分是比较重要的,希望大家要加以注意。

我简单讲一下法条竞合的问题。我认为法条竞合问题同样是法律适用中十分重要的问题之一,它对于区分此罪和彼罪具有重要的意义。

我们首先来讲一下法条竞合的概念。法条竞合是指行为人实施了一个犯罪行为,而这一个犯罪行为却同时符合两个或者两个以上法律所规定的构成要件,而这两个或者两个以上法律所规定的构成要件之间又存在着逻辑上的从属或交叉关系。法条竞合的概念讲起来比较复杂,我们举一些具体例子来说明可能会比较清楚。刑法里面有一个盗窃罪,指的是以非法占有为目的,秘密窃取他人财物的行为。另外,刑法中又有一个盗窃枪支、弹药罪,指的是窃取他人枪支、弹药的行为。我认为,这两个罪名之间存在法条竞合关系。也就是说,当行为人实施了盗窃枪支、弹药行为时,这一个行为一方面符合盗窃枪支、弹药罪的规定,另一方面又同时符合盗窃罪的构成要件。对于这种行为符合盗窃枪支、弹药罪的规定,大家不会有任何怀疑,因为刑法有专门的规定。但是,为什么说这种盗窃枪支弹药的行为也符合盗窃罪的规定，这可能不是很好理解。

实际上，这个问题也不难理解。我们假定，在刑法中没有专门设立盗窃枪支弹药罪，是不是说在这种情况下，盗窃枪支弹药行为就不构成犯罪了呢？显然不能这样说。在这种情况下，盗窃枪支弹药行为同样构成犯罪，它所构成的就是盗窃罪，因为它完全符合盗窃罪的构成要件。但是，立法者考虑到枪支、弹药是一种特殊的财物，盗窃枪支、弹药不仅仅侵害了他人对枪支、弹药的财产所有权，还侵犯了公共安全，因此刑法专门设立了盗窃枪支、弹药罪。因此，盗窃枪支、弹药罪和盗窃罪之间存在着特别法和普通法的法条竞合关系。

特别法和普通法的法条竞合关系就是经常出现的一种法条竞合关系。这种关系主要是指特别法的规定和普通法的规定之间存在着逻辑上的特别和普通的关系，比如说，盗窃罪的对象是一般的财物，而枪支、弹药是一种特殊的财物，枪支、弹药在外延上能够被财物所包含，但由于立法者作了专门规定，因而它从普通法中独立出来。对于这种法条竞合，可以按照特别法优于普通法的原则来解决法条适用问题。也就是说，在盗窃枪支弹药的情况下，尽管行为人的行为既符合盗窃枪支、弹药罪的规定，又符合盗窃罪的规定，但是，最后应当定盗窃枪支、弹药罪。当然，盗窃枪支、弹药罪和盗窃罪之间的法条竞合是比较简单的。

刑法中有些法条竞合的关系是比较复杂的，比如说《刑法》分则第三章第一节生产、销售伪劣商品罪，就是由法条竞合来构成的。《刑法》第140条规定的是生产、销售伪劣产品罪，伪劣产品的外延是非常宽泛的，只要某一产品不符合有关的产品质量标准，都应当属于伪劣产品。但是《刑法》从141条到148条又针对某些特定对象规定了一些特殊的罪名，如生产、销售假药罪，生产、销售劣药罪等，在这种情况下，两者之间就产生了特别法和普通法的法条竞合关系。

但这种特别法和普通法的法条竞合是比较复杂的,这种复杂性就表现在,特别法并不仅仅是对象特殊,其在定罪上还有其他的特殊要求。比如说,《刑法》第141条生产、销售假药罪规定*,生产、销售假药,足以严重危害人体健康的,才能构成犯罪。根据这样的规定,生产、销售假药具有两种情况:一种是生产、销售假药,足以严重危害人体健康的,此时,就符合生产、销售假药罪的犯罪构成,可以按生产、销售假药罪定罪;另外一种是生产、销售假药,不足以危害人体健康的,这种情况就不符合生产、销售假药罪的构成要件,但是当生产、销售假药不足以严重危害人体健康,但是销售金额达到5万至20万元,又完全符合《刑法》第140条所规定的生产、销售伪劣产品罪的构成要件。在这种情况下,按照《刑法》第149条的规定,完全可以按照《刑法》第140条生产、销售伪劣产品罪进行处罚。《刑法》第149条第1款具有这样的规定:"生产、销售本节第141条至148条所列产品,不构成各该条规定的犯罪,但是销售金额在5万元以上的,依照本节第140条的规定定罪处罚。"这个规定指的就是我们刚才所讲的这种情况。

在一般情况下,当特别法和普通法发生竞合时,应当按照特别法而不是普通法来定。特别法有时候处罚比普通法重,有时候又比普通法轻。无论特别法处罚比普通法重还是比普通法轻,都应该按照特别法来定,因为特别法优于普通法,这是特别法与普通法的法条竞合法律适用原则的一个重要内容。但《刑法》第149条第2款却对本节的法条竞合规定了一个重法优于轻法的原则:"生产、销售本节第141条至148条所列产品,构成各该条规定的犯罪,同时又构成本节第140条

---

* 《刑法修正案(八)》将其修改为:"生产、销售假药的,处三年以下有期徒刑或者拘役,并处罚金;对人体健康造成严重危害或者有其他严重情节的,处三年以上十年以下有期徒刑,并处罚金;致人死亡或者有其他特别严重情节的,处十年以上有期徒刑、无期徒刑或者死刑,并处罚金或者没收财产。"

规定之罪的,依照处罚较重的规定定罪处罚。"我认为,这是一种特别规定。在法律没有这种特别规定的情况下,应当按照特别法优于普通法的原则来处理,而不能按照重法优于轻法的原则处理。

在我国刑法中,特别法与普通法的法条竞合是大量发生的,除了我们刚才所讲的《刑法》分则第三章第一节生产、销售伪劣商品罪以外,还有一个典型的例子就是《刑法》第266条诈骗罪和金融诈骗罪之间的法条竞合,刑法中有大量的金融诈骗罪的规定,金融诈骗罪的规定都是一些特别法,而普通诈骗则是普通法,两者之间也有法条竞合关系。此外,《刑法》分则第九章渎职罪的规定中,也存在着特别法和普通法的法条竞合关系。在渎职罪中,《刑法》第397条规定了滥用职权罪和玩忽职守罪,这是普通法,而《刑法》第398条到第419条都是一些特别法规定,有些是滥用职权罪的特别法,有些是玩忽职守罪的特别法。在有特别法规定的情况下,就按照特别法优于普通法的原则,应当定特别法规定中的罪名。在没有特别法的情况下,就应当回过头来按照《刑法》第397条定滥用职权罪和玩忽职守罪。因此,特别法和普通法的关系就使得普通法的规定能够起到兜底的作用。

苏联著名刑法学家特拉伊宁曾经讨论过犯罪构成中一般构成和特别构成之间的关系,他所讲的特别构成就是特别法的规定,而一般构成就是普通法的规定。按照特拉伊宁的观点,特别构成对于一般构成来说,永远是占有优势的,而一般规定是在没有特别规定的情况下留作备用的。我认为,这个说明是很形象、很生动的。也就是说,在特别法和普通法法条竞合情况下,应当按照特别法优于普通法原则适用特别法;只有在没有特别规定的情况下,才能按照普通法来定。因此,普通法就起到兜底的作用,有助于对犯罪的惩治。

以上我所讲的是特别法与普通法的法条竞合。法条竞合除了特别法与普通法的法条竞合外,还有整体法与部分法的法条竞合。在

《刑法》第233条的最后有这样一句话:"本法另有规定的,依照规定",《刑法》第234条第2款的最后也有这句话:"本法另有规定的,依照规定",《刑法》第235条的最后也有这句话:"本法另有规定的,依照规定"。这里所谓的"本法另有规定的,依照规定",是什么意思?它想要说明什么问题?实际上,即使我们不知道法条竞合的概念,也能够领会"本法另有规定的,依照规定"的含义。

以《刑法》第233条过失致人死亡罪为例,这里所谓的"本法另有规定的,依照规定",就可以使我们想到,在我国刑法中,对于过失致人死亡行为,并不是在任何情况下都只能定过失致人死亡罪。在其他的犯罪中,也可能包含过失致人死亡罪的内容。在这种情况下,应当按照其他犯罪来定。因此,这里所谓的"本法另有规定的,依照规定",表明了一种特别法和普通法的法条竞合。比如说,在交通肇事罪的规定中,就包含了过失致人死亡内容。因此,在交通肇事时,发生过失致人死亡结果的,应当定交通肇事罪,因为在交通肇事罪的构成要件中包含了过失致人死亡。因此,交通肇事罪是一个整体法,而过失致人死亡罪是个部分法,部分法被整体法所包含。在这种情况下,按照整体法来定,就已经足以对这种犯罪行为进行一种全面的法律评价,不需要再另外定一个部分法。

大家看到《刑法》第232条关于故意杀人罪没有规定"本法另有规定的,依照规定",但实际上故意杀人罪同样也有可能成为部分法。最为明显的例子就是《刑法》第239条绑架罪,在绑架罪中就有关于杀害被绑架人的规定。按照规定,杀害被绑架人的,要按照绑架罪判处死刑。因此,在绑架罪的构成要件中就包含了故意杀人罪的内容,绑架罪是整体法,故意杀人罪是部分法,按照整体法优于部分法的法律适用原则,应该定绑架罪。

此外,危害公共安全罪的规定,如放火罪、爆炸罪、投毒罪等,都包含了故意杀人内容。如果爆炸把人炸死,在这种情况下只要定爆炸罪就可以,不需要另外再定一个故意杀人罪,因为爆炸罪的构成要件本身就包含了故意杀人的内容。此外,抢劫罪的构成要件中也包含了故意杀人罪的内容。因此,以故意杀人为手段实施抢劫的,只要定抢劫罪就可以,不需要另外再定一个故意杀人罪,因为抢劫罪的构成要件本身就包含了故意杀人罪的内容,抢劫罪是个整体法,杀人罪是部分法,按照整体法优于部分法的原则,应当定抢劫罪,不需要另外再定一个故意杀人罪。由此可见,整体法和部分法的法条竞合,在我们的实践中,也是经常发生的。

综上,我们对两种法条竞合的形态,也就是特别法和普通法的法条竞合、整体法与部分法的法条竞合,作了一个简单的说明。从这里可以看出,法条竞合这个概念对于正确地理解法律的规定(尤其是刑法分则的规定)、正确地认定犯罪以及正确地适用法律,是具有重要的意义的。在我国的刑法分则当中,有420多个犯罪,这些犯罪之间绝大多数都是互相独立而没有关联的。对于这些犯罪来说,是比较好认定的。但是,还是有相当一部分的犯罪相互之间是有联系的,这种联系就是整体法和部分法的联系、特别法和普通法的联系,也就是存在一种法条竞合的关系。

我们把法条竞合的关系界定清楚后,就能很容易搞清楚罪名、条文适用之间的界限。如果我们逐个考察刑法分则条文,就会发现很多罪名之间都有法条竞合关系。在很多情况下,由于我们没有正确地界定法条竞合关系,因此,在决定是定这个罪还是定那个罪,是适用这个条文还是适用那个法条,就会发生一些理论上的混淆。

曾经有这样一个案件,有一个乡政府的工作人员,由于某些村民违反了计划生育的政策,就把这些村民以办学习班的名义给关押起来。在这一过程中,有一个人因为不堪忍辱而上吊自杀了,由此案发。对于这个案件,如何来处理,有两种不同意见:一种意见认为,应当定滥用职权罪,因为乡政府的工作人员属于国家机关工作人员,他们本来是没有权力关押他人的,但是他滥用职权,对他人进行非法关押,因此,应当定滥用职权罪;另外一种观点认为,本案应当定非法拘禁罪,因为非法拘禁罪是非法剥夺或者限制他人人身自由,乡政府的有关工作人员的行为是没有法律根据地强制关押他人,完全符合非法拘禁罪的构成要件,因此,应该定非法拘禁罪。这两种观点听起来各有各的道理,到底定非法拘禁罪还是定滥用职权罪?从理论上要怎么来说明?

我认为,如果我们用法条竞合这个概念,就很容易对这样的案件作出正确的处理。实际上,在滥用职权罪和非法拘禁罪之间存在着一种法条竞合关系。也就是说,在本案中,乡政府机关工作人员的行为既符合非法拘禁罪的构成要件,同时又符合滥用职权罪的构成要件,这两个罪之间存在着特别法和普通法的法条竞合关系。也就是说,滥用职权罪是一个普通法,非法拘禁罪是一个特别法,按照特别法优于普通法的原则,应该优先适用非法拘禁罪,而且刑法在非法拘禁罪中明确规定了,国家机关工作人员利用职权犯非法拘禁罪的,应当从重处罚。当某种滥用职权的行为完全符合特别法时,应当按特别法处理;只有当这种滥用职权行为不符合特别法时,才能按照普通法定滥用职权罪。按照特别法和普通法的法条竞合关系来理解非法拘禁罪和滥用职权罪,我们就可以正确地解决它们的法条适用问题。如果没有法条竞合这一概念,我们在解决这样的案件时就会陷入一种似是而非的境地,觉得这个行为既像非法拘禁也像滥用职权,从而在理论上得不到一个正确的说明。由此可见,法条竞合这个概念是非常重要的，在此，希望大家对法条竞合的理论应当有所了解。在正确地理解法条竞合概念的基础上，我们可以对刑法分则有关条文之间的关系进行对比，判断哪一些犯罪之间存在着哪一种法条竞合关系。有了这些概念，将来再遇到有关案件时，我们就可以很容易地作出正确的分析。

（本文整理自2002年6月在江西省高级人民法院讲座的演讲稿）

专题八　金融诈骗犯罪的司法认定

金融诈骗犯罪是司法实践中认定起来较为困难的犯罪。这和法律规定本身不够完善有关,更主要的原因是金融诈骗犯罪往往和多种金融法律关系纠合在一起。罪与非罪的区分和此罪与彼罪的区分,都会产生一些疑难问题,需要我们认真加以研究。

一、关于金融诈骗犯罪中的非法占有

犯罪目的是指通过实施犯罪行为所要达到的犯罪结果,往往存在于直接故意的犯罪中。犯罪结果是犯罪目的的客观化,犯罪目的实现了,就转化为犯罪结果。对直接故意犯罪来说,犯罪目的是其重要的内容。在刑法理论上,犯罪目的可以分为两种:

一种是包含在直接故意中的目的。在这种情况下,犯罪目的是直接故意犯罪中不可缺少的组成部分,认定直接故意犯罪的时候就包含了犯罪目的。例如,直接故意杀人的目的就是要非法剥夺他人生命,这个目的就包括在杀人故意中。由于这种目的已经被直接故意本身所包含,法律上往往不会另外加以规定。盗窃、诈骗、抢夺等罪名都具有非法占有他人财物的目的,但也都为犯罪故意所包含。盗窃故意本身就包括非法占有他人财物这一主观目的,刑法没有单独加以规定,也没有必要加以规定,它本身就包含这种主观目的了。

另外一种是超出了直接故意内容的目的,这种目的和直接故意有所不同,它不能为直接故意所包含。这种目的在刑法中往往有规定,必须具备这种特定目的,才能构成犯罪。这在刑法理论上称作目的犯。目的犯的目的内容是行为人主观上想要去实施的某一种行为。对于成立犯罪来说不需要这种行为,但是需要相应的目的。例如,走私淫秽物品罪,《刑法》规定以牟利或者传播为目的。按照这个规定,走私淫秽物品本身并不当然构成本罪,只有走私是出于牟利或者传播目的,才构成本罪。可以说,如果不是为了牟利或者传播,即使走私,也不构成本罪。是否以牟利或者传播为目的,就成为区分罪与非罪的界限。牟利或者传播是行为人的主观目的,走私物品是为了贩卖牟利或者在公众当中传播。但是,对于构成本罪来说,并不需要行为人去实施牟利行为或者传播行为,只要主观上有这种目的就可以,不一定要把这个目的付诸实施。因此,在理论上就把这种目的叫作超过的主观要素,即目的超过其走私的客观行为。

《刑法》中关于目的犯规定还是比较多的,很多条文都规定了以营利为目的,比如《刑法》第217条规定的侵犯著作权罪,只有以营利为目的而实施所列举的四种行为的,才构成犯罪;如果不是以营利为目的,即使实施了这四种行为,也不能构成犯罪。营利是目的,但实际上是否营利,并不影响本罪的成立。在另外一些情况下,《刑法》没有明确规定是否需要具备某种特定目的才能构成犯罪,但理论上往往认为这种犯罪的构成也需要具备犯罪目的。如果没有这种目的,则不构成犯罪,这是非法定的目的犯。由于具有非法定性,法律没有规定,到底要不要这个目的,在理论上往往存在争议。例如伪造货币罪,我国《刑法》规定,伪造货币的,构成伪造货币罪。在外国刑法中,往往规定以使用为目的或者意图流通而伪造货币的,才构成犯罪。换句话说,虽然客观上伪造了一张货币,但是主观上并不是为了去使用它,而是为了收藏,不会构成伪造货币罪。但是,我国《刑法》中没有这样的规定。从法条上看,是否可以解释为只要伪造了,不管出于什么目的,都构成伪造货币罪呢?我的回答是否定的。在此应当作限制性解释,尽管法条没有规定,仍然要求具有使用目的。虽然这种不是为了使用而伪造货币的情况是非常个别的,但在理论上不能排除这种情况。伪造货币以使用为目的,这只是一种目的,并不要求行为人使用。只要行为人伪造货币了,且他的目的是为了使用,就可以构成伪造货币罪。至于行为人有没有实际使用,并不影响本罪的成立。从这个意义上说,这种使用的主观目的就是超过的主观要素。

犯罪中存在一个如何处理主观和客观关系的问题。一般情况下,主观和客观应当是相一致的,比如说客观上是杀人行为,主观上具有把这个人杀死的目的,主客观是统一的。但是,在目的犯的情况下,法律所规定的目的超出了法律所规定的本罪的客观行为。伪造货币罪的行为是伪造,其不仅仅要求有伪造故意和伪造行为,还要求有使用的目的,使用的目的超过了伪造的行为,所以我们称之为超过的主观要素。

又比如说,关于虚开增值税专用发票罪,《刑法》同样也没有规定以骗取税款为目的,立法的时候可能没有考虑到不以骗取税款为目的的虚开增值税专用发票的情况。但前些年,就出现了不是以骗取税款为目的的虚开增值税专用发票的案件,例如有一个大公司下面的两个子公司,相互之间虚开增值税专用发票,它们的目的不是为了拿这个虚开的增值税专用发票去骗税,而是为了虚增业绩。因为作为上市公司,它需要表明自己公司有很高的营业额。如果只从《刑法》规定来看,只要是虚开增值税专用发票,就可以构成本罪。但是,这种虚开不是以骗取税款为目的,而《刑法》第205条所规定的虚开增值税专用发票罪所惩治的对象是为了骗取税款而虚开增值税专用发票的行为。在这种情况下,对上述案件怎么处理?我认为,像这种不是为了骗取税款而虚开增值税专用发票的行为不应当以虚开增值税专用发票罪定罪。如果对这种妨碍发票管理的行为要定罪,应当另外加以规定。

因为虚开增值税专用发票罪比较重,妨碍发票管理罪比较轻。如果这种观点能够成立的话,也就意味着虚开增值税专用发票罪应当是目的犯,应当是以骗取税款为目的。不是以骗取税款而虚开增值税专用发票的,不应当构成本罪。

《刑法》中非法定目的犯的情况比较多,实践当中,在认定的时候可能会出现争议。我认为,从立法精神出发,在某些条款中,尽管没有规定以特定的目的作为犯罪必备条件,但从立法精神出发,还是应当承认这是非法定的目的犯。只有这样,才能正确区分罪与非罪。当然,比较理想的做法是,立法者对这些特定的目的加以明确规定,这样可以给司法机关正确认定犯罪提供一个法律根据。

金融诈骗中的犯罪目的是非法占有。非法占有目的是所有的金融诈骗罪都必须具备的犯罪构成要件吗?我国《刑法》关于金融诈骗的规定中,有些规定了以非法占有为目的,另外一些却没有规定。比如说,《刑法》第192条集资诈骗罪规定以非法占有为目的;《刑法》第193条贷款诈骗罪也规定以非法占有为目的;但是,《刑法》第194条票据诈骗罪及金融凭证诈骗罪、第195条信用证诈骗罪、第196条信用卡诈骗罪都没有规定以非法占有为目的。在这种情况下,以非法占有为目的是不是金融诈骗罪构成的必备要件?对于这个问题,理论上存在两种观点:一种观点认为,按照法律的字面规定,既然有些犯罪规定要有这个目的,有些犯罪没有规定要有这个目的,就应当根据法律规定的有无进行分别认定。因为如果需要的话,法律就会加以规定,法律没有规定就等于不要求有这种目的,根据法律的有无规定,来区分金融诈骗罪是否需要非法占有的目的。一度有相当多的人赞同这个观点,实践中也有些人在处理案件时持这种观点。与此相反,另外一种观点则认为,只要是金融诈骗罪,无论《刑法》条文中是否规定这种目的,以非法占有为目的都是金融诈骗罪必不可少的条件。对于这两种观点,我个人同意第二种。

现在出现了几个问题。前面讲过犯罪目的有两种:一种是直接故意所包含的,另一种是超出了直接故意的范围。那么,非法占有的目的对于金融诈骗罪来说到底是这两种中的哪一种?我认为,非法占有目的应当包含在故意诈骗犯罪中,诈骗故意里面必然包含以非法占有为目的,没有非法占有目的,就不是诈骗行为。也就是说,《刑法》中规定是诈骗的,就不需要再另外规定非法占有的目的。《刑法》的盗窃罪、普通诈骗罪、抢夺罪都没有规定以非法占有为目的,它本身就包含在里面了,没有必要再加以规定。超出了主观故意的目的,就是目的犯的目的,如果没有规定,都可以在理论上把这些解释进去。像这种直接故意范围内所包含的目的,更是这种犯罪必须具备的,无论法律有无规定。因此,从刑法关于非法占有目的来看,法律规定只是一种提示,并不是说法律没有规定就等于法律不要求这种目的。

这里涉及对法律的解释问题,法律为何在有些地方有规定,有些地方没有规定。第一种观点把它理解为有规定的就需要,没有规定的就不需要。我认为,不能作这样的解释,没有规定也需要,之所以规定,它有另外的意图。例如,《刑法》第192条集资诈骗罪规定了非法占有目的,之所以要规定非法占有目的,就是为了把集资诈骗罪和非法吸收公众存款罪相区分。因为非法吸收公众存款也是一种集资,这两种犯罪的区分主要在于有没有非法占有目的,非法占有目的是此罪与彼罪区分的法律要件。如果不规定非法占有目的,就很难把集资诈骗和非法吸收公众存款罪相区分。在贷款诈骗罪中,《刑法》规定了非法占有目的。之所以如此规定,主要是为了把贷款诈骗和那些在贷款中弄虚作假的行为加以区分。贷款需要办理很多手续,提供很多资料,有些贷款单位为了获得银行贷款可能会弄虚作假,但他主观上并没有想要骗取贷款,也就是非法占有贷款,没有非法占有目的。在这种情况下,非法占有目的是否存在,就成为罪与非罪的界限。由此可见,在有规定的情况下,非法占有目的对于犯罪的成立当然是重要的;但在没有规定的情况下,也是必不可少的犯罪成立要件。如果没有非法占有的目的,这种诈骗本身就不可能构成。

金融诈骗罪与普通诈骗罪之间是一种法条竞合关系。构成金融诈骗就必然符合普通诈骗罪的特征。如果《刑法》没有专门规定金融诈骗罪,那么,对于金融诈骗行为理所当然应当按照普通诈骗罪来处理。《刑法》第266条规定的普通诈骗罪是一个普通法,金融诈骗罪是一个特别法,按照特别法优于普通法的法律原则,应当按照特别法来定罪。金融诈骗罪必然是具备了普通诈骗罪的法律特征,普通诈骗罪中的非法占有目的是必不可少的内容,所以金融诈骗罪应当具备非法占有目的。

在过去,各地做法也不一样,但从现在的情况看,这个问题已经通过最高人民法院的《全国法院审理金融犯罪案件工作座谈会纪要》(以下简称《纪要》)得到了解决。这种会议的纪要实际上就是司法解释。其中,《纪要》明确讲到,对于金融诈骗罪的构成而言,非法占有目的是必不可少的要件。关键是在司法实践中如何认定非法占有的目的,这个问题就比较困难一些。

金融诈骗罪中非法占有为目的的认定,直接影响到罪与非罪的界限。尤其是在信用证诈骗罪中,《刑法》规定了四种行为:第一种是使用伪造、变造的信用证或者附随的单据、文件;第二种是使用作废的信用证;第三种是骗取信用证;第四种是以其他方法进行信用证诈骗活动。其中,第二种使用作废的信用证,诈骗的故意和非法占有的目的都比较明显,但是,在第一种情况中,能不能说客观上实施了这种行为就构成了信用证诈骗罪呢?不能这样说。这里有两个概念应当加以区分,骗开信用证,因为开信用证必须办理手续,而且手续必须是真实的,在开信用证过程中搞了一些假手续,等于这个信用证是骗开的,但这个行为本身不等于信用证诈骗行为,信用证诈骗行为根本的内容是要通过骗开信用证来非法占有信用证项下的有关款项,目的是占有而不是通过虚假手段获得信用证。信用证的问题比较复杂,因为中国和国外的情况不一样,国外的信用证有一种融资的功能,长期的信用证要180天以后才能归还信用证项下的款项,这里存在一个时间差,在这180天内可以占用这笔资金。实践当中,有些信用证诈骗案件的行为人确实是为了非法占有信用证项下的款项,但也有一些行为人主观上是为了非法使用信用证项下的款项。行为人在开信用证的时候弄虚作假,但主观上不是想占款不还,有些案件是循环开虚假的信用证。

曾有这样一个案件,被告人是国有公司的法定代表人。这家公司没有投资,却和银行有关人员互相勾结,通过虚开信用证的方法,使用信用证项下的款项,到期了再新开,再归还,如此循环进行,银行也知道没有信用证项下的贸易,附随单据都是虚假的,但还是把钱给这家公司了,前后大概一亿多元。银行的负责人员和被告人最后都被抓了,定信用证诈骗罪。这个案件就涉及主观目的的问题。被告人主观上是不是为了非法占有信用证项下的款项?从表面上看,他确实伪造了一些信用证的附随单据,这个信用证本身也是假的,但他的目的是为了暂时使用信用证项下的这些钱,而且到时他就归还,归还再开,银行对此也知道。如果认为行为人诈骗银行,对此银行本身就知道,而且银行也是通过总行集体研究同意给他用的,在这种情况下定信用证诈骗罪确实会有一些问题。

非法占有目的是行为人的主观意图,这里涉及一个问题——在司法实践中,认定犯罪时会比较注重客观行为,比较注重以证据证明这种客观行为是否存在,但关于主观意图的证据就显得比较不足。行为人主观意图的证明是很重要的,我看过很多判决书,列举了很多证据,证明他客观上有这些行为。但就这个罪来说,客观上有这些行为还不足以定罪,关键还要看主观上是否明知,而这却没有证据证明。这样的一种认定,从证据上来说是不完整的。就像共同犯罪中的帮助犯,他去杀人,我给他提供一把刀,既要有证据证明他杀人用的就是我给他的那把刀,又必须证明我主观上明知他要去杀人而把刀借给他,这样才构成杀人共犯。在司法实践中,就行为人主观作出证明,这是很大的课题。一些司法人员对行为人主观上故意或者明知的证明,往往缺乏充分的重视。

对个别犯罪而言,主观的东西不需要证明,只要证明了客观的行为就够了,但并不是每一种犯罪都是只要证明了客观行为,主观目的就不需要加以证明了,不是这样的。我们今天所讲的目的犯,还需要证明目的。牟利和传播是目的,只知道走私淫秽物品的行为人,如果没有证据证明行为人是以牟利或者传播为目的,犯罪就不能成立。即使是在一般的犯罪中,有一些犯罪的主观故意或明知,都需要证明。如果不能证明他是明知,那么,即使在客观上有这个行为,也不能够定罪。但是,我们证明这种主观意图的证据意识比较薄弱。

主观的心理状态是行为人的一种心理活动,如果靠被告人来证明,问他有没有犯罪目的,他肯定说没有。虽然不排除被告人认罪态度好,什么都交代,但是不能依照他的口供来证明。因此,主观的意图必须要以客观行为来证明。在这里,应当注意一种方法,这就是推定。在过去,理论和司法实践对于推定的研究比较少,而这种司法推定在英美法系国家是被广泛采用的,主要是用来证明行为人主观罪过的一种方法,这是很值得研究的。这种推定就是根据已知的或者客观的事实来推断行为人主观上的某种心理状态,即使行为人不承认,但有客观行为来加以证明。比如说,走私淫秽物品罪,以传播为目的,问被告人是不是,被告人回答不是。但是,能够从客观上来推定这个目的。

走私淫秽物品 10 张或者 20 张,内容都不一样,被告人说是为了自己看,还不能驳倒他,但如果内容都一样,还说是为了自己看而不是为了传播,他的话显然就不能成立。如果走私大量相同的淫秽物品,就可以推定他主观上有传播的目的,不需要去问被告人了,因为有这个客观事实摆在那里。

明知也需要推定。关于明知,最高人民法院研究室出了一个解释,分为已经知道和应当知道。其中,已经知道是指有证据证明他知道或他自己承认知道。我认为,应当知道这个词会引起误解,应当知道是以不知道为前提的,你说不知道,但你是应当知道的。刑法中规定是应当预见而没有预见,应当预见就是以他没有预见为前提。相对应的,应当知道以他不知道为前提,说他不知道但却是应当知道的,而不是不应当知道的,因此,将应当知道用作明知的一种描述,我认为是不确切的,容易给人造成误解。它实际上想表达的意思,我觉得是已经知道(有证据证明知道)和推定知道。有证据证明知道,是他本人承认或者有客观的证据证明;推定知道则是他说不知道,但我们推定他知道。推定就是根据一些已知的客观事实来推定他是知道的。

这里也有一个明知认定中的推定问题,非法占有目的同样也要靠这种推定。在一些金融诈骗案件中,行为人已经把这个钱占有了,占有的事实很清楚,但占有的目的不清楚,被告人又拒不供认,这就需要靠推定。但这个问题理论上研究得还不够,推定要有推定的规则。也就是说,在什么情况下可以推定出什么结论。这些推定的规则还没有建立起来,而国外这方面的规则很完善。从有关的司法解释和法律规定来看,实际上还没有明确提出推定的概念,但在不知不觉中已经采用了这种方法。关于金融诈骗罪中的非法占有的目的,实际上在有关的司法解释里面也采用了推定的方法,《纪要》就明确规定了,非法占有的目的是指具有下列情形之一:第一,明知没有归还能力而大量骗取资金的;第二,非法获取资金后逃跑的;第三,肆意挥霍骗取资金的;第四,使用骗取的资金进行违法犯罪活动的;第五,抽逃、转移、隐匿资金,以逃避返还资金的;第六,隐匿、销毁账目,或者搞假破产、假倒闭,以逃避返还资金的;第七,其他非法占有资金、拒不返还的行为。这七种情况都是指客观行为。我认为,这就为司法机关推定行为人主观上是否具有非法占有目的提供了一个法律根据。按照推定的规则,只要有上述七种行为中的一种,就可以认定行为人具有非法占有目的。在这种情况下,非法占有目的就不再需要从被告人口供中获得,而从他的客观行为中获得。例如,明知没有归还能力而大量骗取资金,可以推定行为人主观上有非法占有目的。因为行为人本来已经亏损了,没有归还能力,还要用虚假手段来获取资金,行为人得到资金后,将来不可能归还,就推定他主观上有非法占有的目的,而不需要再考虑其他的问题了。我认为,这种推定是很重要的。推定的问题涉及一些逻辑学和证据学的问题,需要从理论上进行研究。如果研究出一些推定的规则,对于司法机关正确认定行为人主观方面的犯罪构成要件,是很有帮助的。

二、关于金融诈骗犯罪中的共犯

金融诈骗中的共犯有两种情况,第一种是金融诈骗分子互相勾结,也就是金融机构的内部人员和社会上的人互相勾结诈骗金融机构的财产,比如信用证诈骗、贷款诈骗、金融凭证诈骗、票据诈骗等。在这种内外勾结进行金融诈骗的情况下,如果涉及不同罪名,要怎么处理?在什么情况下,他们会构成共同犯罪?在什么情况下,他们构成不同的犯罪?这涉及有特定身份的人和无特定身份的人共同犯罪如何定罪的问题。因为《刑法》中规定的犯罪,有一些是一般主体的犯罪,对于犯罪人没有身份上的要求,只要达到了法定的刑事责任年龄,具备了行为能力,就可以构成犯罪;另外一种是特殊主体犯罪,对于犯罪人的身份有特殊的要求,没有这种身份的人不能构成这种犯罪。这就涉及有特定身份的人和无特定身份的人共同实施犯罪的问题。在经济犯罪中,经常出现有特定身份的人和无特定身份的人内外勾结共同犯罪的情况。如果内外勾结的犯罪,法律规定是一个相同的犯罪,定罪就会比较容易,是主犯和从犯的问题。但是,在一般情况下,《刑法》规定了不同的罪名。1985年颁布的司法解释就规定,对内外勾结进行盗窃、贪污,按照主犯的身份来定罪。如果主犯是国家工作人员,那么从犯也按照国家工作人员来定贪污罪;如果主犯不是国家工作人员,那么国家工作人员也按照盗窃的共犯来定。这个司法解释就是要解决特定身份主体和无特定身份主体共同犯罪时,没有具体规定的问题。

但是,这个司法解释出来以后,在理论上受到了批评。我也不同意这个司法解释的观点,司法解释所讲的"按照主犯身份来定",我认为它不符合共同犯罪定罪的法理,主要的问题就在于,主犯、从犯是一个解决共同犯罪量刑的问题(概念),而定此罪还是彼罪则是定罪(定性)的问题。定罪和量刑是两个不同的问题。逻辑上而言,定罪是前置于量刑的,应该先解决定罪问题。主犯、从犯的规定则是按照犯罪人在共同犯罪中的作用来解决它的量刑问题,主犯从重,从犯从轻。量刑问题是在已经解决定罪问题的基础上才提出来的。定贪污还是定盗窃,是定罪的问题,怎么能用量刑的概念来解决定罪的问题呢?这不符合逻辑,只有定罪后,才有主犯和从犯。在共同犯罪情况下,共犯在实施犯罪中有分工,解决共同犯罪人的定罪问题时要根据共犯和正犯来区分。共犯的特点是他本人没有实施刑法分则中所规定的犯罪行为,而是对他人犯罪进行组织、策划或者提供便利和帮助。共犯和正犯之间往往有密切联系,例如教唆犯,他本人并没有去实施,为什么要定罪,是因为真正实施犯罪行为的人的犯意是由教唆犯产生的,教唆犯就要对被教唆人所实施的行为负责任。共犯在法律性质上对正犯具有一种从属性,共犯的犯罪性质、罪名取决于正犯,帮助犯从属于被帮助犯的犯罪性质,这是解决共同犯罪定性问题的基本思路。

对于内外勾结进行盗窃和贪污的定性问题,司法解释所讲的"按照主犯的身份来定罪",这是一种观点。但我认为,这种观点在法理上可能会出现问题,而且在实际操作过程中也可能出现问题。例如,按照主犯来定罪,但如果两个人都是主犯,要怎么办?还有一种说法是,都应当按照有身份的人来定罪,就是按照正犯所触犯的罪名来定。如果非国家工作人员是共犯,也就是一个教唆、一个帮助,这样是可以的;但是,如果是共同实行的话,就不好办了,因为内外勾结进行盗窃或者贪污,国家工作人员也参与了犯罪的实行,他不单单是个共犯,是一个有身份的人和无身份的人共同的实行,在这种情况下,定罪可能就会有问题了。比如,我国《刑法》只有一个杀人罪,但在外国刑法中,根据杀人对象的不同,往往分为两个不同的杀人罪:一个是普通杀人,另一个是杀害近亲属。后者是独立的罪名,判得比较重,比如儿子杀害父亲,这是一个特殊主体的犯罪。如果儿子与他人勾结一起杀害自己的父亲,在这种情况下,严格来说,应该分别定罪比较好。被告人和死者之间有这种特殊关系的,就定这个罪;另一个被告人与死者没有这个关系的,就按照普通杀人罪来定。

因此,两个人共同实行同一个行为,如果刑法根据他们的身份不同而分别规定了两个不同的犯罪,就应当按照两个不同的罪名来定,这仍然是一个共同犯罪,但是罪名不一样。我个人比较赞同这个观点。以内外勾结共同进行盗窃或者贪污的,应该按照他的身份分别定罪,国家工作人员定贪污,非国家工作人员定盗窃,这种做法比较符合法理。

但是,在实践中,如果按照这种方法来定,会导致量刑上的不平衡,这就是立法和司法解释的不同规定所导致的,本来是贪污比盗窃重,按照法律规定来说,也是比盗窃要重;但通过司法解释,实际上是倒过来,盗窃比贪污要重。按照法律,贪污5000元以上,才构成犯罪;而盗窃1000元以上,就构成犯罪。在这种情况下,两个人共同实行,如果分开定罪,非法占有了3000元,结果是国家工作人员定贪污不构成犯罪,非国家工作人员定盗窃构成犯罪,这显然是不合理的。按照道理来说,应该分开定罪,但分开定罪,又会因为现在的法律规定,造成两者之间量刑上的极不协调,进而导致一个不公平的结果。在这种情况下,作为一种变通的方法,都定贪污会比较好些。理论和现在的法律规定有时会发生对立,怎么处理好这种关系,是一个比较复杂的问题。

在1997年修订的《刑法》中,第382条第3款就对贪污的共犯作了明确的规定:"与前两款所列人员勾结,伙同贪污的,以共犯论处。"这就解决了有特定身份人和无特定身份人共同犯罪如何定罪的问题。国家工作人员和非国家工作人员相勾结共同贪污,对非国家工作人员应当按照贪污的共犯来定罪。无特定身份的人不可能单独成为有特定身份的这种犯罪的实行犯,但可以成为有身份犯罪的共犯。强奸罪的主体只能是男性,女性不能成为强奸罪的正犯,只能成为间接正犯,她可以教唆不满14周岁的人进行强奸,可以成为共犯,但不能成为正犯。按照这个规定,对无特定身份的人,应当按照有特定身份的人犯罪的共犯来处理,包括组织、教唆、策划、帮助,但是,这能不能包括共同实行?这仍然是有疑问的,共犯这个概念在刑法理论上被混乱地使用,人们至少在三种含义上使用它:一是把其当作共同犯罪的简称;二是把共犯当作共同犯罪人的简称;三是在与正犯相对应的意义上来理解共犯,他就是帮助或者教唆、组织。如果按照这一狭义的共犯来理解,《刑法》第382条第3款所说的以共犯论处,是指以教唆、帮助、组织犯为主,但不能包括共同实行,它解决的是共犯和正犯的关系,而不包括共同实行的关系。在这种情况下,如何来解决这个问题,仍然是一个值得研究的问题。

2003年,最高人民法院颁布了《全国法院审理经济犯罪案件工作座谈会纪要》,它讲到了贪污和职务侵占如何定罪的问题。两者都是有特定身份的人才能构成的犯罪,但这两种身份又不一样,在实践中就发生了这种由不同身份的人互相勾结侵占财物的案件。比如,同一个单位里面,由国家机关或者国有公司、企业委派来的人员,是国家工作人员;这个企业本身是集体企业或者中外合资合作企业,企业的聘任人员就不是国家工作人员。他们互相勾结,侵占企业财物,应当如何定罪?按照主犯的身份来定,首先要看利用谁的身份,如果只利用了国家工作人员的身份,没有利用另外一个人的身份,对另外一个人应当按照贪污的共犯来处理;如果只利用了非国家工作人员的身份,没有利用国家工作人员的身份,应当定职务侵占。比较复杂的地方是,如果两个人共同利用职务便利来占有财物,要怎么处理?按照我的理解,在这种情况下应当分别定罪,因为国家工作人员的行为,法律已经单独定罪了,就应当按照这个罪来定;不是国家工作人员,《刑法》规定了职务侵占罪,就应当按照职务侵占罪来定。分别定罪比较合适,表明立法者对不同身份的人实施同一种行为作出了不同的法律评价。由于有明确的司法解释对这个问题加以规定,我们要按照司法解释来处理。

在金融诈骗犯罪中,如果内外勾结进行犯罪,该如何来定罪,同样也存在问题。比如,上海曾有过这样一个案件,某商业银行中负责某大企业的贷款业务员,和别人勾结起来,让别人给他伪造印章、贷款的单据凭证,然后利用自己的职务便利,以这个企业的名义向银行贷款诈骗了一个多亿。被告人是以这个企业的名义来贷款,但这个企业根本不知道,他的材料都是伪造的,赃款的一部分给了帮助他伪造印章、贷款单据凭证的人,绝大部分由自己占有。在这个案件的讨论中,出现了两种不同意见:第一种意见认为,应当定贷款诈骗罪,因为他是和社会上的人相勾结,一起诈骗银行的贷款;第二种意见认为,应当定职务侵占罪,因为在贷款诈骗中,被告人是利用了自己是商业银行驻企业信贷员的便利,才完成了诈骗行为。如果没有这个职务,不可能完成贷款诈骗,所以应当定职务侵占罪,另外那个人也应当是职务侵占罪的共犯。这两种犯罪的法定刑不一样,职务侵占可能轻点,最多15年,贷款诈骗可能到无期徒刑。就他本人的行为而言,实际涉及了职务侵占和诈骗两者之间的关系,职务侵占是由于他的主体身份,因为他是商业银行的工作人员,不是国家工作人员。如果是国家工作人员,就会定贪污了。职务侵占实质上是一种贪污,只是主体身份不一样,客观行为都是一样的,都是利用职务上的便利,侵吞、占有、骗取、窃取单位财物。贪污罪的构成要件,本身就包含了利用职务之便的诈骗。从这个意义上说,我认为,定贪污也好、职务侵占也好,普通的诈骗罪和其他的诈骗罪之间存在着一种法条竞合,一般人诈骗,就定诈骗罪,一般人贷款诈骗,就定贷款诈骗罪。但是,如果有职务便利的人,即有特定身份的人,利用职务便利而骗取贷款,就会构成职务犯罪。在这种案件中,从理论上来说,应当定职务侵占比较合适,社会上的人在他实现职务侵占过程中,为他提供了便利,实施了共同侵占行为,应该按照职务侵占的共犯来处理。

另外一种情况的内外勾结,是以社会上的一般人为主导来实施犯罪。比如说,金融凭证诈骗和票据诈骗,行为人持假票据到银行使用,银行的工作人员也知道是假的,仍然承兑给他或者为他完成诈骗提供帮助。在信用证诈骗中，银行工作人员明知是假的，还为对方开具信用证，在这种情况下，对于社会上的人，按金融诈骗罪来处理；对银行的工作人员，按金融诈骗罪的共犯来处理，还是按照他本身的职务犯罪来处理，如违法承兑罪。这应当划分一个界限：如果他们事先内外有勾结、共谋，社会上的这个人伪造金融凭证来银行使用，银行工作人员予以配合，在这种情况下，把银行工作人员定成共犯比较合适。如果事先没有沟通、预谋，仅仅是银行工作人员在履行职务时玩忽职守，不负责任，导致巨款被骗、被兑付，应当按照玩忽职守的渎职犯罪来处理。

三、关于单位金融诈骗犯罪的认定

在金融犯罪中，有大量的犯罪都是由单位来实施的。首要问题是，怎么看待单位犯罪和个人犯罪之间的关系。《刑法》第30条对单位犯罪的定罪原则有一个比较笼统的规定，主要是指明了五种单位犯罪主体，但对单位的客观行为和主观过错，没有具体规定。我认为，单位犯罪除了在主体上和个人犯罪有所不同以外，在主观和客观两个方面都与个人犯罪有所区别。

从客观方面来说，单位犯罪所实施的犯罪是由刑法分则规定的犯罪，它有两种：一种是犯罪单位和个人都可以实施，或者说单位和个人实施都定一个罪。金融诈骗罪中就有这样的情况，无论是单位实施保险诈骗罪，还是个人实施保险诈骗罪，都定保险诈骗罪。此外，某一种犯罪虽然单位和个人都可以实施，但法律对单位和个人分别规定了两个不同的罪名，比如受贿。个人实施的，定受贿罪；单位实施的，定单位受贿罪。还有一种犯罪只能由单位构成，个人不能构成，如私分国有资产罪，主体就是国有公司企业、国家机关单位，个人不可能构成这个罪。

单位犯罪和个人犯罪在主观上是有区分的。个人犯罪是个人自己决定去实施的。单位犯罪可以分为两种情况：一是单位的决策机构集体研究决定实施某种犯罪，在这种情况下，单位犯罪的性质比较容易认定，比如说，公司的董事会决定实施某一种犯罪，这个犯罪行为是单位行为；二是单位的负责人员决定实施某种犯罪，这种情况往往发生在个人负责制的情况下。由个人决定实施的犯罪，为何要定为单位犯罪？原因有以下两点：其一，这种行为是职务行为，不是个人行为，职务行为决定了这样的犯罪归结为单位犯罪；其二，如果是经济犯罪，行为人是为了单位谋取利益，这是单位犯罪在主观方面上的重要内容，也是单位犯罪和个人犯罪在主观上的区分。如果不是为了单位谋取利益，无论是直接责任人员个人决定还是单位的董事会决定，同样是个人犯罪。

例如，单位领导决定以单位的形式去走私，但这是个人犯罪而不是单位犯罪。如果是为了单位利益，即使行为是一个人实施的，也应当认为是单位行为。一个工厂的会计收到一笔钱，本应如实记载，要交税。但这个会计采用大头小尾的方式开假发票，使这个单位偷逃了3万元税款。这个行为是他个人决定的，单位领导都不知道，会计的目的就是为使单位少交税。那么这个行为是不是单位行为？是单位构成偷税罪，还是他个人构成偷税罪？这就有很大争议。有人认为，这种情况是他个人决定的，单位也不知道，如果单位知道的话，可能就会制止他的这种行为。个人背着单位作假，在客观上确实是使单位少交了3万元，但要判单位犯罪，单位会认为很冤。如果作为个人犯罪来看，行为人个人没有得到好处，是为单位省下3万元，个人也会觉得冤。对于这种情况，我认为，还是定单位犯罪，因为这个人毕竟是单位的工作人员，这个行为是职务行为，而且是为了单位利益偷税的。虽然单位领导不知道,但单位在客观上确实少交了3万元税款,还是应当认定为单位犯罪。但是,在量刑的时候,考虑到这个行为主要是个人决定的,个人应承担主要责任,可以对单位判比较轻的刑罚,甚至可对单位免除处罚。

在金融诈骗犯罪中,同样涉及单位犯罪和个人犯罪之间的区分。首先,金融诈骗犯罪是不是以单位的名义来实施?诈骗获得的钱是归单位还是归个人?我认为,这两个问题应当同时具备,应当从这两方面来考察,才能正确区分单位犯罪和个人犯罪。如果是以单位名义来实施的,而且财物也是进入单位的账目,归单位所有,在这种情况下,我认为定单位金融诈骗罪会比较合适。

《刑事审判参考》刊登的"张贞练虚开增值税专用发票案",对于正确区分单位犯罪与个人犯罪,具有指导意义。该案的裁判理由指出,单位犯罪必须同时具备两个条件:一是犯罪是以单位名义实施的;二是违法所得归单位所有,此特征是区别单位犯罪与自然人犯罪的关键所在。该案中,张贞练不论是以停业的湛江市贸易开发公司办理营业执照年检和税务登记证,还是向税务主管部门领购增值税专用发票,虚开增值税专用发票等都是以单位名义实施的,但这些只是表面现象,因为虚开增值税专用发票犯罪的特殊性决定了此类犯罪不以单位名义将难以实施。除此之外,更重要的是,张贞练虚开增值税专用发票的违法所得并没有归单位所有,绝大部分的违法所得都被张贞练用于个人经商和挥霍。因此,一、二审法院认定张贞练为自然人犯罪,是正确的。

在实践中,审理单位犯罪还存在一些问题,有些是实体法上的问题,有些是诉讼程序上的问题。单位犯罪在刑法上规定的罪名比较多,但在司法实践中,对单位犯罪的处理和法律的规定之间还有很大的差距。当中的主要问题是,应当认定单位犯罪而没有认定的现象比较严重,单位犯罪必须是检察机关按照单位犯罪来起诉,法院才能按照单位犯罪来处理。法院和检察院在单位犯罪的诉讼程序上如何协调,最高人民法院的有关司法解释曾提到了这样的观点,单位犯罪应当由检察机关对单位提出指控,法院才能根据单位犯罪进行判处。如果检察院没有指控,只指控单位中的直接负责的主管人员和其他直接责任人员,法院应当与检察院协调,让检察院补充指控。如果检察院不指控,则只就起诉中的单位负责的主管人员和其他直接责任人员予以判刑。这里会出现一个问题——检察院要不要对单位进行指控?如果一个单位犯罪案件,检察院既指控了单位中的直接负责的主管人员和其他直接责任人员,又指控了单位,那么由谁来代表这个单位出庭?这个问题在理论上有分歧。有人认为,被告人既代表了个人又代表了单位,因此由一个人来代表就可以了。还有一种观点认为,单位利益和个人利益之间是有冲突的,单位有可能将责任往个人身上推,因此,不能由个人来代表这个单位,个人只能代表个人,对单位要另外起诉,应当另外找人代表单位出庭受审,单位也可以委托律师为其进行辩护。但是,检察院会认为,如果指控单位犯罪,这个单位需要找一个代表单位的人出庭,这就会很麻烦,有些单位不愿意出庭,没有人出庭。因此,检察院就不愿意指控单位,减少麻烦。

在单位犯罪的认定中,还有一个问题——在某些情况下,单位已经被依法撤销、注销或者宣布破产或者发生变更,如果追究单位的刑事责任,在犯罪的时候,是以单位的名义实施的,在审理的时候,这个单位已经撤销了、变更了或者与其他单位合并了,这个单位在法律上已经不存在了,这种案件要怎么审理?最高人民法院关于审理单位犯罪的司法解释里也没讲到这个问题。"河南省三星实业公司集资诈骗案"就讲到了这种情况。在审理的时候,这个单位已经不存在了,那么就不再对单位进行追究了。这个可以比照个人,自然人已经死亡了,也不可能对他进行审判了;单位在审判的时候已经不存在了,在法律上已经消亡了,也不能再追究了,只能对单位负有直接责任的主管人员和其他直接责任人员追究刑事责任。但是,这会不会导致某些单位为了逃避刑事追究,一旦案发了,就把这个单位变更,或者与另外单位合并?可能会发生这样的情况,因此,需要认真地加以注意。

单位犯罪中还可能出现的一个问题,就是《刑法》第30条"法律规定为单位犯罪的,应当负刑事责任"。在刑法分则中,有些犯罪并没有规定为单位犯罪,但在现实生活中存在着以单位名义实施犯罪的情况,按照罪刑法定原则,不能追究单位的刑事责任。但能不能追究单位中直接负责的主管人员和其他直接责任人员的刑事责任,这是一个值得研究的问题。

金融诈骗罪章中其他的诈骗罪都规定了单位可以构成,只有贷款诈骗罪没有规定可以由单位构成。立法者为什么不规定单位可以构成贷款诈骗?在现实生活中,实施贷款诈骗的,绝大部分是单位,个人进行贷款诈骗是少数。立法者之所以没有规定,主要是考虑到现在贷款的主体绝大多数都是国有或集体的企业、事业单位,而且在贷款中的不规范、虚假的现象广泛存在。如果规定单位可以构成贷款诈骗罪,可能会造成罪与非罪界限区分上的一些混乱,导致打击面的扩大。所以,立法者在规定时不是疏忽了,而是有意不规定。这是立法者的一个考虑。但是,这个想法对不对,我认为值得研究。按照这个想法,也没有规定贷款诈骗罪的必要,因为贷款诈骗罪的实施主体也主要是单位,既然不规定单位为主体,那么立法者的这种规定有什么用呢?这种担心本身是对的,但我认为解决这种担心的方法、手段不对。

我认为,可以这样来考虑这个问题,我曾经专门研究过经济诈骗。诈骗实际上有两种:一种是非法占有财物的诈骗,这种诈骗是一种传统的诈骗,是一种非常古老的犯罪,是侵犯所有权的犯罪。现在讲的金融诈骗实际上是从财产诈骗中分出来的,从性质上说与一般的诈骗没有不同,仍然是以侵犯他人所有权为主,但它有双重客体,它也扰乱金融秩序。不过,这是附带的,或者只发生在特定的金融领域或者使用的工具与金融有关,如金融票据诈骗、信用卡诈骗、信用证诈骗;或者诈骗的是金融机构的财物,如贷款诈骗;或者以一些扰乱金融秩序的手段进行诈骗,如集资诈骗等,它们都与金融有关,就本质而言仍然是诈骗,仍然是侵犯财产所有权的诈骗,这是一种古老的诈骗。按照马克思、恩格斯的观点,只要有了财产所有权,就有了盗窃、诈骗这样的犯罪。另一种诈骗,也就是我们所说的虚假陈述的诈骗,这种诈骗的主要目的是为了获得财产利益,但它不同于非法占有他人财物的欺诈,它不是使用欺诈的方法直接占有他人的财物,而是通过弄虚作假、虚假陈述来获取某种经济利益。这种获取还采用了一定的经营方法和手段,这是两种诈欺。不得不承认,虚假陈述的诈骗是比较新型的犯罪,是经济发达以后在经济领域中广泛存在的犯罪。我们原先只是处理、惩治非法占有财物的诈骗,但随着经济的发展,《刑法》对虚假陈述的诈骗也会加以惩治。非法占有财物的诈骗直接占有他人的财物,虚假陈述的诈骗在犯罪的表现上可能和一般的诈骗有所不同。

在经济领域中,经济诈骗主要是指虚假陈述的诈骗。世界各国往往用犯罪来加以规定。我国《刑法》也有类似的规定,比如,在证券犯罪中,诱骗投资者买卖证券,编造并且传播证券交易虚假信息,都是虚假陈述的诈骗。诱骗本身就是欺骗,搞虚假的东西欺骗投资者,通过这种买卖信息来获利,但这种获利又不像诈骗一样直接从被害人兜里掏钱,而是买卖亏损了,通过经营活动来获利。这也是经济活动中的犯罪,但与直接非法占有他人财物的犯罪还是有区分的。实际上,这两种诈骗具有相关性,它们之间有联系,应该同时规定为犯罪。非法占有财物的诈骗是一种高度罪,而虚假陈述的诈骗是一种低度罪。

对这个问题处理得比较好的,是集资诈骗罪和非法吸收公众存款罪。其中,集资诈骗罪是以非法占有为目的占有他人财物的诈骗,以集资为名,钱财归个人占有,行为人根本就不想还;非法吸收公众存款实际上就是非法集资,之所以能把钱集来,肯定也是弄虚作假,以高息来吸引,会有欺骗性的因素。但是,集资者并不像前者那样拿了钱就个人占有,而是想用这笔钱从事经营活动,然后再归还给他人,也就是说集资者没有非法占有他人财物的主观目的。但是,这是一种扰乱金融秩序的行为,所以《刑法》也把它规定为犯罪。比较这两个罪的法定刑,前者比较重,后者比较轻。在这两个行为都被规定为犯罪的情况下,司法机关就比较容易处理了。一个集资的案件,如果查出行为人在主观上具有非法占有目的的,就定集资诈骗罪,是重罪;如果证明不了,但在客观上存在着非法吸收公共资金的行为,就定非法吸收公众存款罪,是轻罪。这两个罪互相配合,高度罪定不了,就定低度罪,低度罪起到了兜底的作用。这两者性质也不一样,这样就能对社会关系作比较全面的保护,也给司法机关处理这类案件带来便利。尤其是控方,高度罪中非法占有目的的证明难度很大,而证明虚假陈述的难度比较轻,重罪定不了,有轻罪兜底。司法机关在处理这种案件时,只要查出非法集资的事实就可以。

但在其他的犯罪上,这个问题没有解决好。比如说,贷款诈骗是以非法占有为目的,骗取贷款,占有贷款,但实际上也有低度的虚假陈述的诈骗,如企业在获得贷款中,采用舞弊、弄虚作假、虚报材料、欺骗银行等手段,但并不是拿到贷款以后就不想归还。只是因为企业的业绩不好,如果贷款人向银行说明后,银行不会借款给他了。银行贷款之后,行为人还是要进行经营活动,盈利之后再还给银行,没有非法占有目的,在这种情况下,应当设一个低度的犯罪(可以叫贷款舞弊罪)。* 这样的话,类似的情况就比较容易处理了。如果证明行为人在贷款时弄虚作假且具有非法占有目的的,就定贷款诈骗罪;如果不能证明非法占有目的的存在,但在贷款过程中,弄虚作假欺骗银行,就定低度罪,这两个犯罪就可以起到互相配合的作用。能够证明他有非法占有目的就定贷款诈骗罪,但也有一些案件是证明不了的。如果确定手段是弄虚作假,贷了许多的款而不能归还,这种案件要是定无罪,不好交代;如果轻罪没有,就定重罪的话,对被告人不利,搞得司法机关也很为难。

在《刑法》没有规定单位可以构成贷款诈骗罪的情况下,理论上有两种观点:一种观点认为,尽管《刑法》没有规定单位可以构成,单位的主管人员和负责人员已经构成犯罪要件的,可以按照个人犯罪来处理;另一种观点认为,单位的主管人员和负责人员也不能按照个人犯罪来处理。问题就在于单位的刑事责任和单位的主管人员、负责人员的刑事责任之间的关系。在第一种观点中,两者是不能分开的;而在第二种观点中,两者是依存关系。

我个人比较同意第二种观点,即既不能追究单位的刑事责任,也不能追究单位的主管人员、负责人员的刑事责任。因为单位的主管人员、负责人员的刑事责任是依附于单位犯罪而成立的,是以单位构成犯罪且承担刑事责任为前提的,只对个人处罚显然是不公正的。对于这个问题,最高人民法院、最高人民检察院的意见不统一。最高人民检察院在1996年曾有一个关于单位是否可以构成盗窃罪的批复**,在认定单位不构成犯罪的情况下,应追究单位中自然人的刑事责任。最高人民法院的观点则是,在《刑法》没有规定单位构成犯罪的情况下,不能追究单位中自然人的刑事责任,这是一个答复,并不是很正式的

---

* 2006年6月29日《刑法修正案(六)》增设了骗取贷款罪,已经从立法上解决了这个问题。
** 即最高人民检察院《关于单位盗窃行为如何处理问题的批复》,现已失效。

司法解释。最高人民法院关于贷款诈骗罪有明确的规定,在《刑法》没有规定单位可以构成犯罪主体的情况下,既不能以贷款诈骗罪定罪量刑,也不能追究单位主管人员、负责人员和其他自然人的刑事责任。*但是,在司法实践中,如果单位明显地以非法占有为目的,并签订履行借款合同诈骗银行或者其他金融机构贷款,符合《刑法》第224条合同诈骗罪构成要件的,以合同诈骗罪处罚,这是最高人民法院的观点。单位犯罪应该有限制,应该在经济犯罪、财产犯罪的范围之内;如果超出这个范围,就会认定为共同犯罪,在研究单位犯罪的问题上要严格遵循刑法的规定。**

单位金融犯罪中的共同犯罪,会涉及三个层次的问题:

第一是单位内部的共同犯罪,个人往往也要承担刑事责任。如果个人是一人,就是个人犯罪,然后是单位犯罪。如果单位中有二人到三人要对单位犯罪承担刑事责任,要以他们分别起到的作用来划分。司法解释规定,在某些情况下,如果主犯、从犯不好区分的,不一定非得区分出主犯、从犯。如果可以区分,就分别处理。如果不能区分,是按照主犯还是按照从犯处理?按照一般理解,如果不区分主犯、从犯,则都是按照主犯处理,那两个人都有可能处理重了。

第二是两个单位之间的共同犯罪,单位和单位之间勾结起来进行共同犯罪。在这种情况下,应当把单位看成个人,按照共同犯罪定罪量刑的原理来处理,他们之间要区分主犯、从犯,要按照他们在共同犯罪中的作用分别处罚。

第三是单位和个人之间的共同犯罪,个人是单位外的个人。在这

---

* 参见最高人民法院《全国法院审理金融犯罪案件工作座谈会纪要》。
** 2014年4月24日全国人民代表大会常务委员会《关于〈中华人民共和国刑法〉第三十条的解释》规定:"公司、企业、事业单位、机关、团体等单位实施刑法规定的危害社会的行为,刑法分则和其他法律未规定追究单位的刑事责任的,对组织、策划、实施该危害社会行为的人依法追究刑事责任。"该立法解释解决了上述争议问题。

里又有两种情况:一种是单位和个人都可以构成犯罪并且定同一个罪名,处罚要按照他们的作用来进行;另一种情况是单位和个人都构成犯罪,但刑法规定了不同的罪名,要定不同的罪。如果个人与单位勾结起来犯只有单位才能构成的犯罪,由于个人不能构成犯罪,对于个人应当按照这个罪名的共犯处理。在考虑量刑的时候,也要考虑到单位和个人之间的责任划分问题,有些是没有区分的,有些是有区分的,是单位责任大、个人责任小,或者个人责任大、单位责任小,应分别处理。

四、关于金融诈骗犯罪的法条竞合问题

金融诈骗犯罪的法条竞合是普通诈骗罪与金融诈骗罪之间的法条竞合。《刑法》第266条关于普通诈骗罪的规定中有这样一句话:"本法另有规定的,依照规定。"关于金融诈骗罪的规定,就属于"另有规定"的情形。因此,在普通诈骗罪与金融诈骗罪之间存在着特别法与普通法的法条竞合关系。相对于普遍诈骗罪来说,金融诈骗罪在客观上的诈骗行为与主观上的非法占有目的都是相同的,不同之处在于:诈骗方法特殊,如集资诈骗、票据诈骗、金融凭证诈骗、信用证诈骗、信用卡诈骗、有价证券诈骗等;诈骗对象特殊,如贷款诈骗。根据特别法优于普通法的原则,在普通诈骗罪与金融诈骗罪竞合的情况下,应定金融诈骗罪。但是,在司法实践中,存在一些值得研究的问题,如金融诈骗罪的起刑点及量刑幅度的数额标准高于普通诈骗罪。按照最高人民检察院和公安部2001年《关于经济犯罪案件追诉标准的规定》*,个人集资诈骗10万元的,为数额较大。而个人普通诈骗公

---

* 该规定现已废止。

私财物2000元以上的,就是数额较大;3万元以上的,为数额巨大。对于诈骗数额未达到金融诈骗罪的起刑点,但远远超过普通诈骗罪的起刑点的,到底应当如何处理?对此,在司法实践中,存在两种意见:第一种意见认为,对于这种未达到金融诈骗罪的起刑点,但达到普通诈骗罪起刑点的金融诈骗行为,应以普通诈骗罪论处;第二种意见认为,在《刑法》未作明文规定的情况下,特别法与普通法的竞合不能采用重法优于轻法原则,只能采用特别法优于普通法的原则。既然按照特别法不构成犯罪,也就不能以普通法规定的犯罪论处。我赞同第二种观点,只有这样,才能严格坚持罪刑法定原则。

(本文整理自2005年6月在北京市高级人民法院讲座的演讲稿)

专题九　财产犯罪的司法认定

今天下午讲座的题目是"财产犯罪的司法认定",主要是刑法教义学的内容,这跟我过去讲的涉及刑法理念的题目有所不同。我个人认为,对于一个国家的法治建设,它的社会资源包括三个部分:第一个是属于理念性质的;第二个是制度的建构;第三个是法律的技术。这三个层面的资源对一个国家的法治建设,包括刑事法治建设在内,都是非常重要的。就这三个方面而言,法治理念具有引领作用,需要我们认真思考。另外,我认为,实现这些法治理念的一些基本规律包含了某些方法、技术,本身也是具有重要意义的。因此,40年以来,我的学术进路有一个转向,也就是逐渐地转到对刑法作教义学的研究。刑法教义学的研究本身就包含了刑法的一些基本的方法论,它对于司法实践来说是非常重要的。

这些年来,我们的社会上出现了大量的案件。在这些案件中,尤其以刑事案件为多,这些案件引起了整个社会的关注。这些案件的处理和对这些案件本身的认识,对我们国家的法治建设而言,都具有非常重要的意义。从2003年发生的刘涌案到2007年的许霆案,乃至于后来的诸如邓玉娇案、梁丽案(深圳机场清洁工案)以及贵州习水公务员嫖宿幼女的案件等,这些案件经媒体披露以后都引起了社会公众的广泛关注。对于这些案件的处理,存在各种不同的看法。一些法学家,也包括一些刑法学家都对这些案件发表了某种见解,但从总体来看,学者的见解和公众的认知之间存在着很大的差距。因此,学者的见解发表以后,往往受到很多人的指责、批判,甚至谩骂,使学者处于一种非常尴尬的境地。

这种情况引起我思考一些问题。对于这些案件,为什么学者的思考和大众的思考会有差距?学者是应当去迎合大众对这样的案件的判断,还是应当坚持自身对案件的专业判断?我认为,这个问题是非常重要的。但这个问题本身是非常复杂的,比如说,陈忠林教授过去曾讲过"常情""常理",专家应当符合这种"常情""常理"。但是,专家是根据教义学得出结论的,这种结论和"常情""常理"得出的结论之间的关系为何?对此,需要从理论上来加以阐述。今天我所讲的许霆案件,就想通过对这个案件的分析,对财产犯罪中的一些基本界线来进行教义学上的分析,然后根据教义学的结论,再来对大众的认识作一个简要的评判。

许霆案的案情本身是比较简单的,大家可能都知道。许霆恶意地利用取款机的故障,大量取得银行的存款。这个案件发生在2007年。许霆有一张广州市商业银行的借记卡,卡本身没有透支功能。在他的卡上一共有176.95元的存款。许霆想到取款机上取100元,但操作失误。要取100元原本应当按一个1、两个0,但是他多按了一个0,结果变成取1000元。在正常情况下,如果卡上只有176元,要想取1000元显然是取不出来的。但是,不巧的是取款机出现了故障,结果就吐出了1000元。许霆感到很诧异,他发现在他的卡上只被扣掉了1元。也就是说,在他的卡上扣掉1元,他得到了1000元。于是,他就再次按了要取1000元,就又吐出1000元,当然卡上仍然扣的是1元。这时,他就明确知道取款机出现了故障,这个故障导致他可以取1000元或者是2000元,取1000元只扣1块钱,取2000元只扣2块钱。在这种情况下,许霆就大肆取款,先后取了175次,一共取了17.5万元,然后携款逃跑,一年以后才被抓获。

这一起案件本来应当是非常普通的刑事案件。许霆归案以后,广州市中级人民法院以盗窃金融机构罪判处许霆无期徒刑。案件宣判以后,引起了广大公众的反应,尤其是对判处无期徒刑这一结果感到难以接受。之所以会出现这样一种民众对判决的不认同,主要是因为公众对金融机构长期处于垄断地位感到不满。这些年来,金融机构垄断了金融权,在金融机构的活动当中,制定一些霸王条款,不利于消费者,不利于客户。但是,在许霆案中,由于金融机构本身的取款机出现了故障,许霆只是利用这个故障获取了利益,却被判处无期徒刑,这样的结果是有失公正的,于是就有人在网络上对广州市中级人民法院的判决进行了猛烈抨击。一审判决以后,许霆就提出了上诉,上诉到广东省高级人民法院。广东省高级人民法院经过审理以后,就以事实不清为由发回重审。广州市中级人民法院重审以后,仍然认定为盗窃罪。虽然适用了盗窃金融机构条款,但考虑到本案的具体情况而适用《刑法》第63条,在法定刑下减轻处罚,并报请最高人民法院核准。重审的一审判决作出后,许霆又提出了上诉,上诉到广东省高级人民法院。广东省高级人民法院维持原判,并将本案报最高人民法院核准。最高人民法院最终核准了这个判决。

许霆案的判决结果不仅在民众当中引起广泛讨论,而且对于许霆行为的定性,学者之间也存在着各种不同的见解。在这种情况下,大多数民众认为,许霆的行为不构成犯罪;也有一些民众认为,许霆的行为只不过是民法上的不当得利,不应当按犯罪来处理。在学者当中,也有部分学者认为,许霆的行为是一种民法上的不当得利,这和犯罪有着严格区分,不能将许霆的行为按犯罪处理。

因此,在许霆案的讨论中,首先要提出的一个问题是:刑事犯罪(这里主要是指财产犯罪)和民法上的不当得利之间的区分为何?这个问题最终关系到本案的罪与非罪之间的界限。所谓民法上的不当得利是指没有合法的根据而占有他人财物,进而造成他人财产损失,这种不当得利是一种民法上的违法行为,应当受到民法上的处罚。这种行为如果被定性为民法上的不当得利,或者其他民法上的违法行为,是不是就不能再作为犯罪来加以处理?这是我们首先需要思考的问题,这个问题实际上涉及民刑关系问题。由于在刑法中,有相当一部分的犯罪,尤其是经济犯罪、财产犯罪,往往会和民事法律关系纠缠在一起。因此,刑法上的犯罪和民法上的违法行为之间的界限区分,对于区分罪与非罪来说,是十分重要的。

在讲到民刑关系的时候,首先需要强调的一点——民法上的思维和刑法上的思维在方法上是有差异的。其中一个基本的差异在于——民法上的思维更注重形式的东西,往往作形式判断,比如在《物权法》上某些特殊的财产的所有权就是根据登记原则,登记在谁名下就是谁的。它只作形式判断。但是,在刑法中,很多情况下往往需要通过形式来作实质判断。这两者之间是有很大差异的。我曾遇到这样一个案件:有一个单位买了一辆车,因为某种原因,比如说当时单位买车要受到控制,无法落到单位名下,所以他们就想规避法律,把车落户到单位司机名下,变成司机买的。后来,这个司机可能与单位发生了纠纷,就把车开走了占为己有。单位主张,车是单位的,司机将车开走的行为侵犯了单位的所有权,就前往法院提起民事诉讼。但提起民事诉讼后的结果是,法院判单位败诉。理由很简单:车辆登记在谁名下,就是谁的。车辆现在登记在司机名下,单位怎么能够说司机侵犯单位的财产所有权呢?在法律上,这车本来就是司机的,于是就驳回诉讼。然后,单位去找检察院,指控这个司机利用便利侵占本单位财物。如果这个司机是非国有单位职员,单位应当到公安机关去报案。之后,侦查部门就把他给抓起来了,抓起来后就取证,确实可以证明这个车辆是单位购买的。因此,这个车虽然是挂在司机名下,但实际上并非司机个人财产,而是单位财产,最终就以侵占罪判了这个司机有期徒刑。

从这里可以看出来,刑事和民事对这个问题的处理是不一样的。为什么会有这么大的差距?对此,我也专门请教过王利明教授。为什么在民法上不能保障单位的利益?王利明教授认为,可能这个单位提出的诉由有问题。如果单位提起的是一个侵权之诉,它肯定是不合适的,因为从这个案子来看,车是登记在司机名下,而不是登记在单位名下,难以认定单位被侵权了。因此,驳回是正常的。但如果单位提起的是一个确权之诉,并证明是单位出钱买的——虽然登记在司机个人名下,但实际是单位出钱买的。因此,先对这个权利进行一个确认,在这样的基础上再进行侵权之诉,可能就能够获胜。

这样一个说法可能是有道理的,但从总体上来看,民法和刑法对同一个法律关系的理解也是不一样的。因此,我们在处理刑事案件时,不能够完全采用民法的这种只看形式而不看实质的方法。比如前几天有个律师找我咨询一个案件:这是一个挪用公款的案件,一个银行的行长和他的哥哥互相串通,行长就指令银行的一个分支机构给他哥哥的单位贷了2 000万元用于炒股,并且约定如果炒股以后获利的话,双方五五分成。后来,由于炒股亏损没有及时把钱还上。检察机关指控,银行行长和他哥哥互相勾结挪用公款。但辩护律师认为,这个2 000万元是个贷款;这个贷款是在银行分支机构和他哥哥单位之间发生的,并且签订了贷款的协议;后来由于没有归还,还申请了贷款展期并且写下欠条。因此,他认为这是一个民事法律关系而不是一个刑事犯罪。从民法角度来说,这种说法似乎是说得过去的,它确实存在一种贷款关系。但是从刑法角度来说,不能够以一种形式上的借贷关系来否认挪用公款,还要看是否存在实质的贷款关系。控方显然认为,这种借贷关系只是掩盖挪用公款的手段而已,因此,这种借贷关系是应当予以否定的,它实质上就是挪用,只不过是用这种借贷关系加以掩盖而已,就把这种借贷关系看作挪用公款的掩盖品。在这种情况下,就应当把这种借贷看作是一个挪用公款的犯罪。

因此,在判断一个案件时,我们应当关注刑事上的判断和民事上的判断在方法上的不同。当然,这只是一个方面。另一方面,我们还要看到,刑事法律关系和民事法律关系之间仍然是有共同之处的。也就是说,如果某种行为在民事上是合法的,那就不应当在刑事上认定为是一种犯罪。这里面有一个法秩序统一的原则。如果刑法保护的法益和民法所保护的法益都是共同的,在刑法和民法之间是不应该发生冲突的。如果有这种冲突的话,应当予以排除。因此,从这个意义上来说,这种属于私法上的(主要是民法)自治范围内的权利,应当是阻却犯罪的。当行为人依据一个法律或者司法解释来行使权利时,行为人的行为是不应当构成犯罪的。这样一个基本原理也是要得到确认的。

回到许霆这个案件来,有一部分人认为,许霆的行为只是民法上的不当得利,不能作为刑法上的犯罪来处理。这里所涉及的一个问题是,民法上的不当得利或者其他违法行为与犯罪是一种什么关系?在这个问题上,我们过去往往存在一种思想认识上的误区——一个行为只要被认定为民法上的不当得利或者其他的违法行为,就不能成立犯罪。也就是说,把民法上的违法行为和刑法上的犯罪行为看成是一种对立关系,两者只能居其一。这种看法显然是错误的。有很多刑法上的犯罪行为往往是以民法上的不当得利或者其他违法行为作为前提的。从民法角度讲,这种行为是一种不当得利或者其他的违法行为。但是,如果行为的性质比较严重而被立法者规定为犯罪时,就不能简单地认为,这种行为是一种民法上的违法行为,因此不可能是刑法上的犯罪。刑法上的犯罪恰恰是以民事上的违法性为前提的,如果不是民事上的违法,自然也就不可能构成犯罪。当然,从另一方面来说,我们不能说,只要是民法上的违法行为,就一定构成犯罪。但是,只要是刑法上的犯罪，它往往就是民法上的不法行为。

就许霆案而言，我们认为，确实存在着民法上的不当得利问题，尤其是他第一次取款，是基于一种善意来进行取款。由于取款机的故障，许霆才得以取出1000元。将1000元占为己有这个行为本身存在着一个正当的取款行为和民法上的不当得利的想象竞合。许霆输入正确密码来取款这个行为本身是金融法上的一个交易行为，但取款机由于自身故障而吐出1000元，这1000元就属于民法上的不当得利。许霆将其占为己有，同时符合民法上的不当得利，因此，许霆第一次取款的行为只能被评价为民法上的不当得利。至于他的第二次取款，尤其是第三次以后的取款，明显是在利用取款机的故障来恶意占有金融机构的财物。在这种情况下，就不能简单地说这是一个民法上的不当得利。这个问题是需要认真研究的。尤其是我们要注意到，在许霆案讨论中，有许多人都谈到许霆的行为是一个民法上的不当得利。但是在民法上，不当得利本身是民事违法行为的一种类型。在不当得利这种类型中，又可以细分为各种不同的情形。但我们在对许霆案作分析的时候，就没有考虑到具体类型的不同。虽然许霆的行为属于不当得利，但它到底属于哪一种不当得利？不同种不当得利的构成要件是不同的。比如，从主观上来说，有的不当得利可以是恶意的，有的不当得利可以是善意的。因此，不当得利的类型不同，对它所作出的法律上的评价也应当是不一样的。在这方面的讨论还没有深入下去，这也是在许霆案中值得我们去思考的问题。

基于这样一种分析，我们认为，许霆的行为确实具有某种不当得利的性质，但不能由此而否认许霆的行为构成犯罪的可能性，这是我想说的第一点。在关于财产犯罪的司法认定中，首先要处理的一个问题就是民刑的关系问题。这个问题是需要我们来认真研究的，而且这个问题也是一个跨学科的问题，可能需要刑法学家和民法学家的共同探讨。因为有很多概念在不同的学科里的理解是不一样的,比如刑法里面讲占有是非法占有,这一点和民法上的占有就不太一样。民法上讲所有,讲所有权,占有只是所有权中的一种权能;而刑法里面的占有,实际上就是指所有。但由于习惯上的原因,使用了占有这个词而没有使用所有这个词,在这种情况下,刑法和民法从用语上来说就有差别。

下面我们再来讲第二个问题。在许霆案中,我们已经得出一个结论:许霆的行为不仅仅是民法上的不当得利问题,而且涉及刑法中的犯罪。首先涉及侵占罪。因为侵占罪是可以以民法中的不当得利作为前提的。根据我国《刑法》的规定,侵占罪是将代为保管的他人财物占为己有。这个所谓的代为保管的他人财物,就包括了因不当得利而获得的他人财物。因此,这里就存在一个问题——许霆的行为能否构成侵占罪。而许霆的行为能否构成侵占罪,关键之处在于,在取款机发生故障以后,取款机中的财物到底是处于谁的占有之下?是处于银行的占有之下,还是处于许霆的占有之下?这是认定许霆的行为能否构成侵占罪的一个关键问题。

刑法上的财产犯罪是可以作一个具体分类的。从总体上来说,财产犯罪具有一个共同的侵害法益——他人财产所有权。这一点和其他罪名的设立根据是不一样的,其他罪名设置主要是根据侵害不同法益而设置,比如杀人罪侵害的是生命权,而伤害罪侵害的则是健康权,因此,将其区分为两种不同的犯罪。这些犯罪侵害的法益也就是我们现在讲的客体。在一般情况下,我们讲客体有共同客体,有分类客体,有个别客体,根据客体就可以分开来。但就侵犯财产罪而言,它们的分类客体都是一样的,都是侵犯他人财产所有权。因此,从侵犯的客体和刑法所保护的法益,并不能将它们区分开来。将它们区分开来的主要根据是,侵犯他人财产所有权的手段。这种共同的犯罪是根据被刑法类型化了的手段而被设置出来的。

在刑法中,财产犯罪中的基本罪名,如盗窃、诈骗、抢夺、抢劫、敲诈勒索等,都是根据侵犯财产手段的不同而设立的。在这种情况下,我们还需要对侵犯财产的犯罪做进一步的分类。这种分类可以从主观的目的来进行,这种分类就是占有型财产犯罪和毁坏型财产犯罪的区分,这是一个基本区分。在刑法中,绝大部分都是占有型财产犯罪,都是以占有他人财物为目的的,比如盗窃、诈骗、抢夺、抢劫、侵占,都是想要非法占有他人财物,按照财物的通常使用方法来使用这个财物。但是,在刑法当中,仍然存在着个别以毁坏为目的的财产犯罪,主要就是毁坏财物罪和破坏生产经营罪。这两个罪也是侵犯他人财产所有权,但行为人侵犯他人的财产所有权并不是想把财物占为己有,按照财物通常的使用价值来使用,而是要毁坏财物的价值,使财物不能再被使用,这是一个基本的区分。

在占有型的财产犯罪中,我们又可以再做一个具体区分——占有转移型的财产犯罪和非占有转移型的财产犯罪。所谓占有转移型的财产犯罪,是说财产在转移之前处于财产的所有人或者保管人的合法控制之下,通过财产犯罪的手段而使财产从财产所有人或者保管人的合法控制之下转变为由犯罪人予以非法控制,这就是一种占有转移型的犯罪。举例而言,抢夺、抢劫是通过抢的方法将本来处于他人控制之下的财物占为己有,盗窃、诈骗是通过窃取方法或者骗取方法将财产从财产所有人和合法保管人的控制之下非法占为己有,显然这些财产犯罪都属于占有转移型犯罪。相对的,侵占罪(也包括职务侵占罪)恰恰是一个非占有转移型的财产犯罪,所谓的非占有转移型是指,在实施这种侵占犯罪行为之前,财物已经处于行为人的控制之下,也就是我国刑法所规定的"代为保管的他人财物"。在这种情况之下,就不需要发生占有转移,而可以直接占有他人财产。我认为,在财产犯罪的司法认定中有一个非常重要的概念——占有转移。

占有转移的判断是看财物所处的归属为何,它到底处于谁的控制下。对于这点的判断,会直接关系到判断一个犯罪行为到底是定侵占罪还是定其他的财产犯罪(比如盗窃、诈骗等)。但是,这种占有转移的判断在实践中可能会发生某种误解,如何来理解占有转移中的占有(也就是控制)?在什么情况下认为控制了这个财物?在什么情况下认为不是一种控制?对于控制,我们可能会作最狭义的理解,其指的是一种物理上的控制,比如这个财物放在我手里面,我手里拿着一个包,包里有巨款,那我控制着这个财物。在这种情况下,有一个人把我的包给抢了,通过抢的方法使财物的占有发生了转移。显然这是一种占有转移的犯罪,这是没有问题的。但是,这里的控制财物不能仅仅作这么狭义的理解,还要作相对广义的理解。比如我把一个东西放在我家里,门外上了锁。在这种情况下,财物也是处于我的控制之中。如果有人把锁给撬开了,在我不在的情况下强行进到我家里面,把我的财物拿走了,显然这是一个占有转移。现在涉及的一个问题就是,如果我把这个财物放在家里面,但我忘记关门上锁,就出去了。这时有一个人看到家里有很多贵重东西,门没锁,就进到我的家里并把我家里的财物取走了。在这种情况下,是不是一种占有转移的犯罪?也就是说,在这种大门大开的情况下,是否还意味着我对这个财物具有一种占有关系?如果承认这种占有关系,那么,利用我没有锁门疏于管理而进到我家里把我的财物拿走,仍然是一种占有转移的财产犯罪。如果认为在我没有锁门的情况下,我丧失了对财物的占有,那么,这个案子的行为就不能被认定为一种占有转移的犯罪。很显然,如果按照一般的社会常识来判断,尽管我没有锁门,但财物仍然处于我的占有之中,因此,把我的财产拿走的行为,仍然是一个占有转移的犯罪。

此外，我们在判断占有关系的时候，还要考虑到一般的生活常识和一般的社会生活观念。比如说生活在山区的农民，他的住家离他家种的田比较远，可能有10里路，他用犁耙犁地后就将犁耙放在田里，人就直接回家了，第二天又接着去犁。在这种情况下，这个犁耙被放在10里外的田里面，他人在家里，那他对这个犁耙是不是仍然具有一种占有关系呢？如果有人把这个犁耙拿走，这到底是一个占有转移的犯罪，还是一种非占有转移的犯罪？关于这个问题，我们仍然应当根据社会观念来判断：尽管行为人将犁耙放在地里而没有看着，但是，犁耙仍然是处于行为人的占有之中。这样一种观念还可以用于其他的农村生产活动，比如说放牛、放羊，牛、羊都被放养在山上，并没有一个人跟在后面。但是，这并不意味着这些牛羊是没有人控制的无主物。如果有人把牛羊给牵走了，仍然是一种占有转移的犯罪。在这种情况下，对占有关系的判断，就要考虑社会生活的观念常识。

另外，对于占有关系的判断，还要从民事上予以考虑。比如，前几年我们出过一个司法考试题：有一个人在一个卖自行车的车库前看到一辆电动自行车，他觉得这车很好就想占为己有。他假装说要买一把锁，但车库里没有这把锁。车库老板就请他帮忙照看，自己则到50米之外的仓库去取锁。趁老板离开车库，行为人就把这辆电动自行车偷走了。如何来评价这个行为？是定盗窃或是定诈骗？还是定侵占？这里面的问题就在于，当老板对他说"你帮我看一下"而离开这个车库时，这是不是意味着一种占有转移？是不是意味着一种保管义务的转移？如果将这种行为看成一种占有转移，那么这个人的行为就不可能是一个占有转移的犯罪，其行为不可能是盗窃或诈骗而可能是侵占。但如果不把这种行为看作一种占有转移，也就是说虽然老板说"你帮我看一下"，但车库里的东西仍然处于老板的控制之下。在这种情况下，行为人把这车骑走了，就是一种占有转移的犯罪。这里面涉及的一个概念是占有辅助人。从民法上来说，占有人是可以作具体分类的，他可能不是一个人占有，另外一个人可能是占有人的占有辅助人。在这种情况下，占有人仍然是车库的主人，这个行为人是占有辅助人，而占有辅助人并不意味着对这个财物占有，利用占有辅助人的关系将财物取走的行为，仍然是一种占有转移的犯罪。

另外，司法界中也经常会遇到一些比较疑难复杂的案件，有时候界线划分得不大清楚。经常有这样的案件，有的人在街头以自己的手机没电为由，向他人借手机来打，然后利用他人的不注意而突然溜走，把手机占为己有。对于这样一种行为，到底要如何定性？有人认为，应当定诈骗，行为人形式上是借手机，实质上是想占有手机，他故意假装自己手机没电了，以此为名将他人的手机骗来，然后占为己有，这是一个诈骗；也有人认为，以借手机来获取手机的占有控制状态，然后占为己有，这是一个侵占；还有人认为，这是盗窃，趁手机主人不注意悄悄溜走了，这是一个窃取的行为。我们要如何来对这个案件的三种观点进行分析？应该说，这三种观点听起来似乎都有一定的道理，但是，对于这种行为到底应该如何定性？我认为，还是应当从占有转移的角度来理解。也就是说，他以借用手机为名，使手机从手机主人转移到他手里，这样的过程是不是一个占有转移？如果是，他可能就涉嫌诈骗——以欺骗的手段使别人的手机占有转移是诈骗；如果不是占有转移，那么可能会构成盗窃罪，秘密窃取了这个手机。就这种情况而言，我们认为，行为人以虚假的理由把手机借到他自己这里来，这样一个过程并没有发生占有转移。也就是说，把手机借给你是让你在我的注视下使用这个手机。这是什么意思呢？也就是说，我并没有把手机处分给你，而是要你在我的注视下使用这个手机。因此，从法律上来说，手机仍然是处于手机主人的占有之中，行为人只是在手机主人的注视之下使用这个手机。如果行为人利用手机主人的不注意而突然溜走了，这是一个窃取行为,既不是侵占也不是诈骗。之所以说不构成侵占,理由在于行为人拿到手机的过程并不是占有转移。因此,这是一个占有转移的犯罪而不是一个非占有转移的犯罪,这个行为不能定诈骗,而是盗窃。为什么要定盗窃呢?道理在于,你给别人虚假理由,别人把手机给你了,这个行为没有发生占有转移。也就是说,占有转移没有通过虚假理由而发生,行为人是利用秘密窃取的方法来使这个手机发生占有转移。

从这个事情可以看出,占有转移是怎么发生的,占有转移有没有发生。这一点涉及侵占罪和其他的财产犯罪之间的区分。而占有转移是在哪一个行为发生的,又会涉及占有转移财产犯罪中的盗窃、抢夺等犯罪的区分。哪一个行为使财物发生占有转移,就应当根据使占有转移发生的行为来定罪,而不是根据没有使占有转移发生的行为来定罪,这一点是非常重要的。

基于以上对占有转移的分析,我们可以通过"占有转移"来使某一个行为性质的罪与非罪之间的判断从法律问题变成事实问题,将占有状态以及占有如何转移作为一个事实问题来加以阐明。这就给我们解决财产犯罪提供规则和法律思路。比如,发生在深圳机场的梁丽案,到底是定侵占还是定盗窃?严格来说,它已经不是一个法律问题而是一个事实问题,也就是说当时她所谓捡到的那个纸箱里面有价值268万元的金首饰,当时这个财物究竟由谁占有?这样一个状态是一个关键。如果说在当时情况下,这个财物是一个所谓的占有脱离物,用我们现在刑法来说就是遗忘物(但这个概念并不太科学,它带有很大的主观性:被遗忘了。从中性的角度来判断,应该叫占有脱离物,也就是占有脱离物丧失了任何人的控制),梁丽就不可能是盗窃或者其他犯罪,因为这个财物已经脱离了占有,取得后占为己有,那么,这可能是一个不当得利,不当得利有转化为侵占的可能性。但是,如果这个物不是一个占有脱离物,也就是说仍然处于财物所有人的控制中(因为我们没有看到司法文书对这个案子确切的描述,根据相关报道,财物主人把这个财物放在5米远以外,自己则到另一个柜台去咨询),那么,在这种情况下,虽然财物离开了主人的物理控制,但应当认为,财物仍然处于他的控制当中。如此而言,财物就不是一个占有脱离物,行为人就可能涉嫌盗窃。但这里可能还需要考虑其他因素,如主观认识错误,本来是一个非占有脱离物,行为人却误认为它是一个占有脱离物。另外还要考虑到占有脱离物的场所。在一个特定场所,虽然财物的所有人是暂时脱离了,财物是不是还处于另外一个人的保管中?比如在机场的候机大厅里面,尽管某一具体的行李的主人可能暂时脱离了财物,但是,在这个特定环境下,财物处于机场这样一个特定机构的控制之下。在这种情况下,我们可以说,在机场就没有遗忘物。不能说在机场里面看到一个行李箱放在那里没人管,就可以认为它是遗忘物而把它拿走。虽然具体的主人把它遗忘了,但是机场有保管职责。这里就关系到,梁丽作为一个保洁工是不是具有保管义务?是违反了保管义务还是将这个财物占为己有?这些事实的判断都直接关系到对梁丽的行为如何来定性,这一点我觉得也非常重要。

根据我们刚才对占有转移这个基本概念的分析,我们再来看许霆的行为,来区分其行为到底是侵占还是其他财产犯罪。这里面有一个关键问题,在取款机发生故障的情况下,取款机中的财物是不是还处于银行的控制之下?如果说取款机发生故障,但取款机里的财物仍然还处于银行的控制之下,那么,要非法取得财物,就必须要采取占有转移的方法,因而不能是非占有转移的犯罪。如果取款机发生故障,这个故障使得银行机构丧失了对财产的控制,那么财产就已经自然地处于许霆控制之下,他把财产占为己有,就不可能是占有转移的犯罪,而只能构成侵占罪。这是一个非常值得研究的问题。侵占罪主张者实际上是认为,因为取款机发生了故障,所以银行机构就丧失了对取款机中财物的控制。在这里,他们作了这样一个很有意味的论证——许霆用的是正确的卡,输入的是正确的密码。在这种情况下,取款机把钱吐出来了。他们因此认为,许霆的行为是一个正常的取款行为,是一个民事上的交易行为,这个交易行为不能认定为刑法中的犯罪。他们讲了这么多理由,主要是说如果你承认他第一次是善意的,没有意识到取款机有错误,而他正好输入正确密码而取得了1 000元(对于这个行为,我们并不否认,它是一个民法上的不当得利。但实际上,如同我们前面分析的,这个行为是一种正常取款行为与民事上不当得利的想象竞合,因此还不能否认这是一个正当的取款行为),那么,为什么说第二次、第三次乃至后来的100多次,是恶意的?从客观上来说,他的动作和第一次也是一样的,都是插一个真卡,输入真实密码,然后吐出1 000元。那么,说他第一次是善意的,就是一个取款行为,而后来他是恶意的,是因为他知道取款机出现了故障?仅仅由于主观上的意图的不同,就使得对两个在客观上相同的行为在法律上发生了不同的评价?把第一个行为评价为不当得利而把第二个及以后的行为评价为财产犯罪?这些学者认为,这是一种主观归罪!两个行为实际都是一样的,仅仅因为主观不同就把一个视为犯罪,这不是主观归罪吗?

  如何来看待这个问题,我觉得是很值得研究的。实际上,这里面涉及主观违法要素的问题。因为在大陆法系的刑法中,古典的犯罪论体系所坚守的一句刑法格言是"违法是客观的,而责任是主观的"。也就是说,当时主张的是一种客观的违法行为,评判一个行为违法还是不违法,应当根据客观行为来判断而不能根据主观意图。至于主观,则是一个责任的问题,责任是以违法为前提的。在客观上将行为评价为违法,再来考虑主观上是基于何种原因来判断责任的有无,这是一种客观的违法行为说。这种客观的违法行为具有历史的进步意义,因为它和主观归罪划清了界限。因为在中世纪,判断一个行为是否违法犯罪,完全不考虑客观行为,而只考虑主观恶意,因此导致了追究思想犯罪。但是后来到了新古典学派,就发现了所谓的主观违法要素。也就是说,在一般情况下,我们在判断一个行为是否违法时,确实应当根据它的客观行为来判断,但是在某些特殊情况下,仅从客观行为上还不能得出这个行为是否违法的结论。在这种情况下,要想决定一个行为是违法的,还需要有主观要素,也就是所谓的主观的违法行为。

我们过去对于主观主义、客观主义有一个错误的理解,认为它们是对立的。主观主义就是一个主观主义规则,主观违法说在考虑违法时只考虑主观而不考虑客观。但是,这种理解是错误的。主观的违法说仍然坚持在判断一个行为是否违法的时候,还是要看客观,在根据客观行为无法判断是否为违法行为时,才来看主观。因此,这种违法性是以客观的行为违法为前提的,在具备了客观行为的前提下再来看主观,来判断是否为违法。根据主观意图不同,某种行为就区分出违法与不违法,因此,违法行为并不是对客观违法说的否定,而是对客观违法学说的一种补充,是建立在客观违法行为论的基础之上的。正是基于这种主观违法性论,我们认为,对同一个行为根据主观不同而区分为罪与非罪并不是一种主观归罪,而是违法要素的一种倾向。主观违法性论主要体现在刑法中的目的犯,目的犯中的目的就是主观违法要素。也就是说,一个相同的行为如果没有这种不法目的,不能认定为犯罪;有这个目的,才可以认定为犯罪。我们常举的一个例子就是,一个男性用手触摸女性的生殖器这样一个客观行为。如果他是出于治疗的需要而实施这个客观行为,我们就可以将他的行为定性为一个正当的治疗行为;但如果他是出于猥亵的目的而行使这个行为,这就是一个猥亵的不法行为。从中可以明显地看出,主观违法要素对于行为的违法性判断所起到的作用。

当然,这种情况是要在构成要件层次予以排除还是在违法性层次进行排除,是有争议的。有人认为,在这种情况下,这种行为本身是构成要件该当的,只是在违法性层次说行为不违法,存在违法阻却事由,因此我们把这个治疗行为看作一个阻却事由,在违法性层次予以排除。但是,也有人认为,把这个行为看成是构成要件该当行为可能不符合一般的社会常识,否则的话,医生动手术的行为都会被看成是构成要件该当的,仅仅是行为的违法性被阻却了,这样就容易混淆正当的治疗行为和犯罪行为之间的界限。因此,有些理论认为,这个行为本身就不是一个构成要件该当的行为,用主观的正当化事由在构成要件里就直接予以排除。也就是同样是触摸女性生殖器这个行为,如果主观上是为了治疗,在这种情况下它就具有一种主观的正当化事由,因此,就把这个行为直接从构成要件里排除出去,而不是在不法环节去排除。尽管在这点上是存在争议的,但是我们认为,对于同一种行为,根据它的主观意图不同而分别区分为罪与非罪这样一个基本原理是统一的。

因此,在许霆案中,在第一次取款时,由于许霆不知道取款机发生故障,就不能认为这是一种刑法上的犯罪。但是,他在第二次、第三次乃至以后的100多次的取款行为,从形式上来看,似乎是一种交易行为(他插入的是真实的卡,输入的是真实密码),但是,他是利用了取款机的故障来恶意取款,这种行为是可以评价为犯罪的。这里面实际上就涉及我一开始所讲的那个原理——对这个行为,不能仅从行为的形式上来看。如果仅从形式上来看,行为就符合交易行为这个特征。但是,从实质上来看,许霆恶意利用取款机的故障来进行取款,这实际是一个犯罪行为,因此不能认为它是一个民法上的交易行为。基于这样一个分析判断，我们就可以得出这样一个结论：对于许霆的行为，取款机发生故障后里面的财物仍处于银行的占有中，利用这个故障来取得财物的行为，实际上是一个占有转移的行为，只不过这种占有转移利用了取款机的故障，如果取款机不发生这个故障，这个占有转移是不可能发生的。

这点就如同我们前面所讲的，我出门了，家里门没锁好。行为人趁机潜入我家来偷我的东西。尽管家里门没锁好，但这个财物依然是属于我的，我并没有丧失对它的占有，这也就排除了许霆的行为构成侵占罪的可能，因为它是一种占有转移的犯罪而不是一种非占有转移的犯罪。

当然，在主张定侵占罪的学者中，还有一种很特殊的观点说：许霆用真卡输入真密码这个行为是一个民事行为，不能作刑法上的评价。他的意思就是插卡取款这个行为本身就是民事上的行为，而不是刑法上的行为，刑法不能对它作出评价。由于刑法不能评价的行为而导致取款机吐出1 000元，这1 000元是银行的脱离占有物，因此，把这个钱占为己有，是一个侵犯脱离占有物的犯罪，也就是侵占罪。这是高艳东博士的观点，他作了很有意思的论证。他的观点是说这个取款机确实发生了故障，但这个故障不像我们前面讲的出门家里没上锁的情况下你来我家把东西拿走（这种情况发生了占有转移，是盗窃罪）。那么，他所说的这个故障是什么呢？就是相当于我把你的口袋当成我的口袋，把我的1万块钱放进你的口袋里，结果后来你发现：怎么把钱放我口袋里了？然后，就把它占为己有。他认为，这个行为就是侵占，因为钱是你自己放过来的。

在这里，我们可能还要深入地考虑取款机故障后面发生的民事法律上的后果是什么。许霆案发生以后，后来又出现了一些过去已经判了的类似案件，其中有一个大家可能知道的何鹏案：何鹏是云南专科学校的一个学生,他有一张农行卡。他去看卡里有多少钱,本来卡里有很少钱,结果由于银行软件出错,比如说本来只有1000元却显示100万元,在这种情况下他就拼命取钱,取了64万元,后来案发被判了无期徒刑,这就是何鹏案。因为许霆案出来以后,许霆获得了减刑而被判5年,何鹏的家属也找律师要求再审,认为这与许霆案是一样的,既然许霆受到不公正待遇,那么,何鹏案更不公正,要求重审。我们先对何鹏案件和许霆案件作一个比较:在这两个案件中,都是金融机构的有关设施出现了故障。但是,这两种故障应该说是不一样的。在何鹏这个案件当中的故障是,使何鹏的卡从1000元变成100万元。从理论上来说,这个钱是打到何鹏的卡里面去了。在这种情况下,何鹏明知这个钱不是他的而是银行错了,他还要去取钱,这个行为到底是定盗窃还是侵占?关键在于"存款的占有",即存款是银行占有还是存款人占有。这如同我到银行去取钱,存折上有100万元,我到银行去取钱,取的究竟是自己的钱还是银行的钱?这个问题有时我们没有深究,你取的钱到底是银行的钱还是你自己的钱?卡上的钱到底是银行占有还是你自己占有?这个问题涉及罪与非罪。在日本曾经出现过这样一个事例,这个事例在我们的生活中也会出现,张三想要往李四的卡上打3万元,结果填错了,打到王五的卡上去了,王五就不退这个钱,并把钱取走。对王五的行为如何定性,就出现了分歧。有一种观点认为,应当定盗窃;另外一种观点认为,应当定侵占。定盗窃的观点认为,钱虽然错打到了你的卡上,但这钱是银行占有而不是你占有,你把银行占有的钱取出来是一个占有转移的行为,因此是盗窃。定侵占罪的观点则认为,你卡上的钱不是银行占有而是你占有,因此,你把你占有的钱自己取出来,只是一个侵占而不是盗窃。

这里涉及存款的占有问题,这个问题实际上涉及对事实占有和法律上的占有的理解,这个钱在银行,银行当然是在事实上占有,我在银行有100万元,我撬了金库去取了100万元,你能不能说是我实现我的占有?那显然不能!这是一个盗窃。你在银行里有100万元,但这100万元是你的债权,你从银行金库里去取,侵犯了银行的财产所有权,这是两回事。但是,在法律上,我的存款是不是由我占有?我实施的占有行为是一个非占有转移的行为而不是一个占有转移行为,因此只能定侵占而不能定盗窃?

关于这个问题,理论上有相当大的分歧。这到底是一个事实占有还是一个法律上的占有?我个人比较偏向于法律上的占有。只要是我卡里有钱,就是我占有。尽管我需要去银行才能将这个钱取出来,但取的行为不是一个占有转移而是实现在我名下的一个财产。我觉得,这样的观点在法律上还是能找到一定的根据,比如1998年两个关于盗窃罪的司法解释里,就论及盗窃存折这个行为要怎么来定性。司法解释明确规定,如果这个存折是不记名的,即时可取,那么,取得了存折就意味着占有了存折下的财物,应当按照取得存折的行为来定盗窃,后来去取款的行为属于事后不可罚的行为,不能按照后面的取款行为来定罪。而且我国《刑法》第196条规定,盗窃信用卡并使用的,应当按照盗窃定罪。也就是说,盗窃信用卡后面的使用行为是一个实现财产的行为,因此,盗窃信用卡就意味着信用卡下的财产已经被窃取。从这样的规定来看,似乎是符合法律上的占有这样一个观念的。

在日本,事实占有说可能占主导地位。因此,在日本刑法理论上,通说还是认为,盗窃一张卡,这个价值就是信用卡的价值,因此不能根据盗窃信用卡的行为定罪,而是要根据你使用信用卡的行为来定罪。如果是在柜台上去取款,那就是信用卡诈骗;如果是在取款机上使用,因为机器不能被骗,因此,就只能构成盗窃。这也是张明楷教授的观点,因此他就把刑法盗窃信用卡并使用这个规定看作一个特别规定。也就是说,这个特别规定的法理只适合于特殊情况而不能推而广之。

在这点上,我和他的看法是不一样的。我认为,这个法律规定具有某种旗帜的作用,它实际为我们的逻辑推理提供了某种逻辑起点,我们可以根据这个规则推广到其他场合。也就是说,在法律当中,这种法律的规定是极其有限的,我们遇到的大量的情况尤其是那些疑难的情况(在法律上是没有直接规定的),因此,用有限的法是难以规范无穷的案件,案件是无穷的、千奇百怪的。在这种情况下,必须要进行法律推理,而法教义学就是提供这种推理的方法。因此我们不仅要看到这种有形的法律,还要看到无形的法律。大量的法律是无形的,这无形的法律如何去找呢?要靠推理,从一个规定推导到另外一个规定,获得处理某些疑难案件的一些具体规则。

基于这样一些分析,我们就可以看出,在何鹏的案件中,如果认为银行错划到他卡上的钱仍然属于银行所有,何鹏的行为就是一个盗窃;如果认为错划到他卡上的钱就是何鹏占有了,何鹏的取钱行为就是一种侵占而非盗窃,因为这种占有转移不是通过何鹏的行为完成的,而是由于银行的错误而完成的。你银行的错误发生了占有转移,使银行丧失了占有,打到何鹏卡上的钱就变成了一种脱离占有物,因为银行自己的过错而丧失了对这个财物的控制,财物转由何鹏控制,因此,我个人认为,何鹏的这个行为构成侵占而不是盗窃。

但是,我们再来看许霆的行为。在许霆案中,取款机发生故障,但这个故障和何鹏案中的故障在性质上是完全不一样的。在何鹏案中的故障是使得银行的钱打到了何鹏的卡上;但在许霆案中,许霆的卡没有出问题,是取款机出问题了,它的错误是你取1 000元,但它只扣你1元,许霆卡里有176元钱,他就可以取176次,能取17.6万元,才把他卡里的176元扣完。就这个错误而言,取款机并没有使取款机里的财物变成脱离占有物,因此,许霆要想取得这个款仍然需要一个占有转移的行为,才能占有这个财物。基于这样的分析,我们认为,许霆的行为并不是侵占,是一种占有转移的犯罪而不是一个非占有转移的犯罪。

另外,如果是一个占有转移的犯罪,到底要定什么罪呢?这就要看占有转移行为是一个什么行为。关于这一点,理论上涉及两种不同的观点,一种观点认为应当定诈骗,另一种观点认为应当定盗窃。那么,许霆是利用诈骗手段还是窃取手段取得钱款?

我认为这涉及一个核心的问题:如何来看待诈骗罪的构造。应该说,刑法中的诈骗罪与我们老百姓所理解的诈骗之间的差距是最大的。我们曾经遇到过很多案件当事人来咨询,这个被骗那个被骗,有的人甚至损失了几千万元,但我们从法律上一分析,认为人家这个行为根本构不成诈骗。这里面主要涉及我们过去刑法中对诈骗在构造上缺乏正确的理解,我们往往容易把刑法上的诈骗与民事上的欺诈混淆起来。二者在客观上来都是弄虚作假,即所谓的虚构事实、隐瞒真相。但是,刑法中的诈骗并不仅要求弄虚作假这一行为。就诈骗罪的构造而言,除了隐瞒事实、虚构事情以外,还需要被害人因为他的欺骗而产生认识错误,并且基于这种认识错误而处分财物。因此,诈骗罪和抢劫、抢夺、盗窃这些犯罪又是不一样的。

在理论上,诈骗罪是个交付型的犯罪,诈骗和敲诈勒索都是一种交付型的犯罪,诈骗是因为认识上的错误而交付财物(也就是处分财物),而敲诈勒索是由于意志上受到他人胁迫而交付财物。这种交付行为都是一种有瑕疵的交付行为,它和抢劫、抢夺、盗窃这些取得型的犯罪是不一样的,取得型的犯罪是直接取得,在被害人不知情的情况下直接取得,或者在被害人的意志完全受到抑制的情况下而取得。这两种犯罪应当加以区分。

但是,我们过去就没有好好区分开来,尤其没有考虑到在诈骗的情况下,被害人的行为在构成诈骗里面起了很大作用,这一点也是诈骗与其他犯罪不同的地方。也就是说,在绝大部分犯罪行为当中,我们过去在认定这种行为是否构成犯罪及构成何种犯罪时,光考虑被告人行为。至于被害人行为,是不需要考虑的,只有在极个别行为中,我们才考虑被害人行为,比如在强奸罪中要考虑,要看被害人是否同意,如果被害人同意,这个行为就不是强奸。但是,在诈骗犯罪中,它是被害与加害的互动。因此,被害人行为在诈骗中起到了很大作用,首先要求被害人主观上受到欺骗。

在这种情况下,就可以引申出一个基本的原理,就是所谓机器不能被骗的原理,这也是在日本刑法中通行的一个原则。对于机器来说,不存在构成诈骗的问题,而只构成盗窃。比如在日本非常普及的购物机,它里面放有各种东西,只有放入钱,尤其是硬币,东西才出来。但有个人伪造了一些像硬币一样的铁片,重量也差不多,然后投到机器里。机器以为是钱,机器的识别能力没有达到那么高的程度,因此它就把东西给推出来了,行为人也就占有了这个东西。在这种情况下,能不能认为是机器被骗财而因此认定这个行为是诈骗而不是盗窃?从一般的考虑来看,确实可以说机器被骗了,机器把铁片误认为真币,由此把钱给存了,这种情况是经常发生的。前段时间最高人民法院要我写一篇文章分析在取款机上存假币,再到取款机上去取真币的行为如何来定性。我把假币存在我的卡上,然后再用我的卡把真币取出来,存假币是一个什么行为?将假币存到我的卡上,这是一个诈骗吗?是机器被骗吗?但我们又说机器不能被骗。也就是说,如果机器被骗的话,有很多行为的定性违反了我们的常识。因此,机器不能被骗虽然不是一个法律规定,但它是具有某种法律上的效力的。也就是说,如果不能坚持机器不能被骗这个原理,就会使盗窃和诈骗之间的一些基本界限发生混淆。如果要想把盗窃和诈骗的界限明确区分开来,就必须坚持机器不能被骗这样一个原理。我个人也是赞同这个基本原理的。

因此，在许霆案中，有人认为许霆的行为构成诈骗，他就否定了机器不能被骗原理，也有人认为这是一个普通诈骗，许霆进行了欺诈性操作。我认为，这是与事实不符的，许霆并没有进行欺诈性操作，因为他的操作本身就是符合真实情况的，他的卡是真的，他的密码也是真的。还有人认为这是一个信用卡诈骗，但这个说法也有问题。他们认为，尽管许霆的卡不是信用卡，它不具有透支功能，但是，由于取款机的差错而使得卡在事实上具有了某种透支功能，因而是一种恶意透支。我认为，也不是这样的，因为这种情况并不是使许霆在事实上透支了，而是因为机器发生故障。你每取1 000元，它就扣1元，而这1块钱就是从你的卡上真实地扣走。因此，不能认为许霆的行为是一个诈骗。

当然在诈骗里面，它可能会涉及被害人的过错。被害人的过错不能免除诈骗人的刑事责任，但在有些情况下，诈骗本身存在被害人的过错，因此，诈骗的犯罪人往往感到很委屈。前几年，我曾收到一封信，写信的人是广西的，他在银行有两张存款单，一张是2万元，一张是2.5万元。他的存款已从银行取出来了，存单也被银行销毁了，因此，他在银行应该就没钱了。但是，由于银行工作人员的失误，在底卡上没有销掉款项，因此，他在这张卡上仍然有2.5万元的款项。他去银行办事时，银行工作人员就对他说："这个卡上还有2.5万元。"这时，他隐瞒了取走钱款的事，银行工作人员说："赶紧取走吧，这就过期了。"此时，他没有存折，因为存折早已销毁了，他就说："我的存折丢了。"银行人员就很热心地说："那我给你办挂失，你过7天再来取。"然后过了7天，他就把这2.5万元给取走了。过了一段时间，他又去银行办事，银行又说："你还有2.5万元。"于是，他在挂失后又取出2.5万元。过了一段时间就案发了，对他以诈骗罪判处有期徒刑5年。这是

1995年的案子,虽然他现在早就被释放了,但始终对诈骗罪难以接受,因此到处上访。他专门给我写了这封信,问我这行为是不是诈骗?他认为,这钱是银行给他的,他既没有想诈骗也没有想要这个钱,他什么也没有说,怎么能认为他是诈骗呢?他认为,法院判了一个错案,因此,他要上访。我看了信后,给他回了一封信,我说他的这个行为在我们的司法实践中被认定为诈骗是没有问题的。这个案件实际上是一个隐瞒真相的诈骗,是一个不作为的诈骗。因此,从理论上来说,这是符合诈骗罪的构成要件的,定诈骗罪是没有问题的。我们在看银行的这个错误时,还要看这个错误是什么,不能认为银行错给我的就是我的,因此不构成诈骗。

在日常生活中,也经常遇到以下情况,本来是说取 1 万元,但银行工作人员由于工作失误,给了我 10 万元,我拿回家后才发现。如果要说构成犯罪,那就是侵占。也就是说,占有转移是由于银行工作人员的失误而发生了占有转移,如果说银行工作人员把款付给你时,你当下就发现了并把钱拿走了,在这种情况下构成什么罪?对此,存在意见分歧。有人认为是诈骗,也有人认为是侵占,这两种观点的区分点就在于占有转移时间点的判断。主张定侵占的人认为,只要银行给了钱,占有转移就发生了,因此,后面的行为就只能构成侵占而不可能定诈骗。但是,主张定诈骗的人则认为,当我把钱给你的时候,你还要清点,清点对了才能拿走。但是,你在清点时发现了错误,却还把钱拿走。因此,这是一个隐瞒真相的诈骗,也就是说,我把钱给你时,占有还没有发生转移,这种错误的占有转移的发生是在你隐瞒真相的情况下发生的,因此认为这是诈骗。这两种观点都有一定道理,关键是要看怎么解释。如果根据我前面所讲的,这个金融机构搞垄断,它有一条霸王条款:这个钱一离开柜台,就概不负责。也就是说,你有假币,它也不负责,如果你按这种霸王条款来推理,那就只能定侵占而不能定诈骗,这里面就是一个解释的问题。

因此,当我们对同一个行为有不同的解释时,应当关注导致不同的原因是什么。我们不能简单地对定罪结论作判断,而应对定罪理由作判断。当我们说定诈骗是对的,不是说定诈骗这个结果是对的,而是说定罪理由是正确的,也就是说,占有转移的时间定在什么时候,才是对的。这决定于我们同意哪一种意见。要看被害人错误是什么样的错误,而不能说被害人错误就不构成犯罪,也不能简单地说你没有主动去虚构事实就不构成诈骗,那你还有一个隐瞒真相,人家会陷入错误正是由于你的隐瞒真相,当然这种隐瞒真相是以披露真相义务为前提的。因此,隐瞒真相这个描述在法律上是不科学的,比较正确的说法应当是违反真相披露义务,这是一种不作为,要看有没有这个义务。这个义务由有关的金融法规、有关的行业规章来规定。另外一点就是诈骗人基于认识错误而处分财物,要有被害人处分行为。处分的行为是占有转移的行为。如果你到一个商店去试穿衣服,售货员就把衣服给你了,让你去试穿,但你利用试穿的机会偷偷溜走了,这个行为到底是诈骗还是盗窃呢?这要看售货员把这个衣服给你是不是一个法律上的处分行为,它显然不是一个处分行为。售货员不是把衣服给你了,而只是让你在售货员的注视下穿这个衣服,就像你让我把车借你开一开,是让你在我的注视下开。如果你把车开跑了,这样一个行为就不是处分行为。如果我让你明天把车借我开一下,你也把车借给我了,这个行为就是一个处分行为。也就是说,我把这个车借给他了。

这个处分行为还存在一个问题:这个手段到底要不要有意识?这个问题也直接关系到能不能直接定诈骗。比如说,一个人到超市,他把肥皂箱盒子打开,换上贵重的东西(如摄像机),然后封上拿到收银台去交款,收银台以为是肥皂就按肥皂的价格来收钱,然后这个人把东西拿走了。这个行为到底是定诈骗还是盗窃?关键是要看售货员的处分行为是不是一个有意识的处分行为。由于他是按照肥皂的价格来收款的,他以为这里面就是肥皂,在这种情况下,他的处分是无意识处分,不是诈骗罪里的处分,所以这个行为构成盗窃。

日本学者西田典之也举了一个例子:甲有一本书,里面夹着10万日元,由于时间久远而忘记了。有一天,乙在甲处看书时,发现书里有钱想占有,就故意让甲将这本书卖给他。甲同意。于是,乙不仅得到这本书,还得到了书里的10万日元。那么,乙的行为是诈骗还是盗窃?这还是要看甲的行为是不是处分行为。这本书不是乙偷来的,而是甲处分给他的,但是甲是不是有意识处分呢?如果我们要求这种处分是有意识的,他不知道有10万日元,那么,这种处分就不是诈骗罪中的处分,因此,应认定为盗窃;如果无意识处分也能构成处分行为,那么,乙的行为就是诈骗。

处分究竟是一种有意识的处分,还是一种无意识的处分?对此,学说上有不同观点。我们认为,诈骗中的处分还应当是一种有意识的处分。如果是无意识处分的行为,还是应当定盗窃而不是诈骗。就像超市偷东西的那个问题,这是偷来的而不是处分来的。尽管他经过了收银这一关口,表面上是处分给他,但实际上仍然是窃取。有时候,这会很复杂,有许多行为交织在一起,既有欺骗行为也有掉包行为。在这里,我们要根据占有转移的行为来分析,把其他行为看作犯罪的掩护行为或者犯罪的掩盖行为。这两个概念是我命名的,有时候在犯罪前有一种掩护行为,后面进行犯罪。比如,现实生活中经常发生的调虎离山,使财产所有人离开财产,让财产暂时脱离控制,然后再把财物占为己有,就像前面我所举的那个车库的例子,故意说我要买把锁,老板没现成的,离开去取锁,把人家调虎离山,然后把车取走。在这种情况下,他前面的行为是一个掩护行为,后面的行为才是一个占有行为——秘密窃取,这个行为使占有发生转移。还有一种情况是,先有一个占有转移行为，后面有一个掩盖行为，那么，这个掩盖行为是为了推迟犯罪时间的案发，这种情况下的定性要根据占有转移时的行为而不是掩盖时的行为来定。比如，一个人到柜台去说他要金项链，这个营业员信以为真地拿出几串项链给他看，他就趁营业员不注意把真的项链藏起来，用事先准备好的假项链放进去，再说不买了还给你，走人。在这个案件中，是诈骗还是盗窃？有人认为是诈骗，因为他有调包行为，使他人信以为真地收下假项链了。这样一种理解，我们认为是错误的。这个案件中的占有转移行为是一个窃取：趁营业员不备把真项链藏起来，后来用假项链去顶替是一个犯罪的掩盖行为，是为了推迟案发时间，使他能够得以逃脱。所以我们应当根据前一行为来定性，而不能被后一行为所迷惑。

这种情况在理论上好像是比较简单的，但在司法实践中是很容易搞错的，甚至在最高人民法院的判例中也会发生这样的错误。在广西的一个案例中，两个人共谋弄一辆摩托车来卖掉以弄点钱花，经过商量以后，甲到加油站去等，乙就去找了有摩托车的丙。丙就拉乙到加油站。丙刚一到还没来得及停好车、拔钥匙，乙把摩托车开跑了。丙要去追乙，甲就在一边说（他们都认识），他是去放下风，过一会儿就回来了。丙信以为真，就不去追了。等了一会儿，等不到乙，甲就走了。乙把摩托车卖了后，两人分了钱。对于这样一个案件，法院认定是诈骗罪，理由是一开始摩托车就被抢走了，但又说被告人甲采取欺骗的手段，使丙不去追摩托车，这样才使摩托车被他们实际上占有。在这种情况下，法院认为，这个摩托车应当是诈骗所得，而不是抢夺，不能定抢夺罪。

我认为，这样的观点是错误的，占有转移是通过抢夺实现的，后面的欺骗只是使得通过抢夺行为所获得的占有转移能够得到实现。因此，后面的行为只是犯罪的一个掩盖行为，应当按前面的行为来定抢夺罪。并且,诈骗有一个处分行为,但这哪有处分行为?或许会有人认为,本来摩托车能够追回来,由于欺骗而使丙丧失对摩托车的控制,进而定诈骗,但这个理由显然不能成立。

因此,诈骗罪的构成是很复杂的。在我们的司法实践中,它是极容易被弄错的,关键还是要掌握被害人基于错误认识而处分财物这个要件。如果被害人符合这点就定诈骗,不符合就不能。在许霆案中,因为他在机器上操作而占有财物,基于机器不能被骗原理,许霆的行为是不能构成诈骗的,因此,我个人的观点是许霆的行为应当构成盗窃罪。但这个观点会受到一个质疑,也就是所谓的秘密窃取行为。许多人认为,许霆的行为不是秘密的,因为他用的是真卡,输入的是真密码,而且上面还有摄像头,因此不是秘密的。许霆的行为不符合盗窃罪中的秘密性这一要件,所以不能定盗窃罪。张明楷教授虽然也主张定盗窃罪,但他说秘密性根本不是盗窃罪的根本特征,不需要秘密。他认为,盗窃与其他犯罪的区分根本不是什么秘密性,而是在于是否采取平和的手段占有财产,这实际上是德、日刑法学的观点,这两国的盗窃犯罪确实不需要秘密性,为什么他们这样规定呢?是因为在德国刑法和日本刑法中,没有规定抢夺罪,而在我国刑法中,除了一个抢劫外,还有抢夺这样一个犯罪,我们的秘密性是用来区分盗窃和抢夺的,因为二者都是非暴力的,都是平和手段,也都和抢劫不一样。如何区分抢夺和盗窃?就是看有没有秘密性,明抢暗偷就是说盗窃是秘密的而抢夺是公开的。而德、日刑法中没有抢夺罪,因此有部分抢夺行为可能会被归到抢劫罪中去,但大部分的抢夺行为被归到盗窃罪里面。在这种情况下,如果还把秘密性作为盗窃的特征,那就很难把一部分公开实施的抢夺行为归到盗窃罪里面去。因此,德、日刑法中盗窃罪不需要秘密性这个特征是完全符合它们的法律规定的。

但在我国刑法中,由于抢夺罪的设立,如果取消盗窃罪秘密性这一特征,那就难以区分盗窃和抢夺了。因此,我认为,秘密性仍然是盗窃罪一个必不可少的特征,公开和秘密才是这两个罪的区分,如果取消了秘密性,这两罪就无法区分了。因此,对于不同的犯罪,不能拘泥于表面的文字描述,而要看它的实质内容是什么。比如说绑架罪和非法拘禁罪,从语言上来完全是两回事,但实际上这两种行为在客观上是一样的,它们的不同就在于主观目的。我主要是讲财物绑架,它的目的就是勒索财物的非法拘禁,我们可以把绑架罪翻译成为以勒索财物为目的的非法拘禁,而把非法拘禁罪翻译成为不以勒索财物为目的的绑架。它们在客观行为上是可以替换的,它的不同在于主观目的上的不同。老百姓往往基于常识去理解,比如被非法拘禁了,他到公安去报案会说被绑架了,而不会说被非法拘禁了。而我们的专业人员就不能被法条文字所迷惑,而是要透过文字看到法律背后实实在在的内容是什么,再来判断他的行为构成什么,才能掌握犯罪的类型化形象,即法律形象。语言的描述有时会失真,容易造成误解,必须通过这个语言屏障来真正地掌握实际内容。

因此,我认为,秘密性仍然是盗窃罪的特征,但这个秘密性不要求客观上是秘密的,只要求他主观上认为它是秘密的就够了。之所以会对盗窃秘密性产生怀疑,是因为有人举了个特殊的例子:小偷潜入家里去偷东西,他以为没被发现,其实这家人早就发现了,拿着刀等他进来,看小偷偷得差不多了再下手。在这种情况下,小偷不是秘密盗窃而是在主人注视下盗窃,但他自己认为是秘密的,因此,这个秘密性是主观上的认为。针对这个观点,又有人提出不同意见,学者张明楷教授就认为,如果把秘密性看成是主观的东西,会混淆主观和客观之间的界限。但在这种情况下,是不是混淆了主、客观界限呢?我觉得,这是值得思考的。在这里,又回到我们所说的主观违法的要素问题,也就是主观要素对客观行为究竟起什么作用?对客观行为的定性发挥何种作用?你主观认为是在什么状态下进行的?因此,刑法上有错误认识理论:主、客观不一致。我们在刑法理论中虽然强调客观性,主要看客观行为,但也不能否认主观认识对行为定性的重要性。考虑这种主观,并不是混淆主观与客观的界限,而是给行为定性提供了更多的资料。因此,行为人当然可以在客观上秘密窃取。但是,在别人注视下的取得,只是他本人认为是秘密的,我们认为,仍然是一种秘密窃取,不能否认在这种情况下仍然具有秘密性的特点。

在许霆案中,秘密性的判断还有一个事实上的判断问题,插入真卡、输入真密码,甚至还有可能在银行工作人员的注视下进行操作,在这种情况下是不是认为就没有秘密性?我认为不能这样认定,比如我到某人家找人,然后偷走东西,留下字条说:某某,我偷了你东西,你有本事来找我吧,并留下自己的姓名。在这种情况下,人家一看就知道谁把东西偷走了,那你能说这不是秘密窃取?在许霆案中,虽然银行也能很快知道是谁干的,但当时就是没有人在场,许霆自己在法庭也有一段供述:机器知道,银行不知道!因此,对于银行来说,他是秘密的。我认为,许霆的行为应当定盗窃而不是诈骗、侵占。

通过以上对许霆案的分析,主要是想厘清财产犯罪中的基本界限。司法实践中的一些疑难问题就需要理论来提供论证而不能只靠经验。理论的作用在于,解决那些疑难问题而不在于解决那些普通案件。对于那些疑难案件,我们之所以搞不明白,原因在于没弄清楚那些普通案件后面的法理教义。如果我们非常熟练地掌握了盗窃、诈骗、抢夺等案件的法理,那么,不管碰到什么案件,我们都能够迎刃而解。如果是事实问题,我们就作事实判断;如果是法律问题,我们就作法律分析。只有这样,才能使我们的刑法理论在司法实践中发挥出真正作用。

我最后想讲的结论是:我认为,刑法是一门科学,它里面包含了刑法教义学。因此,关于刑法问题,我同意张明楷教授的观点:不能让全国十几亿人民都来判断应当定什么,应当让专业人员来考虑。当然,我们的民众可以关心这个案件的结果,但是,司法机关、专家、学者还是应当坚持法律的立场,坚持刑法教义学的立场,而不能完全被民意所左右。只有这样,才能使我们的理论思考具有某种自主性、独立性,从而在法实践中发挥出它的独特作用。我的讲座就到这里,谢谢大家。

(本文整理自2009年6月在西南政法大学讲座的演讲稿)

专题十　董伟案：从枪下留人到法下留人

同学们，晚上好！

很高兴有这个机会跟大家一起讨论死刑问题——今天晚上我讲的题目是"董伟案：从枪下留人到法下留人"。所谓的"枪下留人"是一种形象的说法，中国古代执行死刑使用的工具是刀，临刑前停止执行死刑叫"刀下留人"；现在执行死刑使用的工具是枪，因此，叫作"枪下留人"。"枪下留人"的含义就是：最高人民法院或高级人民法院下达死刑执行令后，在执行之前发现临刑的犯人喊冤或者有其他不应该执行死刑的情况，如发现犯人怀孕等，在这种情况下，就应该停止执行死刑，报请最高人民法院或高级人民法院，请其下达死刑暂停执行令。我今天所讲的问题，是从一个具体的案例引发的，这就是发生在陕西延安的董伟故意杀人案。

董伟案引发了社会对于死刑制度的质疑和反思。国内媒体对死刑问题很关注，包括国外的一些媒体对此也是密切关注。我曾经参加过搜狐网举办的专场研讨会，与网友交流对枪下留人案的观点。前天，法国电视2台专门就中国的死刑问题采访了我，中国的死刑问题已经引起了国际的关注。12月的9号、10号，将在湖南湘潭大学召开"死刑问题国际研讨会"。在一段时间内，死刑问题成为学术界乃至全社会的关注对象。

董伟案只是个案，但它反映了中国目前死刑制度及程序上的一些问题。下面我将从理论的角度对死刑进行全方面的研究，主要围绕三个问题展开。

第一个问题:死刑存废之争

死刑制度有着悠久的历史,尤其是在古代。在相当长的一段时间里,人们没有认识到死刑的残酷性,甚至以追求死刑的残酷性为能事。大家也许看过莫言的小说《檀香刑》,书中就生动而真实地描述了凌迟这种最为残酷的死刑执行方式。古代的西方也是这样,死刑非常残暴,直到18世纪初,西方死刑的残酷性完全不亚于中国古代。福柯在《规训与惩罚:监狱的诞生》一书中写到法国执行死刑的残酷场面,如五马分尸、将尸体扔到火中燃烧等。

死刑存废的问题是随着18世纪启蒙思想、人道主义思想的流传而被重视的。首先提出废除死刑的是意大利学者贝卡里亚,他在《论犯罪与刑罚》一书中谈到死刑的残酷性,死刑是血淋淋的,非常不人道。并且,死刑并不能起到威慑犯罪的效果。死刑场面的残酷性会给人留下印象,但是,这种印象很快就会消失。他认为,应该废除死刑,与其判处死刑,还不如判处终身劳役,让罪犯每时每刻都受到精神上和身体上的痛苦,这样才能树立样板。从刑罚的威慑力看,也是无期徒刑、终身劳役比死刑的作用大。在当时,贝卡里亚提出这样的观点,是很具震撼性的。但他还不是一个彻底的废除死刑主义者。他是从功利主义角度出发的,认为在两种情况下可以判处死刑:一是犯罪行为危害到国家政体,将罪犯隔离后仍然不能阻断他与外界的联系;二是犯罪行为严重的,不杀不足以平民愤的罪犯。在贝卡里亚的论证中,存在着功利主义和人道主义的矛盾。一方面,他是一位人道主义者,对死刑的残酷性进行了猛烈的抨击;另一方面,他从功利主义角度出发,强调刑罚威慑、预防犯罪的作用。他论证废除死刑是从功利主义角度来谈的。

贝卡里亚废除死刑的思想一经提出,就引起了欧洲思想界、学术界的强烈反响。有很多人赞同他的观点,也有很多欧洲国家采纳这一提议,废除了死刑,但是,在不久之后又都恢复了死刑。不赞成贝卡里亚的观点也不乏其人,比如,德国著名的哲学家康德就是一位死刑的坚定拥护者,他从报应主义出发,认为应该保留死刑。他举了一个例子,假如在一个海岛上存在一个公民社会,有一天,大家一致同意解散这个社会,全部公民散居到世界各地,而且从此之后永远不再见面。在这种情况下,如果监狱中还有一个杀人犯,也应该把他处死之后,才执行解散公民社会的决议。康德之所以主张杀人者偿命,根源于他的报应主义刑罚思想。他认为,死刑是一种道义报应,如果对杀人者不判处死刑,就是对杀人这种行为的宽容,意味着你也参与了杀人,这是对公道的践踏。他还主张等量报应,也就是"以牙还牙,以眼还眼",因此,杀人者必须处死。康德不赞同贝卡里亚的观点。贝卡里亚关于废除死刑的论述中,有一个理由是这样的:社会是公民通过签订契约形成的,但是,公民在签订契约的时候,不可能把自己的生命也交给国家处置,国家没有权力对公民处以死刑。然而,康德认为,贝卡里亚的说法是对权利的颠倒。国家判处公民死刑,并不需要征得他本人的同意。一个人只要犯有死罪,就应当判处死刑。

继康德之后,德国另一位伟大的哲学家黑格尔也主张保留死刑。黑格尔也是一位报应主义者。他从报应的观点出发,认为生命是不能用其他东西来代替的。如果杀了人,只有处死,才能补偿这个后果。针对贝卡里亚的"公民签订社会契约可能隐含着把生命权交给国家"这一观点,黑格尔提出自己的看法:从人的意志自由的角度出发,犯罪人是一个理性人,我们要尊重他的意志;既然他已经通过他的犯罪行为表达了这种同意,我们就要尊重他的意志,所以要将他判处死刑。从这一个角度,黑格尔论证了死刑的正当性、合理性。

关于死刑存废问题的争论,一直持续了200多年。在这种论证中,不管是坚持废除死刑的观点还是主张保留死刑的看法,也不管他们提出什么样的不同理由,归根结底都离不开两个论证角度:

一个论证角度是死刑的人道性。剥夺人的生命权是不是人道?古代的死刑很多,但是,没有人对它的正当性和合理性提出质疑,主要因为当时的社会处于一种野蛮状态中,人的生命价值没有被充分肯定,死刑获得了正当性、合理性。随着18世纪启蒙思想尤其是人道主义的广泛传播,人们才开始对死刑的正当性和合理性提出了质疑。如何看待人的生命价值,就成为一个问题。随着社会文明的发展,人道主义思想的广泛传播,对人的生命的价值越来越肯定,对剥夺人的生命的死刑制度才有可能提出质疑。死刑制度的存废问题不是在任何社会、任何时代都能被提出来的,只有对人的生命肯定,对人道主义肯定,才能提出这个问题。西方人道主义发展到现在,已经发展到这样的情状:不仅仅对待人,对待动物也要采取人道主义态度。《三联生活周刊》有一篇文章谈到西方"动物福利"的思想,有的国家还有《动物福利法》,他们认为动物有五大自由:一是动物享有不受饥渴的自由;二是动物享有生活舒适的自由;三是动物享有不受痛苦和疾病的自由;四是动物享有无恐惧感、无悲伤感的自由;五是动物享有表达天性的自由。你看,动物享有这么多的自由,有很多是连人也享受不到的。

现在死刑还没有废除是与社会文明的发展程度有密切联系的。保留死刑制度强调了对受害人的保护,对于残害生命的人,他的生命不应该受到法律保护,因此,对他判处死刑是不违反人道主义精神的。从人道主义出发,废除死刑的主张是占上风的,死刑是一种不人道的、残酷的方法。尽管罪犯在杀人的时候是不人道的,但是,在一个文明的社会中,是不是能用一种不人道的方法来对待这种不人道的犯罪呢?这个问题值得探讨。社会的发展主要是人的发展,社会文明程度的标志是对人的生命的重视程度,犯人的生命有没有受到保护也是衡量社会文明程度的一个指标。

另一个论证角度就是功利主义。从刑罚的效果来看,死刑是否具有威慑力？能否预防犯罪？如果它能够遏制、预防犯罪,那它就获得了功利主义意义上的正当性和合理性。对这个问题,两派有着不同的论证。主张废除死刑制度的观点认为,死刑不具有特殊的、其他刑罚所不具有的威慑力；犯罪有它自身的原因,一个人不犯罪,不是因为规定了死刑；即使规定了死刑,也不能阻止一些人犯罪。相反的,主张保留死刑制度的观点则是从威慑效果上论证了死刑的威慑力。美国的一位学者收集资料、数据,针对死刑执行前后的谋杀罪的案发量进行分析,得出结论:判处一个谋杀犯死刑能够遏制 7 起谋杀案,这是一个实证的分析。当然,它的可信度还值得商榷。谋杀案的发生并不完全由死刑的执行数量决定,有它自身发生的原因。但是,如果证明了死刑比其他的刑罚对犯罪更有威慑力,那么就可能会赞成保留死刑制度。总之,从人道主义来看,废除死刑制度更有可行性；从功利主义角度看,保留死刑制度更有说服力。

现在讨论一下人道主义和功利主义的关系,到底是谁服从谁？这是一个关键的问题。如果认为功利主义服从人道主义,那么死刑即使有威慑力,也应该废除；如果认为人道主义服从功利主义,那么死刑即使是不人道的,也应该保留。死刑制度的存废关键是看人道主义与功利主义之间的关系。当二者发生冲突的时候,应该选择哪一个？这个问题值得研究。

我个人认为,人道主义是第一位的,功利主义应该服从人道主义。功利主义不能超越人道主义,人道主义是近代法治社会的刑罚区别于封建专制社会的刑罚的根本标志。随着社会的发展,刑罚应该是由重变轻,功利主义应该受到人道主义的制约。如果功利主义不受制约,那是一件很危险的事情。如果单从有效性、预防犯罪来看，凡是偷东西的都砍掉双手，凡是犯强奸罪的都阉割去势，岂不是更有效？但是，在文明社会中，不允许采用这种残害人的残酷方法来制止犯罪，这是违背人道主义的。所以，在人道主义和功利主义的问题上，功利主义应该服从人道主义。人道主义是近代文明社会的一条准则。在这个意义上说，死刑是不正当的，应该加以废除的。

近年来，国际上也掀起了废除死刑的高潮，联合国于1989年通过了废除死刑的国际公约。目前已经有100多个国家废除了死刑，即使有的国家保留死刑，它的死刑罪名也相当有限。废除或者限制死刑已经成为国际潮流。

从中国的情况来看，距离废除死刑的目标还十分遥远。中国在死刑问题上，有着特殊的国情。该不该废除死刑和能不能废除死刑，是两个不同的问题。理论上是应当废除死刑，但在实际上废除死刑需要具备一定的条件。这个条件包括物质文明和精神文明两个方面。

从物质文明方面来说，物质文明充分发达，生命价值才能充分显示。生命的价值体现在它所创造的价值上，与它所创造的物质价值有紧密的相关性。古代俘获了战俘，最开始是全部屠杀掉，那是因为当时的物质文明程度很低，人们不能创造剩余价值。如果不杀掉战俘，还要养活他们。试想，人们连自己都很难养活，怎么还会养战俘？所以，当时屠杀战俘有逻辑上的合理性。随着生产力的发展，人们可以创造出剩余价值，生命的价值才体现出来。劳动者除了养活自己，还能创造剩余价值去养活别人，所以战俘才不被杀掉，而是让他们作为奴隶进行劳作。在古代，整个社会的文明程度比较低，人所创造的剩余价值也很有限，人的生命价值也是有限的，所以死刑才得以广泛应用。随着物质文明的发展，现代人创造物质文明的能力大大增加，人的生命价值也在增加。在这种背景下，人的生命价值得到了肯定，只有在这种情况下,才可能废除死刑,才具备死刑废除的物质条件。

废除死刑要求的精神条件是精神文明必须发展到一定程度。任何一种法律制度都是存在于特定的社会中的,必须得到社会的认同。如果一种法律制度得不到社会认同,那它势必很难得到推行。中国古代的"杀人者死"也是一种文化传统。春秋战国时期的荀况曾经说过:"杀人者死,伤人者刑,是百王之所同也。"意思是说,杀人是要偿命,伤人是要处以刑罚,这是任何一个王朝共同的规则。"杀人者死"是一个社会基本的底线和规则。在中国百姓中,"杀人者死"这种报应观念十分强烈。因此,在死刑案件中,有50%～60%是故意杀人。如果杀人犯没有被判死刑,被害者的亲属也不会答应,法院将会面临很大的压力。被害人家属的报复心理是我们很难想象的。

前几天,一位福建的妇女来找我,她上半年就曾经找过我。1991年,该妇女家因为盖房子的事与邻居发生争执。在打斗中,她家死了两个人,包括她的丈夫。杀人者一个在逃;另一个是她的邻居,是香港居民。经过一审、二审,虽然杀人者都判了死刑,但却一直被关在监狱中,案件还在最高人民法院的核准过程中,这一拖就拖了13年。因为这个案子的情况比较特殊,证据本身也还存在一些问题。该妇女看到丈夫被杀13年,而杀人者迟迟没有被核准死刑,怎么也咽不下这口气,就变卖家产,屡次跑北京。她就是把杀人者处死刑当成了毕生奋斗的目标,为此不惜放弃了正常的生活,誓要讨个说法。这个妇女的执着精神是很难想象的。她也给我看了死者的照片,很悲惨,的确也很值得同情。但是,这个案子很难结案,涉及香港、福建两地。在全国人民代表大会上,香港代表团认为不应该判处死刑,而福建代表团认为应该判处死刑,从而使最高人民法院处于一种两难的境地。

通过接触这个妇女,我发现被害人家属的报复心是很强烈的。当然这种报复心也有正当性,他们要讨还公道。但问题是法律的公道是不是只有判处死刑这一种表现形式呢？判处死缓或者无期徒刑，难道就不是一种公道吗？

我们再来看看西方的情况。前几年，德国某公司驻中国办事处总代表的一家四口被中国的四个农民入室抢劫全部杀害了。案发后，一位被害人家属通过外交途径要求不要判处杀人者死刑，也放弃赔偿，因为德国已经废除了死刑。中国法院感到很难办，因为是四个人分别杀了受害的四个人，一人杀一个，如果一个人不判处死刑，那么另外几个人也不能判处死刑，要判死刑就都要判处死刑。最后，按照中国的现行法律，都判处了死刑。另外一个例子是澳大利亚的一位妇女在中国某地被抢劫。当时正赶上"严打"，将抢劫者判处了死刑。被害人对此表示强烈抗议，认为不应该判处死刑。即使作为被害人，她也不能接受这个死刑的判决结果。由此可见，中外百姓的心态有很大的不同。在中国，现在废除死刑还很困难，中国的死刑制度存在还有其正当性，短时间内还不能废除。我们只有努力创造条件来废除死刑制度。废除死刑制度不能一蹴而就，非一日之功，只有条件具备，才能废除。目前，中国还应保留死刑，但是应该加以限制，从立法、司法、程序方面进行限制，减少死刑的使用，避免消极效应。

第二个问题：死刑的实体法考察

"杀人者死"是中国老百姓的一种根深蒂固的信念，也是中国法律文化传统中至今仍然存活的原则。然而，我国现行刑法中关于死刑的规定，并不限于"杀人者死"这一范围。那么，保留死刑的根据在哪里？是不是应该加以限制？以下我将从刑事政策、立法与司法三个方面，对中国刑法中的死刑进行分析：

(一) 死刑之刑事政策分析

我国关于死刑的刑事政策,可以概括为:"不可不杀""尽量少杀"与"防止错杀"。其中,"尽量少杀"又具体化为"可杀可不杀的,不杀"。上述死刑的刑事政策是在20世纪50年代制定的。它曾在相当长一个时期内指导着我国的司法实践,并且取得了良好的社会效果。"不可不杀"是指要保留死刑制度;"尽量少杀"是指要限制死刑,坚持少杀的原则;"防止错杀"是指要在程序上限制死刑。其中,最关键的是"尽量少杀"。"可杀可不杀的,不杀",杀了就是错误的。当然,在这个刑事政策中,"不可不杀"的内容较为确定,但"尽量少杀"中的"少杀"与"多杀"的内容就不那么确定了,它是一个相对的概念。至于可杀与可不杀,更是一个法官自由裁量的问题,没有绝对的标准。总的来说,反映在死刑问题上坚持少杀是基本立场。

从20世纪80年代初期开始,中国社会进入转型期,社会剧烈变动,经济体制改革,对外开放,社会面貌发生了很大变化,一度掀起犯罪高潮,刑事犯罪、经济犯罪大量上升。在治乱世用重典的思想指导下,死刑政策有了调整。1983年年初开始"严打",尽量少杀的死刑政策发生了动摇,死刑随之大量适用,从"可杀可不杀的,不杀"演变成"可杀可不杀的,杀"。死刑政策的这一变化固然有着犯罪大幅度增加这一现实背景,但对于死刑威慑力的过分迷信也是重要原因之一,并且正好迎合了公众的报应心理。因此,从刑事政策角度分析,死刑应当从"多杀"回归"少杀",理由如下:

1. 死刑作用的有限性

死刑对遏制犯罪有作用,但作用是有限的,我们不能夸大它的作用,更不能迷信死刑。比如,有一次我听到广播里的一句话:"50年代初对张子善、刘青山两个贪官的处死使党的廉洁保持了40年。"这句话充分反映了对死刑的迷信。死刑虽然有威慑力,但作用有限。犯罪的发生与刑罚的强度没有必然的联系。腐败是因为权力缺少制约。腐败与官员的个人品质有关,但这也不是关键因素。严刑苛法是解决不了腐败问题的,要靠制度的完善来解决。

死刑不是解决现实犯罪问题的灵丹妙药,因为犯罪是社会矛盾激化的产物。在当前我国社会转型的进程中,各种社会矛盾错综复杂,恶性犯罪时有发生。在这种情况下,保留死刑是必要的,但过多地适用死刑对于犯罪来说则是无济于事的。而且,过分地依赖死刑,往往会麻痹我们的神经,反而使社会矛盾的解决迟缓化。事实已经证明,死刑的威慑力是有限的,在存在死刑的国家与废除死刑而以无期徒刑作为最高刑的国家,死刑与无期徒刑对于犯罪的威慑力是相等的。就好像失眠靠吃安眠药才能入睡,一开始的时候,只吃半颗就能入睡;时间长了可能要增加到 1 颗、2 颗、3 颗;一开始的半颗药片的催眠作用与后来的 3 颗药片的催眠作用是相同的。如果抽象比较,那当然是 5 颗药片的作用比 1 颗药片的作用大。但是,在具体的情况、具体的条件下,二者的作用是相同的。社会也会有抗药性,在轻刑化的情况下,判处四五年徒刑的威慑力已经很大;但在严刑化的情况中,判处四五年徒刑根本无济于事。因此,我们应当将更大的精力放在社会矛盾的解决上,在能够采用其他刑罚方法来解决社会矛盾的情况下,尽量采用其他刑罚方法,以减少对死刑的过度依赖。

2. 死刑成本的高昂性

任何刑罚都具有一定的社会效益,与此同时,也都需要付出一定的代价,刑罚从来都不是无本万利的。对于死刑成本的认识,以往在刑法理论中是被忽视的,由此形成了一种认识上的误区——死刑是一种节约的刑罚。死刑不就需要一颗子弹嘛,一颗子弹才值几毛钱;而判处徒刑,还需要建监狱,还需要看管。的确,从有形成本的支出上看,死刑是要比判处其他刑罚更为节省,尤其是在我国的速决程序中,死刑的程序并不比其他刑罚更为复杂。但从无形的社会成本来看,死刑的代价是昂贵的,它既消灭了作为可以创造劳动价值的人的生命,又在满足被害人复仇心理的同时造成了死者亲属的怨恨。每一个人都是社会的人,有一定的社会关系,对他判处死刑,会引起他的家人、亲戚、朋友的不满。如果滥用死刑,更会导致社会积怨。大量地判处死刑,社会积怨达到一定程度,就会造成社会的不稳定。至少这部分力量会成为一股社会的离心力量,和主流社会离心离德。因此,在能够不杀的情况下绝对不杀,在能够少杀的情况下绝对不多杀,这应当是正确的选择。

3. 死刑限制的必然性

从国际范围来看,死刑被废弃、被限制是必然的发展趋势。1966年联合国《公民权利和政治权利国际公约》第6条虽然没有明确提出废除死刑,但其申明:"人人有固有的生命权。这个权利应受法律保护。不得任意剥夺任何人的生命。"在《欧洲人权公约》《美洲人权公约》等国际公约中都有此类规定。1985年欧洲理事会对《欧洲人权公约》作出增补,即《关于废除死刑的第六号议定书》,并得到生效。该议定书第1条明确规定:"死刑应予废除。任何人不应被判处死刑或被处决。"及至1989年,联合国又通过了《旨在废除死刑的〈公民权利和政治权利国际公约〉第二项任择议定书》,该议定书第1条规定:"(1) 在本议定书缔约国管辖范围内,任何人不得被处死刑。(2) 每一缔约国应采取一切必要措施在其管辖范围内废除死刑。"上述国际公约表明了对死刑逐渐限制乃至于最终废除死刑的严正立场。

我国虽然有着本国的特殊情况,但在死刑问题上应当与国际潮流保持一致,至少不能背道而驰。从死刑执行的数字来看,我国的数字还是比较大的。有人会说,我国的人口数基数大。但是,人多不能成为处死刑多的理由。比如,日本有1亿2千万人口,但它从1980年到1993年,宣告死刑的有75人,而实际执行死刑的仅有24人。每年执行死刑的人数只有两三个,最多的一年是4个,有个别年份一个也没有执行死刑。日本虽然保留了死刑制度,但是执行死刑的数量很少,可以说是虽存犹废。随着我国加入国际人权公约,在死刑政策上应当有所调整,向着限制死刑的方向努力。

日本学者大谷实在论及死刑的刑事政策意义时指出:"从刑罚史来看,随着文明的进步,死刑逐渐受到限制。又,已经废除死刑的国家也不在少数。因此,可以预想,死刑将来会在世界各国的刑罚制度中消失。"由此可见,死刑政策是受人类文明发展限制的。尽管一个国家的死刑政策是由这个国家政府作出的,但不能不受到人类文明的国际性发展趋势的影响。我国的死刑政策从多杀到少杀,从少杀到不杀,即从限制死刑到废除死刑的进步,虽非一日之功可成,却也应当切实地向这个目标逐步地接近。

从刑事政策角度观察董伟死刑案,我认为,董伟属于可杀可不杀之列,在严格限制死刑的刑事政策下,不杀是完全可以的。而在目前并未严格限制死刑的刑事政策下,杀也是一种合乎逻辑的结果。如果不是从刑事政策上对死刑加以严格限制,成千上万个的董伟将会被杀。

(二) 死刑的立法分析

刑事政策首先反映在立法上,死刑亦如此。从1979年《刑法》中27个死刑罪名到1997年《刑法》中68个死刑罪名,正好反映了我国死刑政策从宽松到限制的一种发展趋势。当然,这种趋势也是与我国社会转型以后出现的犯罪高潮相吻合的,反映了立法者意图通过死刑镇压犯罪的主观努力,但这种努力基本上是失败的。

在1997年《刑法》中,死刑罪名是68个,刑法中罪名有430多个,死刑罪名就有将近70个,所占的比重相当大,有1/6到1/7。也就是说,每6个到7个罪名里,就有一个死刑罪名。在1997年《刑法》修订中,死刑问题也是一个重要问题,除了个别学者以外,几乎所有的学者都主张大幅度削减死刑罪名,将它限制在20个左右。我的导师——高铭暄教授就曾在一次刑法修改会议上大声疾呼,主张削减死刑罪名。

最后,立法者采取了不增不减的做法,规定了68个死刑罪名,但对个别罪名有所限制。比如盗窃罪,在20世纪90年代初,司法解释曾经规定盗窃3万元以上的判处死刑,当时全国因为盗窃而判处死刑的比重很大,占全部死刑判决的50%。这项规定就有问题,一个人的生命就值3万元?这是对人的生命的漠视。在经济犯罪死刑问题上,我在1991年就提出了应当废除经济犯罪的死刑的观点。对杀人等犯罪保留死刑,具有正当性;但如果对盗窃也处以死刑,就违反报应原则。1997年《刑法》中关于盗窃的死刑作了严格的限制,只保留了盗窃金融机构和盗窃珍贵文物,情节严重的,可以判处死刑。虽然这个修改没有废除盗窃死刑,但实际上已经是虽存犹废。这个修改自1997年10月起开始生效,到现在5年过去了,盗窃也并没有因此而增加。人们不会因为盗窃不判死刑而去盗窃。现在大多数人已经能够接受普通的盗窃不判死刑了。

立法要反映民意,但不能只是消极顺应民意,民意也需要引导。在"反映民意"和"引导民意"之间,这个度很难把握。如果立法超越了民意,受到大多数人的反对,这项法律也必定实行不下去;但如果立法滞后于民意,也必然会阻碍社会的发展。英国在1970年废除了死刑,当时主张废除死刑的人与主张保留死刑的人差不多。在犯罪猖獗的时候,主张恢复死刑的人要比主张废除的人多,但它还是坚持下来了。法国 1981 年废除死刑的时候,做了一项民意调查,结果是主张保留的人比较多,但政府还是坚持废除了,现在大多数人已经能够接受废除死刑的现实。死刑一旦废除,被害人家属的报复心理就会受到遏制,就打消了要求谋杀者判处死刑的念头,除非是推翻了这个法律。

死刑的罪名很多,反映立法者希望通过法律镇压犯罪的主观努力,但是,这个努力我认为是失败的。我们看到的是,犯罪随着死刑罪名的增加而水涨船高,这就形成一个悖论。有人说:"现在死刑罪名这么多,还是有这么多的犯罪,可见,有必要增加死刑罪名。"也有人会说:"死刑罪名这么多,还是有这么多的犯罪,可见,死刑罪名没有作用。"一种现象可以作为两种相反观点的论证,就是悖论。

我国刑法中果真需要这么多的死刑罪名吗?我的回答是否定的。我国的死刑立法应当从以下三个方面加以修改:

1. 死刑罪名的削减

目前我国《刑法》中的死刑罪名分布如下:(1)危害国家安全罪章中有 7 个死刑罪名;(2)危害公共安全罪章中有 14 个死刑罪名;(3)破坏社会主义市场经济秩序罪章中有 16 个死刑罪名;(4)侵犯人身权利、民主权利罪章中有 5 个死刑罪名;(5)侵犯财产罪章中有 2 个死刑罪名;(6)妨害社会管理秩序罪章中有 8 个死刑罪名;(7)危害国防利益罪章中有 2 个死刑罪名;(8)贪污贿赂罪章中有 2 个死刑罪名;(9)军人违反职责罪章中有 12 个死刑罪名。

在上述死刑罪名中,至少有 1/3 是属于备而不用的,这些死刑罪名在司法实践中极少适用,形同虚设,纯粹是为了某种威慑作用。这些死刑罪名首先是可以取消的。此外,财产犯罪与经济犯罪的死刑罪名在我国刑法中也占了 1/3 左右,这些犯罪虽然严重地侵犯了经济秩序,但毕竟没有使用暴力手段,也未侵犯到公民的人身权利和社会的根本利益,因此,我认为应予以废除。剩下的 1/3,大约 20 个左右的死刑罪名虽然在目前还有保留必要性,但在立法技术上也应加以调整,进一步合并死刑罪名,从而达到减少死刑的目的。例如,我国《刑法》第239条规定,致使被绑架人死亡或者杀害被绑架人的,处死刑,并处没收财产。这是关于绑架罪中死刑的规定。其实,致使被绑架人死亡的情形属于故意伤害致人死亡,而杀害被绑架人的情形属于故意杀人。对于这两种情形,刑法完全可以规定以故意伤害罪和故意杀人罪处刑,而没有必要再规定死刑。

2. 死刑适用条件的严格规定

关于死刑适用条件,《刑法》第48条规定:"死刑只适用于罪行极其严重的犯罪分子。"这是刑法对于死刑适用条件的总则性规定,但十分明显的是,这一规定具有过于抽象的弊端。在刑法分则对个罪的规定中,仍然使用一些概括性的用语。例如《刑法》第199条规定,犯本节第192条(集资诈骗罪)、第194条(票据诈骗罪、金融凭证诈骗罪)、第195条(信用证诈骗罪)规定之罪,数额特别巨大并且给国家和人民利益造成特别重大损失的,处无期徒刑或者死刑,并处没收财产。这里规定的死刑适用条件是"数额特别巨大并且给国家和人民利益造成特别重大损失",这一适用条件同样缺乏明确性,在很大程度上取决于法官的主观判断,不利于从立法上限制死刑的适用。死刑适用条件的具体化,应从立法上加以完善。例如我国《刑法》规定故意杀人罪可处死刑,但故意杀人的情节是各种各样的,许多国家刑法都按杀人的不同情形分设罪名,例如各国刑法都将谋杀罪作为特别严重的故意杀人罪单设罪名,英美国家还将谋杀罪又进一步分为一级谋杀罪与二级谋杀罪。此外,再设立义愤杀人、受托杀人等情节较轻的罪名。即使是故意杀人罪,也只对谋杀罪处死刑,对其他杀人罪并不规定死刑。我国《刑法》虽然对故意杀人罪有情节减轻的规定,但情节是否较轻的认定完全委由法官确定,并不利于从立法上控制死刑的适用。

3. 死缓制度作用的进一步发挥

我国有死刑缓期执行的制度,它对于贯彻少杀政策曾经起到了积极的作用。日本在刑法修改中,借鉴中国的死缓制度,提出了"死刑的缓期执行"的提案,将死缓作为死刑的替代刑。其内容为:(1)法院对应当判处死刑的案件,根据裁量,可以判处死刑,但缓期5年执行;(2)对被判处死刑缓期执行的人,应放在刑事设施中,处以改造所必要的处遇;(3)过了5年的缓期期限后,可以由法院将死刑判为无期徒刑;(4)被改判无期徒刑的人,自死刑判决确定之日起20年后才能被假释。该提案在提议判处死刑缓期执行的同时,又设计了比普通的无期徒刑更重的无期刑,目的是用间接的方法来减少或消灭死刑宣告。

日本刑法修改虽然搁置了,但"死刑的缓期执行"的提案仍然应当引起我们的重视。我国是死缓制度的发源地。如何进一步发挥死缓制度对于死刑的替代作用,是应当着重考虑的一个问题。在目前死刑适用中,存在着死缓降格适用的情况,即对于应当判处无期徒刑的犯罪分子判处了死缓,其结果是完全抵消了死缓的死刑替代作用。

我认为,应当在立法上明确死缓的适用条件。现在《刑法》规定的死缓适用条件是"不是必须立即执行的",这一规定弹性很大,各地司法机关理解各异,因而在适用上也各行其是,这不利于法制统一,应当予以明确。在当前不能马上废除死刑的情况下,可以考虑通过扩大死缓的适用范围,限制死刑的实际执行,作为向废除死刑过渡的替代措施。具体设想是:放宽适用死缓的范围,甚至规定所有判处死刑的犯罪一律适用死缓。刑法对死缓改为立即执行的条件加以明确规定,凡是具备这些条件的,应当执行死刑。这样的话,可以给犯有死罪的犯罪分子一个最后的悔改机会。在死缓期间具有抗拒改造的法定情节的,实属死不悔改,杀之无赦。

从刑事立法角度来考察董伟死刑案,董伟的故意杀人行为属于因琐事引发的杀人,与蓄意谋杀还是有所区别的。如果在《刑法》中对谋杀单设罪名,规定死刑;对其他故意杀人行为,不规定死刑,当然可以避免死刑的适用。即使是故意杀人罪有死刑的规定,但是否可处死缓呢?如果在《刑法》中不是笼统地规定死缓适用条件,则可以为死缓的适用提供明确的法律规定。因此,董伟被判处死刑,我认为,这与我国目前刑事立法,尤其是死刑的粗疏立法相关。

(三) 死刑的司法分析

死刑的法律规定最终要由司法机关适用,因此,司法机关能否正确地掌握死刑的适用标准,对于限制死刑具有重要意义。应该说,最高人民法院在限制死刑方面还是做出了重要的努力。例如1999年10月27日《全国法院维护农村稳定刑事审判工作座谈会纪要》指出:"对于被害人一方有明显过错或对矛盾激化负有直接责任,或者被告人有法定从轻处罚情节的,一般不应判处死刑立即执行……对于故意伤害致人死亡,手段特别残忍,情节特别恶劣的,才可以判处死刑。"这一规定,对于限制故意杀人罪和故意伤害(致人死亡)罪的死刑适用起到了积极作用。当然由于我国《刑法》对死刑适用条件规定得过于抽象,各地司法机关在死刑适用上存在着一些问题,需要加以改进:

1. 唯后果论对死刑适用的影响

根据犯罪构成理论,犯罪后果只是犯罪构成诸要件中的一个要件。尽管它对行为的社会危害性具有重要的影响,但绝不是定罪量刑的唯一因素。而在司法实践中,在确定是否适用死刑的时候,过多地考虑犯罪后果,尤其是在故意杀人等犯罪中,只要造成了死亡后果,往往就判处死刑。我认为,在死刑适用上,应当综合考虑犯罪的各种情节,而不能仅考虑犯罪后果。犯罪手段是否残忍、犯罪动机是否卑劣等都是在适用死刑时应当考虑的因素。

2. 唯数额论对于死刑适用的影响

在财产犯罪与经济犯罪中,往往存在一定的犯罪数额。犯罪数额对于定罪量刑具有重要意义。但在司法实践中如果过于注重犯罪数额,而忽视其他情节在死刑适用中的作用,同样会造成死刑适用上的偏差。因此,在死刑适用中应当克服唯数额论,将犯罪数额放到整个犯罪案件中去加以综合考虑,唯此才能克服片面性,正确地裁量死刑。

3. 民愤对于死刑适用的影响

某些性质严重的犯罪往往引起较为强烈的社会反响,尤其是在新闻媒体披露或者炒作以后,更是如此。这种社会反响反映了一定的民愤。在有被害人的犯罪中,被害人及其亲属的反应,会对于司法机关造成极大的压力,因而在一定程度上影响死刑的适用。我认为,在死刑适用中虽然需要在一定程度上考虑民愤的因素,但它并不是死刑适用的决定性因素,尤其不能屈从于被害人及其亲属的压力,在不应判处死刑的情况下适用死刑。媒体的介入对案件的审理可能会产生消极的影响。媒体报道不能代替审判,因为审判是很专业性的,而媒体报道往往与之相去甚远,甚至断章取义,为了迎合读者而有所夸张,误导读者,引起民愤,给法院的审理造成压力。为平民愤而判处死刑,不符合法治的公正性要求。

从刑事司法角度来观察董伟死刑案,董伟是否属于死刑立即执行,仍然是一个值得研究的问题。陕西省高级人民法院在董伟案的终审裁定中认为,董伟的行为已构成故意杀人罪,又无法定或酌定从轻处罚之情节,故应依法严惩。这其实是判处董伟死刑的理由,但这一理由是否能够成立呢?我认为,这是值得推敲的。这一理由确立了一个原则,即犯故意杀人罪,只要没有法定或酌定从轻处罚情节的,都应当判处死刑立即执行。但《刑法》规定死刑适用的条件是罪行极其严重。所谓"罪行极其严重",是指所犯罪行对国家和人民的利益危害特别严重和情节特别恶劣。因此,没有法定或酌定从轻情节不等于罪行极其严重。如果仅仅从有无法定或酌定从轻情节上来理解罪行是否极其严重,那显然是对死刑适用案件作过于宽泛的理解。就董伟故意杀人案来说,尽管没有法定和酌定的从轻处罚情节,但是并不属于罪行极其严重。因为董伟与死者并无冤仇,只是在跳舞过程中因琐事发生争执。在厮打中,董伟用人行道上的地砖连续击打被害人头部,致其死亡。从后果来看,董伟的行为造成他人死亡,当然是严重的。但这一故意杀人是突发性的而非预谋性的,致死工具是随手拾取的地砖而非事先准备的,因此,它还不属于情节极其严重的故意杀人。即使判处死刑,也不应立即执行,而是应当适用死刑缓期执行的规定。

第三个问题:死刑的程序法考察

董伟故意杀人案在审理过程中所暴露出来的问题,更为突出地反映在程序法上。程序法是为保障实体公正而设置的,但程序自身又有其公正的独立价值。由于死刑关系到人之生死,因此,各国刑法都对死刑规定了严格的程序。我国《刑事诉讼法》对死刑除规定了普通程序以外,还专门规定了死刑复核程序,同时《刑法》规定,由最高人民法院行使死刑复核权。但在目前司法实践中,在死刑的审理程序上,存在一些问题值得研究。

1979年《刑法》和《刑事诉讼法》都明确规定死刑复核权由最高人民法院行使。但在《刑法》和《刑事诉讼法》实施不久,由于司法实践中判处死刑的案件较多,最高人民法院难以承担全部复核工作。在这种情况下,为适应及时有效地依法严惩严重危害社会治安的刑事犯罪分子,在1980年2月12日,也就是1979年《刑法》和《刑事诉讼法》生效仅2个月后,全国人大常委会就作出决定:"在1980年内对现行的杀人、强奸、抢劫、放火等犯有严重罪行应当判处死刑的案件,最高人民法院可以授权省、自治区、直辖市高级人民法院核准。"1981年6月19日,全国人大常委会又作出决定,明确规定:"(1)1981年至1983年内,对犯有杀人、抢劫、强奸、爆炸、放火、投毒、决水和破坏交通、电力等设备的罪行,由省、自治区、直辖市高级人民法院终审判决死刑的,或者中级人民法院一审判决死刑,被告人不上诉,经高级人民法院核准的,以及高级人民法院一审判决死刑,被告人不上诉的,都不必报最高人民法院核准。(2)对反革命犯和贪污犯等判处死刑,仍然按照《刑事诉讼法》关于死刑复核程序的规定,由最高人民法院核准。"如果说,上述死刑复核权的变更尚属权宜之计,那么,1983年9月2日全国人大常委会通过修改《人民法院组织法》,规定死刑案件除由最高人民法院判决的以外,应当报请最高人民法院核准。杀人、强奸、抢劫、爆炸以及其他严重危害公共安全和社会治安判处死刑案件的核准权,最高人民法院在必要的时候,得授权省、自治区、直辖市的高级人民法院行使。这就通过最高人民法院的授权,使高级人民法院享有部分刑事案件的死刑复核权制度化了。根据这一规定,1983年9月7日最高人民法院审判委员会第177次会议讨论决定:"在当前严厉打击刑事犯罪活动期间……对杀人、强奸、抢劫、爆炸以及其他严重危害公共安全和社会治安判处死刑的案件的核准权,本院依法授权各省、自治区、直辖市高级人民法院、解放军军事法院行使。"尽管这是一项制度化规定,但仍然是有条件的,这种条件主要表现在以下三个限制:(1)只有在"必要的时候",才允许授权。什么是"必要的时候",应由最高人民法院根据形势、任务和条件来判断。(2)只能在法律规定的几类案件的范围内进行授权。在这几类案件中是全部授权或者只授权其中的一部分,最高人民法院应有机动的权力。这就是说,它既可以将这几类案件的死刑的核准权依法全部授予高级人民法院行使,也可以将其中部分死刑案件的核准权授予高级人民法院行使。(3)授权的对象,最高人民法院也应有选择的余地。就是说,它可以根据形势发展的不平衡性和案件的地区差别性,既可以授权给全部的高级法院行使,也可以将某些死刑案件的核准权授予个别的高级人民法院行使。例如,在1991年6月6日和1993年8月8日,最高人民法院分别决定将云南省和广东省的毒品犯罪死刑案件的核准权,依法授权云南省和广东省高级人民法院行使,但是,最高人民法院判决的和涉外的毒品犯罪死刑案件除外。

在1996年《刑事诉讼法》的修改过程中,对死刑核准权问题提出了三种主张:一是死刑核准统一由最高人民法院行使;二是维持现状;三是对于死刑案件实行三审终审制,以第三审替代死刑复核程序。但在修改《刑事诉讼法》时,没有增加可以在必要时授权的规定。主要理由在于:中国对死刑的一贯政策一是不废除,二是慎重。因此,对死刑案件,应统一由最高人民法院核准。授权高级人民法院核准死刑案件,是在特殊时期对特定案件采取的暂时措施,在执行中也存在一定问题,实际上已经形成死刑的二审程序与核准程序合一,不利于对死刑案件的严格审核。从长远全局和基本法律制度来说,不规定授权为宜。尽管在立法上的这种考虑是正确的,但这并没有解决司法实践中死刑核准权的下放问题。因此,在《刑事诉讼法》实施以后,死刑核准权下放的现状并未得到改变,甚至根本没有提到议事日程上来。这种将最高人民法院的死刑核准权授予高级人民法院行使的做法[①],我认为存在以下缺陷:

---

① 2007年最高人民法院已收回死刑复核权。

（一）程序虚置

《刑事诉讼法》对一般刑事案件实行二审终审，但对死刑案件在二审之上专门设立一个死刑复核程序，其制度设计的初衷是对死刑采取慎重态度，防止错杀。但最高人民法院将死刑核准权授予高级人民法院行使以后，使死刑的二审程序与死刑的核准程序合二为一，实际上已经取消了死刑复核程序，因而有违立法初衷。实际上，最高人民法院将死刑核准权授予高级人民法院行使以后，如果重视死刑复核程序的独立性，完全可以专门设立死刑复核庭，使死刑的二审程序与死刑的复核程序相分离。尽管这种做法的效果不如最高人民法院亲自行使死刑核准权，但能够使死刑复核的机构与人员相对独立于死刑的二审的机构与人员，在一定程度上还是可以发挥死刑复核程序的作用。尽管在审委会的组织架构下，这种作用是十分有限的。但现在的做法是将死刑的二审程序与死刑的复核程序完全合二为一，因而出现了程序虚置。对于这个问题，最高人民法院是负有相当责任的。因为法律是将死刑核准权授予最高人民法院的，当最高人民法院将死刑核准权授予高级人民法院的时候，应当对高级人民法院行使死刑核准权的程序作出规定，对高级人民法院的死刑核准活动加以规范，使之更加符合立法的要求。遗憾的是，我们并没有看到最高人民法院在这方面的努力，而是一放了之，持一种放任态度，这是极不应该的。我们仍然寄希望于最高人民法院，希望最高人民法院在死刑核准活动的规范化方面有所作为。

（二）标准失衡

死刑核准权统一由最高人民法院行使，最大的优越性在于，统一全国的死刑适用标准。因为《刑法》关于死刑适用标准的规定本身就是极其笼统的,例如罪行极其严重,不同法院的不同法官对此完全可能产生不同的看法。在这种情况下,这取决于司法机关的正确掌握。死刑核准权授予高级人民法院行使以后,这种死刑核准权的分散性就决定了死刑适用标准的不统一性。死刑适用在全国范围内是否应当有一个统一标准,这是一个值得研究的问题。中国地域辽阔,各地经济发展不平衡,沿海经济发达地区与中西部经济落后地区之间的犯罪情况存在重大差别,各地的法治状态也各不相同。在这种情况下,各个地区根据本地政治、经济发展程度和犯罪现状,采取一些具有地方特点因地制宜的刑事政策,应当是允许的。例如关于经济犯罪的数额标准,在最高司法机关统一规定的数额幅度内自行决定本地的数额标准,使之具有一定的灵活性。但是,我认为,在死刑适用标准上不允许各自灵活掌握,而应当全国统一标准。因为死刑关涉一个人的生死,在中国领域内,中华人民共和国公民的生命权应当受到法律的同等保护,对公民生命的剥夺也应当适用同一个标准,而不允许各地有不同标准。还应当指出的是,最高人民法院将严重的刑事犯罪案件的死刑核准权授予高级人民法院行使,而保留了危害国家安全犯罪、经济犯罪案件和涉外犯罪案件的死刑核准权。这种做法同样会带来程序上的不平等,其结果是不同阶层的人员在死刑适用程序上所获得的待遇是不同的。这种做法有悖于我国宪法规定的法律面前人人平等原则。就刑事司法而言,贯彻法律面前人人平等原则,不仅要做到刑法上的平等,而且要做到刑事程序法上的平等。对此,应当引起我们足够的重视。

(三) 机能缺损

刑事程序不仅仅是一种裁判的规则(因而具有规范审判活动的机能)。更为重要的是,刑事程序还有一种对于报应情绪的间隔与抑制机能。法国学者保尔·利科于1999年曾在北京大学发表过题为"公正与报复"的讲演。在这个讲演中,利科讨论了公正与报复的关系。在利科看来,报复本身意味着一种公正,这种基于报复的公正是一种道德的公正,这种公正是与义愤相联系的。但作为一种社会公正、制度公正,其目的正是要超越报复。为了使公正超越报复,利科提出了以第三者制度为中介,因为第三者的仲裁角色在一定条件下有助于切断公正与报复之间的联系,公正与报复之间需要一个正确距离。利科指出,诉讼的程序规则自身就构成了有损于报复精神而提前实行的公正。而这些是在诉讼为和平仲裁冲突提供适当的推论范围的情况下进行的。这就是确立诉讼程序规则的不容置疑的功绩,因为这些规则可以使作为特殊机制的诉讼,把暴力范围内的冲突转移到语言和话语的范围。对杀人者处以死刑,本身具有一种报应性,但它之所以不同于作为犯罪的杀人,就在于它超越了报应,达到一种制度的公正与法律的公正。而死刑程序就是使这种报应的公正向法律的公正转化的中介,它必须与杀人的犯罪保持一定的正确距离。事实证明,这种距离越小,报应成分就越强;这种距离越大,公正成分就越强。最高人民法院行使死刑核准权,就能超越犯罪发生的某一地域性报应情绪的影响,达到最大限度的法律公正。否则,诉讼程序对于报应情绪的抑制机能就会缺损,这显然不利于法律公正的实现。

最高人民法院收回死刑核准权,这是现阶段中国死刑制度法治化中需要解决的一个迫切问题。这并不是一个法律问题,因为法律已经明确规定死刑核准权由最高人民法院行使。可以说,这是一个实践问题,是一个如何落实法律规定的问题。最高人民法院收回死刑核准权的主要障碍是一个物质条件问题——最高人民法院承担死刑核准工作的人手不足,难以胜任全国这么多死刑案件的复核工作。我认为,这个物质条件问题背后隐藏着的仍然是一个思想认识问题。这里首先存在一个人与物的关系问题。人的生命是天地间最宝贵的,即使是犯有死罪的人,其生命仍然是重要的。如果最高人民法院仅仅因为物质条件不充足而不承担法律授予的死刑核准权,这个理由无论如何是难以服人的。这是一种见物不见人的认识。更何况,目前全国死刑案件之所以多,与最高人民法院下放死刑核准权具有一定的关系。死刑核准权下放,导致死刑适用标准失控,从而造成死刑案件增加;而死刑案件增加,又成为最高人民法院收回死刑核准权的障碍,由此陷入了一个恶性循环的怪圈。如果最高人民法院收回死刑核准权,就可以严格掌握死刑适用标准,从而减少死刑案件。在这种情况下,最高人民法院就能承担死刑复核工作,从而形成良性循环。为了使最高人民法院能够承担死刑复核工作,我认为可以考虑在各行政区设立最高人民法院巡回法庭,专门负责所在行政区内死刑案件的核准。这样的话,可以减轻所有死刑案件核准都在北京进行所增加的司法成本。

董伟案暴露出来的最大问题就是死刑复核程序。《新闻周刊》以"未出膛的子弹击中杀人程序"为题,虽然不无夸张,但也确是切中要害。确实,董伟案使我们对我国目前死刑程序的正当性产生怀疑,从而开始检讨我国的死刑程序,尤其是死刑复核程序。这在我国刑事司法史上是一个具有重要意义的个案。从我国现行的死刑程序来看,董伟历经一审、二审最终被判处死刑,似乎是一种必然的结果。经过律师的努力,最高人民法院下达死刑暂缓执行令后,陕西省高级人民法院重新组成合议庭对本案进行审理。在合议庭人员的组成上,不能不说存在一定的瑕疵。因为重新组成的合议庭成员,只是在原合议庭成员的基础上,增加了两个人。对于这样一种合议庭组成,维持原有的死刑判决也是可以预料的结果。此外,死刑案件的二审一般都是书面审理,从来不开庭,也在一定程度上影响死刑判决的公正性。如果说一般的刑事案件由于数量大而不开庭,尚可以理解;但像判处死刑且辩护人提出无罪或者证据不足的死刑案件也不开庭,就说不过去了。由此可见,在我国司法实践中,程序意识是何等的淡漠。在刑事法治的背景下,程序正义越来越受到社会的重视,死刑适用至少应当从程序正义做起,这就是我的结论。

以上就从枪下留人到法下留人这一问题,从现实和理论两方面进行了论述,这是一个复杂的问题。它不仅是一个法律问题,也是一个社会的、政治的、政策的问题,需要我们认真地思考和研究,为限制死刑并且在具备条件的情况下废除死刑而努力。

谢谢大家!

(本文整理自2002年11月在北京大学法学院德恒刑事法论坛讲座的演讲稿)

专题十一　刘涌案：从实体正义到程序正义

同学们,晚上好。

在2002年11月7号晚上,也就是在差不多一年前的一个晚上,我们在这里举行过一次论坛活动,题目是"董伟案:从枪下留人到法下留人"。在那次活动中,我们请了被告人董伟的辩护人朱占平律师。在那个案件中,董伟是一个26岁的陕西青年,在"国人皆曰应活"的情况下死去。我们今晚在这里讨论的是刘涌案,同样请来了刘涌的辩护人田文昌律师。在这个案件中,刘涌——这个全国闻名的黑社会性质犯罪的主犯,在"国人皆曰可杀"的情况下,由于辽宁省高级人民法院的改判而得以存活。一死一生,都牵动了全国人民的心,都引发了广泛的争论和深刻的思考。在"董伟案:从枪下留人到法下留人"的讲演中,我曾经说过这么一段话:"对于普通百姓来说,更关注的是董伟的命运,个人的命运;而对于我来说,更关注的是死刑的命运,一种制度的命运。"我认为,这段话同样也适用于刘涌案。对于普通百姓来说,更关注的是刘涌的生死,质疑一个黑社会性质犯罪的主犯为什么由死而生;而对于我来说,我更关注的是刑事司法制度的命运。在我看来,刘涌案在某种意义上可以说是中国的辛普森案。无论刘涌将来的命运如何,这个案件都将成为一个标志性案件而载入中国的刑事司法史册,成为中国刑事司法文明程度的一个检测。因此,我们讨论这个案件,并不是要单纯纠缠于这个案件的细节,而是要对这个案件所提出的一些法律问题进行理性的思考。

一、刑讯逼供现象及其命运

在刘涌案中，最引起我关注的就是刑讯逼供问题，以及刑讯逼供在中国司法中的命运问题。这个问题之所以引起我的关注，主要是因为在司法实践中，刑讯逼供已经到了不可收拾的地步。我国的《刑法》和《刑事诉讼法》对于刑讯逼供都是绝对禁止的。《刑法》明确地把刑讯逼供当作犯罪加以规定。刑讯逼供致人伤残死亡的还应当按照故意伤害罪、故意杀人罪来处理。在《刑事诉讼法》中也明确了"严禁刑讯逼供"这样一个基本原则。但是，在《刑事诉讼法》中，没有对违反严禁刑讯逼供原则所获取的证据如何处理的规定。最高人民法院和最高人民检察院在适用《刑事诉讼法》的司法解释中规定，刑讯逼供所取得的有关证据要分为以下两种情况：一种情况是证言，通过刑讯逼供获取的证言是要绝对排除的，不能作为有罪证据来采用。但是，刑讯逼供所取得的物证、书证和其他实物证据，如果这些实物证据能够证明案件的客观事实，那么仍然可以采用。这样一个关于非法获取证据的排除规则，尽管不是很彻底，但在我国法律当中确立这样一个非法证据排除规则，仍然是一种进步。

与法律和司法解释明文禁止刑讯逼供形成鲜明对照的是，现实生活中刑讯逼供的问题可以说是屡禁不止。据我所了解，部分案件，尤其是普通的刑事案件，存在着刑讯逼供。刑讯逼供甚至于已经到了这样一个程度：任何一个被告人到了法庭上以后翻供，他都会说过去是由于刑讯逼供而作了供认。所以，刑讯逼供成了被告人翻供的一个理由。但是，刑讯逼供在现实生活中往往很难得到证实。如何证明有关侦查人员在调查程序中采取了刑讯逼供的手段？我曾经遇到过这样一个案件：一个被告人在法庭上翻供了，并且指责有关的侦查人员对他进行刑讯逼供。并且,他露出身上的伤疤,说这是刑讯逼供的结果。这时,法官就在法庭上念了一份侦查机关的讯问笔录。这个讯问笔录当中一问一答,问:"被告人,我们在审讯期间对你态度怎么样?"答:"态度很好。"又问:"我们有没有对你进行刑讯逼供?"答:"没有。"并且,他签了名,而且还写了"以上属实"。法官就问:"你不是对侦查机关讲了没有对你进行刑讯逼供,怎么又说对你进行刑讯逼供呢?"被告人就说:"当时侦查人员骗我说,只要写下这个东西就放我回家,我就写了这个东西,签了字。"这一个实例可以说是在法庭上发生的非常具有戏剧性的事件,表明了侦查机关是此地无银三百两。也就是说,侦查机关已经作了刑讯逼供,而且造成了伤疤,造成一定的后果。这时,为了避免被告人在法庭上提出刑讯逼供的问题,侦查机关就事先通过欺骗手段获得了这样的笔录。所以,刑讯逼供问题是应当引起我们重视的问题。

刑讯逼供在司法实践中屡禁不止,与认识上的误区有关。有的人对于刑讯逼供存在一种错误看法,认为刑讯逼供有利于打击犯罪。确实,在刑讯逼供中所逼取的口供80%甚至90%都能够证明犯罪的存在,都是作为有罪证据而被法院采纳的——被刑讯逼供人确确实实是真正的犯罪人。这种情况下,能不能说刑讯逼供有利于打击犯罪?我们也看到,有些刑讯逼供确实也造成了冤假错案,典型的例子就是云南的杜培武案件。杜培武在法庭上拿出了他的血衣,露出了他的伤疤,但是,法官居然视而不见,仍然判处死刑。我认为,刑讯逼供的恶并不在于它会造成冤假错案。可以说,刑讯逼供在很多情况下,并没有造成冤假错案。能不能说只有造成冤假错案的刑讯逼供才是恶的,才是应该被禁止的,而那些没有造成冤假错案的刑讯逼供就是有利于打击犯罪的,就是正确的,就是可以放任的?我认为,不能这么理解。刑讯逼供之所以被禁止,并不在于它会造成冤假错案,而是因为刑讯逼供是一种野蛮的、残酷的司法的体现：它不把被告人当作人，而是把被告人当作获取口供的一种工具。刑讯逼供是一种绝对的恶，而不是一种相对的恶、一种有条件的恶。在国际上，刑讯逼供被认为是酷刑，酷刑是被绝对禁止的。我国也参加了关于禁止酷刑的国际公约，这个公约对我们国家是生效的。

前不久，公安部发布了一个规定，在处理行政违法案件中通过刑讯逼供所取得的证据一概不能采用，不能作为定案根据。我觉得这个规定非常好。既然在行政违法的处理中，刑讯逼供所取得的证据都不能采用，不能作为定案根据，那么，在办理刑事案件中，刑讯逼供所取得的证据就更不应当采用。因为一种行为如果被认定为犯罪，被告人所受到的处罚是非常严重的。因此，如何在刑事诉讼中解决刑讯逼供问题，是一个我们要直接面临的课题。

针对刑讯逼供问题，现在面临着一个错误的公众观念，即刑讯逼供是一种恶，该处理还是要处理；但一个犯罪人是有罪还是无罪，是应当判处死刑还是不应当判处死刑，和刑讯逼供无关，这是一种"桥归桥，路归路"的关系。我认为，这种理解是错误的。就刘涌这个案件来说，如果刑讯逼供所获取的是一种物证，而这种物证又能证明他指使了其中的故意伤害，而且经过调查是属实的，那么，根据我们国家目前的有关司法解释，尽管这样的证据确实是通过刑讯逼供手段所获得的，仍然可以作为定案根据来加以使用。刘涌该判死刑，仍然是可以判处刘涌死刑的。但在本案中，恰恰是在刘涌有没有指使宋健飞进行伤害致死这样一个关键问题上出现了翻供。也就是说，在侦查期间，刘涌本人承认了，其他几个被告人也都指认是刘涌指使他们去干的。在法院审判期间，刘涌和其他的几个被告人都翻供了。他们都说，过去之所以承认是刑讯逼供的结果，是侦查人员让他们这么说的。这个证据恰恰是一个证人证言，是一个口供。如果这个口供是通过刑讯逼供获得的,在这种情况下,口供的证明力就受到了很大的影响。这个证据就被污染了,也就无法采用。因此,这样一个刑讯逼供导致这样的证人证言,在定罪过程中,它的证明力受到削弱,甚至完全丧失了。在这种情况下,刘涌最后是否应当被判处死刑立即执行,法院在这个问题上就发生了动摇。

因此,我恰恰认为,刑讯逼供是不利于打击犯罪的。如果刘涌在这个案件中确实指使了宋健飞去进行故意伤害,如果在预审阶段侦查人员没有对刘涌及有关人员进行刑讯逼供,那么,即使到了法庭上他翻供了,这种翻供的理由也是不充分的,仍然可以判处刘涌死刑,照样判处死刑。而恰恰是由于进行了刑讯逼供,使得法官在采信证人证言的时候,他的自由心证发生动摇,他不能确证刘涌有所"指使"。在这种情况下,使得刘涌这个案件被改判了。在这个意义上,我认为,刑讯逼供是不利于打击犯罪的,而不是有利于打击犯罪的。

刑讯逼供确实是一个比较难以解决的问题。如何解决刑讯逼供?第一,应当把看守所从公安机关中分离出来。在目前的司法改革中,这样的一种做法已经在考虑之中。也就是说,把现在归公安机关管辖的看守所改为归司法行政部门管辖。这种分离在一定程度上能够减少刑讯逼供的条件。在看守所的时候,尽管看守机关和预审机关是两个部门,但他们都是"一家人"。公安预审人员往往是在看守所里办公,所以他们可以进行连续3天3夜、长达72个小时的讯问。如果把看守所改由司法行政部门来管理,司法行政部门不是一个办案部门,它对在押人员的人身负有保管职责,在一定程度上,可以避免刑讯逼供的发生。第二,应当建立起刑讯逼供的举证责任倒置制度。也就是说,如果犯人提出刑讯逼供,不是要由犯人来证明侦查人员有刑讯逼供,而是要由侦查人员来证明他没有刑讯逼供。要做到这一点,就要采取相应的配套措施。比如说全程的录音录像,或者说要有律师在场,律师在场侦查人员才能进行讯问。在当前的刑事案件中,律师的辩护率还是比较低的,可能有大部分案件没有辩护律师。在这种情况下,我觉得可以由看守所来聘请一个值班律师。如果被告人聘请律师,那么由他的专职律师在场;如果他没有聘请专职律师,就由值班律师在讯问时在场。这样在一定程度上就能对侦查人员的讯问起到监督作用,尽量地避免刑讯逼供。

在刘涌案中,刑讯逼供非常偶然地得到证明。根据有关材料,律师找到了6个曾经看守刘涌的武警人员和有关公安人员,他们出具证词,证明确实存在刑讯逼供。并且,在法庭上,刘涌提出,当时他被坐"老虎凳",都已经肿到大腿根了。此时,这个公诉人就说了一句话:"后来不是改善了吗?"——他也承认前面有刑讯逼供问题。这些证据在一审中没有被采纳,但在二审中可以说是部分被采纳了。在二审中是这样说的:"在二审审理期间,部分辩护人向本院又提出了相关证据,二审也就相关证据进行了复核。复核期间,本院询问了涉案被告人,询问了部分看守过本案被告人的武警战士和负责侦查工作的公安干警,本院经复核后认为,不能从根本上排除公安机关在侦查过程中有刑讯逼供的行为。"实际上,这里所谓的"不能从根本上排除",是一种客气的、留有余地的说法,实际上就是存在,而不是不能排除——这是有证据证明的。所以,关于刑讯逼供问题,我们在法律上规定刑讯逼供的证人证言不能作为定案根据使用,但是,在司法实践中,并没有得到很好的落实。在刘涌这个案件中,法院的判决部分地采纳了律师所主张的侦查期间存在刑讯逼供这样一个辩护理由,并且以这个辩护理由作为改判死缓的根据。至于改判死缓的问题,这里可能还有讨论的余地。如果这个证据完全不能使用,那么应该说连死缓也不应该判。但是,在这个问题上,我们现在的司法机关不是采取"疑罪从无"的做法,而是采取"疑罪从轻",留有余地,所以,才由死刑改判为死缓。

至于死刑改判为死缓到底怎么样,还可以从法理上进行探讨,但是,在这个判决中,部分采纳律师的辩护理由,以存在刑讯逼供或者说不能从根本上排除刑讯逼供作为改判的理由。我认为,这一点在中国刑事司法历史上是值得肯定的。

二、二审改判

在刘涌案中,二审有没有权力进行改判?这也是引起广泛争论的问题。有人说,二审在这个案件中不应当进行改判,而是应当发回重审。那么,这里面涉及二审改判是否正当,是否存在问题。《刑事诉讼法》(1996年修正)第189条规定,二审经过审理以后,有三种处理结果:第一种是维持原判,也就是事实清楚,证据确实充分,上诉没有理由的,驳回上诉,要维持原判;第二种情况是,原判决认定事实没有错误,但是,适用法律有错误或者量刑不当,应当改判(应当改判有两种情况,一种是认定事实没有错误,但是适用法律有错误;另一种是认定事实没有错误,但是量刑不当);第三种情况是,原判决事实不清楚,或者证据不足的,既可以在查清事实后改判,也可以裁定撤销原判,发回原审人民法院重新审判,也就是重新审判。刘涌这个案件中,辽宁省高级人民法院是直接改判了。那么这种直接改判在《刑事诉讼法》上有没有根据?关键是怎么来看待一审法院的判决。也就是说,原判决是事实不清、证据不足,还是法律适用不当?更深层次地说,《刑事诉讼法》(1996年修正)第189条关于二审的这个规定本身是否正确?实际上这里有这么一个问题。因为1996年《刑事诉讼法》修改以后,关于无罪判决增加了一种,除了有证据证明无罪以外,另外一种无罪判决是事实不清、证据不足的无罪。也就是说,在一审法院经过审理以后,认为事实不清、证据不足的,就可以判处无罪。但是,在二审中却规定如果事实不清、证据不足的,就应当在查清事实后改判;如果没有查清事实的,不能改判无罪。那么从这个规定上看,它和一审的规定是不协调的。所以这个规定本身有问题。就刘涌案件来看,它的改判究竟是如何来看待这个问题的?我考虑这里面有这样的问题:就是刘涌这个案件二审律师提出来有刑讯逼供,以至于"指使"这个问题不能确认。这个问题到底是一个事实问题还是一个法律问题?有的人认为,这是一个事实不清的问题,应该发回重审。但是,辽宁省高级人民法院作了改判。实际上虽然在判决书中写明存在着刑讯逼供,使得这个证人证言不能采用。从这个问题上说,他们认为,这是一个法律问题。也就是说,二审法院认为,一审法院没有严格地按照非法证据的排除规则来处理这个问题,所以,这是一个法律适用问题。如果是一个法律性问题,那么,辽宁高级人民法院的改判就有它的根据。那么,从这个问题上来说,这个问题是值得争论的。

在这个问题上就有人问我,同样一个案件,在承德的陈国清等人抢劫案中,4名被告人从1994年被关押到现在,4次被判处死刑,4次上诉,但是河北省高级人民法院3次发回重审。在承德这个案件中,大家都认为不应当杀,但是偏偏要杀。在刘涌这个案件中,大家都认为应当杀,但是偏偏没有杀。有人问,为什么这两个案件有这么大的差别?就是由于两者身份的不同。我认为,这两个案件从表面上看来是不同的,但是本质是一样的,都是由于在这两个案件的侦查过程中存在着刑讯逼供问题。正因为存在刑讯逼供,尽管一审都判处了死刑,但是,二审都无法维持这样一个死刑判决。唯一的不同就在于,河北省高级人民法院面对这个案件是3次发回重审,而辽宁省高级人民法院面对这个案件则是直接改判。这才是它们的不同。但是,它们本质都是一样的,都是因为存在刑讯逼供。如果没有刑讯逼供,那么,该判死刑的判死刑,该判无罪的判无罪,都没有问题。由此可见,如何在二审的判决中处理刑讯逼供的问题,这是一个值得研究的问题。

三、犯罪集团的首要分子如何承担刑事责任?

对于犯罪集团的共同犯罪,主犯如何承担刑事责任?《刑法》第 26 条第 3 款规定,对组织、领导犯罪集团的首要分子,按照集团所犯的全部罪行处罚。有的人就从这个条文的字面上得出这样一个结论——只要行为人是犯罪集团的首要分子,那么,无论这个犯罪集团犯了什么罪,都应当承担责任。因为法律规定是"按照集团所犯的全部罪行处罚"。但是,我认为这种理解是错误的。为什么呢? 这里所谓"按照集团所犯的全部罪行处罚",是指首要分子要对他所组织、领导的犯罪集团进行犯罪的活动全部负责。也就是说,这个犯罪集团中,只有首要分子所组织、领导的那些犯罪,他才要承担刑事责任。如果不是他组织、领导的,仍然不能由他承担刑事责任。这里涉及共同犯罪定罪的基本原则,也就是主客观相统一的原则。按照《刑法》第 25 条第 1 款规定,共同犯罪是指二人以上共同故意犯罪。因此任何共同犯罪,无论是集团犯罪,还是聚众犯罪,只要是构成共同犯罪,它都必须要具备两个前提:第一个是要有共同犯罪行为,第二个是要有共同犯罪故意。如果没有共同犯罪行为,就不能成立共同犯罪;如果有了共同行为,但是没有共同故意,仍然也不能成立共同犯罪。在刘涌这个案件中,刘涌有没有指使,这就成为他要不要对宋健飞所实施的故意伤害行为承担刑事责任的一个最关键的问题;如果他没有指使,而且他事先根本不知道,那么,尽管这个犯罪是犯罪集团所为,他也不能因此而承担刑事责任。就像一个盗窃犯罪集团,他的首要分子应当对他组织、领导下的盗窃行为承担刑事责任。但是,如果盗窃集团的成员去强奸、杀人、放火,盗窃集团的首要分子是不能承担这些刑事责任的。这一个定罪原则,是首先要弄清楚的。这一些问题也是容易引起争论的。这里面首先有一点,对于法律条文的理解不能单就这个法条而进行,而是要对法条做一个相关的理解。尤其是在对共同犯罪的定罪和量刑这两个环节上,我们不能将定罪和量刑两者分割开。定罪在逻辑上是放在前面的。只有能够认定被告人对这个罪承担刑事责任,才有量刑的问题,也就是如何承担刑事责任的问题。

首要分子和其他主要责任人员之间的刑事责任应当如何分担,则是另外一个值得研究的问题。我认为,他是要负"全部"责任,但是不一定要负"相同"责任。到底要怎么来负责任,关键是要看他在整个共同犯罪中到底起到了多大作用。当然,这是一个比较复杂的问题。这里面也关系到中国人的观念问题。也就是说,就指使者和实行者来说,到底应当由谁来负主要责任?关于这个问题,在中国人看来,往往是指使者要负主要责任。比如说,在广州的孙志刚案件中,有一个指使者、一个直接实行者。刚开始的时候,认为两个人都应该判处死刑。但是,最后的研究结果是,只能判一个死刑。那么,到底该判谁死刑?是指使者死刑还是直接动手者死刑?最后在孙志刚案件中是指使者被判死刑。这就表现出了中国人的一种观念——造意为首。事情是你发起的,那么你就要负主要责任。这种观念是一种主观主义的刑法理论。实际上,各国比较通行的是一种客观主义的刑法理论。虽然直接动手者是被指使的,但是,他是具有意志自由的一个正常人,应当对他自己的行为承担责任。所以,这里面涉及主观主义的刑法理论和客观主义的刑法理论之间的区分问题。

四、司法、民愤与媒体

司法、民愤与媒体之间的关系应当如何处理,也是一个很值得探讨的问题,尤其是在刘涌案件中,这个问题表现得很充分。究竟应该如何来看待这个问题?司法本身有一个从秘密司法到公开司法的过程。最初的司法是秘密的,是秘而不宣的。之所以秘而不宣,是要给这种司法笼罩上一种神秘的色彩。这是一种愚民政策,是为了使司法更好地发挥它的威慑作用。但是,在现代司法当中,司法是公开的。老百姓能够对司法发表意见,甚至有一种制度叫作陪审团制度,允许公民直接参与审判。这是司法的民主性的一种表现。在司法面向公众之后,如何处理司法和民众的民愤,或者说民众对案件的这样或那样的看法,以及司法本身的理性、专业和精英的工作性质之间的一种紧张关系如何来处理,始终是一个值得研究的问题。

我认为,司法活动本身是一种专业性很强的活动,司法活动强调的是一种亲历性,司法者必须亲身经历,必须要亲身去看案件材料,去了解这个案件的证据,最后才能得出这个案件能定还是不能定的最终结论。因此,这个最终决定权在于法院以及法官,因为他亲自参加并且主持了这样一个亲历活动,因此他最有发言权。尽管社会公众可以对一个案件发表各种各样的意见,但是,这种意见不能影响司法机关的审判。所以,有人说过这样一句话——公众可以表达激情,但是,激情决不能影响司法的审判。对此,我是比较赞同的。这是两者之间的一个关系。

在这个案件中,田文昌律师在一开始也谈到了,2001年,在有关的报道当中就出现了一些发生误导的事实。实际上,对于刘涌这个人,我们没有见过他,也不认识他,那么,刘涌为什么在全国引起如此大的公愤,甚至产生了"国人皆曰可杀"的后果?这样一种公愤到底是怎么来的?我们可以说,老百姓有这样一个概念——刘涌是十恶不赦的,非杀不可。但是,这种概念是怎么得出来的?这个问题确实是值得我们思考的。实际上是一开始从侦破这个案件中,媒体就报道了一些材料,这些材料是公安提供的材料。公安在司法活动中属于(大的)控方,因此,这些材料可以说是一面之词。控方不能决定一个人是否有罪,决定一个人是否有罪必须要经过司法活动,而司法活动必须要经过控辩双方的庭审,一个是指控,一个是辩护,最终由法院来裁量是否有罪。

由此也可以看出来,尽管我们可以对于一个案件发表意见,但是,我们不能不承认,这种意见本身带有一定的感情色彩,是没有经过理性的过滤的,甚至不排除在个别情况有道听途说的成分。在这种情况下,我们还是要尊重司法机关的判决。尽管我们可以对司法机关的判决提出这样或那样的不满,但是,一个公正的审判是非常重要的。就像美国的辛普森案件,经过陪审团一年半的审理,花费了 8 000 万美元,结果陪审团作出无罪判决。你问美国人,可能有百分之七八十的人都会认为这个案件判错了,认为辛普森是有罪的人,是杀人犯;但是,如果你问他辛普森是否受到了公正的审判,大多数人又会回答辛普森确实受到了公正的审判。这里面就体现出程序公正和实体公正两者之间并不能完全等同。也就是说,经过一个公正的程序所得出的判决结果,虽然它未必为大家所接受,我们可以对这个判决不服不满,但是,我们要尊重这个判决,正如民主的一个最基本原则——"我可以不同意你的观点,但是,我尊重你说话的权利"。

五、关于专家论证

最后我想谈一下关于专家论证的问题。专家论证问题,也是这次在刘涌案中谈得比较多的问题。我认为,专家论证,是指专家受一方当事人的委托,或者受有关机关的委托,就案件的某一个情况、某一个事实,来发表自己的意见,提供一些咨询意见。如果在一个社会里面,法官的专业水平很高,甚至比教授还高(像日本,法官在刑法各论方面,按照一些人的说法,他们的水平要比刑法学者要高,比教授要高),在这种情况下,当然也就没有必要组织专家就某一个问题来发表意见。但是,我们国家目前情况并非如此。在我们现在的法官队伍和司法队伍中,真正有正规学历的人还比较少。在这种情况下,在司法实践中就会出现某些疑难案件,出现某些疑难问题。虽然对于这些疑难问题,专家们也未必能够解决,对于同一问题,不同专家们可能会有不同的看法,但是,毕竟专家们是专门研究这些问题的,对于这些问题发表他们的意见,对有关当事人、对司法机关来处理这些问题可能会起到一种参考作用。

因此,在这种情况下,聘请专家,听取专家意见,就成为我们司法过程中普遍存在的一种情况。不仅律师会聘请专家针对某一个案件发表意见,而且公安机关也会聘请某一些专家就某一个案件来发表意见,检察机关也聘请专家来发表意见,法院也聘请专家来就某一个案件发表意见。我本人是最高人民法院的专家咨询委员会委员,多次参加最高人民法院主持的、就某些案件的定性问题的咨询会,发表对某些案件的处理问题的处理意见(甚至包括某些重大案件,有些问题定不了而向专家咨询)。我也参加过最高人民检察院召开的专家咨询会,发表对某些案件的咨询意见。同时,我也是北京市公安局的专家咨询委员,北京市公安局有很多案件都找我们专家委员会来进行咨询。当然,我们也参加了包括律师代表的被告人一方,以及律师代表的被害人一方就某一个问题所进行的专家咨询。

专家在这些咨询中,只是发表自己对某一个问题的看法。这里面涉及这样一个问题,我们过去把司法活动看作一种单纯的权力行使。但是,现在随着法治文明的发展,我们越来越看到的是,在司法活动中,知识是非常重要的。也就是说,司法活动不是一种赤裸裸的权力行使，而包含着一种知识的运用。因此，在司法活动中需要一些专业的知识。在这样一种情况下，专家的咨询意见就有可能在一个案件的定性当中发挥出它应有的作用。就这个问题而言，我认为，专家对某一个案件发表意见本身，它仅仅是代表专家本人，只是供有关的当事人参考，而不能对案件起到决定作用。不可能说专家说有罪就有罪，专家说无罪就无罪。

这里面还有一个问题，也就是说，专家提供意见如果是不收取费用的、无偿的，那就是公正的；但是专家收了当事人的费用，那好像专家为当事人所用。实际上我要先说明一点，专家提供咨询意见本身也是提供一种劳动服务，所以这种服务必然是有偿的。实际上不仅律师请专家咨询会给予一定的报酬，而且最高人民法院、最高人民检察院请专家同样也会给专家一定的劳务报酬。这正是知识在这个知识经济时代所应有的价值。所以，不能说无偿提供的咨询就是公正的。我可以说，无偿提供的咨询既可能是正确的，也可能是错误的；同样，有偿提供的咨询也可能是正确的。不能以有偿无偿来判断是否公正。当然，如果我是受这一方当事人委托，我肯定是站在他们的立场上来就某一个法律问题发表意见，这种意见也是从有利于委托人这个角度来发表的。但是，我们首先要记住这一点：任何意见必须要有它的事实和法律基础。如果一个专家意见完全脱离事实，完全脱离法律，那么说了等于白说，没有任何价值。所以从这个意义上来说，不管是站在哪一方，不管有没有领取报酬，它必须要从事实和法律出发，这样的意见才有可能被有关的司法机关所采纳。脱离了事实和法律，是没有任何意义的。并且，专家的意见只对律师所提供的证据负责任，而律师提供的证据可能有假，也不排除个别律师有所隐瞒。在这种基础上所提供的意见是不可能被司法机关所采纳的。所以，这样的咨询意见没有任何的意义。

因此,我觉得,对专家论证的问题,应该客观地、辩证地来看待。对专家本身来说,他有一个自律的问题:如何使专家所发表的意见尽量地与法律及事实符合。另外一个问题是,专家本身不是裁判者。裁判者是有关司法机关和司法者,他们有如何采纳、如何采信的问题。当然,我也赞同这样一种看法:专家的意见是在目前中国司法现状下的一种暂时的、具有相对合理性的做法。随着法官素质的提高以及整个社会法治素质的提高,专家意见总有一天会退出历史舞台。

(本文整理自2003年9月在北京大学法学院德恒刑事法论坛讲座的演讲稿)